新装版

観経疏に学ぶ

玄義分 1

廣瀬　杲

法藏館

刊行にあたって

京都、紫野にあるお寺の本堂をお借りして、聞光学舎という学仏道の集いがもたれるようになってから、すでに十年余の歳月が過ぎた。聞光学舎は、昭和四十二・三年の頃、当時大谷大学で真宗学を専攻していた四・五人の学生諸君の発心をもとに誕生した、きわめてささやかな学びの場である。しかしそれは、他からのどのような要請にもよらず、もちろん、私が要求したのでもない。まったく、その数人の学生諸君の発心のみを原点として、しずかに、しかも、おのずからに誕生したものであった。その学生諸君が私のところを訪ねてくれたのは、昭和四十三年の四月の初めであったと記憶しているが、その折の会話の様子は、不思議といまでも鮮明に憶えている。学生諸君は、大学の限られた授業時間内で講義を聞くのではなく、もっと自由に、もっと持続して話を聞く会を発起したい、しかし、聴講者がどの位あるか見当もつかないし、どんなかたちの集りになるかもわからない。だからお礼も出せない、ただ我々だけは聴くから、思い切って講義をして欲しい、という意味のことを熱っぽい口調で語ってくれた。その頃は、私が大学でゼミをもつようになってから七年目になっていたし、私自身、大学の授業について、ずいぶんと悩むことの多いときであっただけに、こうした学生諸君の申し出は、正直言って涙が出るほどに嬉しく、まるで天与の声を聞く思いであった。早速、学生諸君の求めに応じようと考えた私は、何の制約もなく、何かの目的のためにするのでもなく、また、その会の終りのときも定めず、まったく随縁自在なかたちで、私の意の趣くままに話をしていいかどうか、と、念を押すようにして確かめ、そして、そのことのすべてを諒承してもらったのである。それから間もなく、「聞光学舎々生募集」として、

一切の依るべき価値が崩壊してしまったのが現代であるとするならば、私達が、本当に、現代を生き尽すことは至難のことであるにちがいない。しかし、私達が、人としての生を充全に生きることを願うなら、私達はいまこそ、自己存在の大地を求めて、限りなく、休止することなく、歩みつづけねばならないのではないか。聞光学舎とは、現代という状況をふまえ、なおかつ、そこに、ゆるぎなき人間の大地を求めて、仏教に問うていかんとする者の集う、現代を生きる仏教の道場である。我々は、いま、志を同じくする諸兄姉の一人でも多からんことを願いつつ、法友の参加を呼びかける。

といったビラが配られるようになった。

そのことはともあれ、実は私自身の心のうちに、久しく待ち望んでいたことがあったのである。それは、善導の教学にじっくりと触れたいということであった。昭和二十四年七月、今浦島のように、五年間のシベリア抑留生活を終えて帰国し、翌二十五年四月、再び大谷大学(旧制)へ復学して、真宗学を専攻した私の心を捕えたのは、善導の『観経四帖疏』であった。しかし、その『観経四帖

疏』の全体を、一貫した宗教の思想として教示してくれる先輩の指南書が、余りにも少ないことに私はまず驚いた。そうした状況のもとで私は、文字通りの手さぐりで、善導の五部九巻の書を読んだのである。読みつづけていくにしたがい、人間の実存の地平を突き破るようにして語られる宗教の真実を、激しい叫びとして、そこに聞いた。しかし同時に、暴流のように激しく聞える、その叫びの底深くに、決して激情に身を委ねるということを許さない、冷厳なまでに透徹した眼が、人間を凝視し切っていく事実の確かさを知らされた。私は「学仏大悲心」と語る善導の息吹きを全身に感じつつ、これが仏道であると思い知らされたのである。そのとき以来、宗教の思想の大地性ということが、私自身の主題となったといっても過言ではない。

こうしたことを思いつづけている矢先、学生諸君からの誘いを受けたのであるから、私はこの学生諸君と共に、時の許すかぎり、善導の『観経疏』を読み、考え、語り、頷きたい、と、心に決めたのである。その日から今日まで十余年、ただ一途に『観経疏』を読みつづけ、語りつづけてきた。その間、聴いてくださる人たちは次々と代わっていった。そして、聞光学舎の舎生と称する人びとの層も一様ではなくなった。しかし『観経疏』の講読は今も毎月二日のわりでつづいている。つまり、まだ読み終わっていないのである。また講読とはいっても、厳密な宗学的確かめをしているわけではなく、ある意味では、宗学的な約束事となっているようなことには心を配らないで、ただ『観経疏』の言葉に耳を傾け、私自身の身に聞えることを、思いのままに語っているに過ぎない。

そんな私の話をテープに収めてくれた舎生の人たちが、次々と伝承するようにして、テープ起しの作業をしてくれていたのである。月に二回とはいえ十年余のテープ整理であるから、どれほど大変な労力を要したことか、想像に余りあるものがある。

今回、その厖大な量にのぼるテープ整理を再整理して、出版してくださることになった。おそらく十冊位の書物になることであろうが、その原稿の整理を一手に引受けてくれることになったのは、聞光学舎の発起人の中心であった本多恵君である。現在、真宗大谷派静岡別院の輪番という公職に就いている本多君がこの困難な仕事を引受けてくれたことに対して、私は、通り一片の謝辞を以て応える気持にはなれない。そこに、宿世の因縁、という言葉の生き生きとした世界をしみじみ実感せずにはおれないのである。また、こうした中間的性格の聞書の大部な出版を、進んで引受けてくださった法蔵館主西村七兵衛氏、そして、社長西村明氏のご厚情が身にしみて有難く、深くお礼を申す次第である。

最後に、このような書物が出版されることについて、顧みて愧じいることも少なくない。ただ残り数回で終わるであろう『観経疏』の講読は、その内容の貧しさは別として、私の生涯において再びその時を与えられることのないことを思うとき、今回出版される書物は、決して私個人のものではなく、十余年の長きにわたって聞き伝えてくれた、聞光学舎々生全員の共有する書物であることを、ことに思い知らされるばかりである。

まことに、良き師に遇い、良き朋友に恵まれた身の幸恵を思う。

なお、講読の底本としては、親鸞の加点本に依ったことを記しておく。書誌学的な問題は別として、私は、そこに、善導と親鸞との呼応の世界を窺いたいと願うたからである。

昭和五十四年四月

岩倉・聞光舎にて

著　者

凡例

本論の各章頭に引用した観経疏加点文以外の漢文は、原則として書き下し文とした。

本書の略称は次の如くである。

全　集　　定本親鸞聖人全集

真聖全　　真宗聖教全書

観経疏　玄義分一

目次

序論

第一章　浄土真宗の大綱　親鸞教学における善導の位置……三
はじめに(三)　信心における明晰性(八)　聞の世界(一四)
廃　立(二一)　浄土真宗(二五)　親鸞教学の大綱(三三)
第二章　独明の志願　五部九巻の造意……三七
序(三七)　具疏の位置(三九)　古今楷定(四四)　諦聴善思(五〇)
無私の謙譲と絶対の確信(五五)　具疏の造意(六〇)　実践的観経疏(六七)
第三章　『観経』の玄義……七一
『観経』(七一)　玄義(七九)　七つの課題(八五)

本論

第一章　勧衆と帰敬　十四行偈のこころ……九五

勧衆（九六）　得生と願生（一〇一）　教人信・自信（一〇五）　所願軽からず（一〇九）　願心は歩む（一一五）　各発無上心（一二〇）　自力無効（一二四）　金剛心（一二八）　各発と共発（一三三）　金剛の志願（一三九）　横超断四流（一五一）　生命の事実（一六一）　往生道の成就（一六六）　帰三宝（一七二）

第二章　視座の確認　七門料簡……一八五

読経の姿勢（一八五）　観経の眼目（一八八）

第三章　『観経』の位置決定　序題門……一九三

広大なる仏性（一九四）　仏性の体―隋縁にして不変（一九六）　仏性の相―存在の平等性（二〇〇）　呼応する仏性（二〇三）　不請の法（二〇七）　韋提希の選択・釈尊の選択（二〇九）　救主と教主（二一二）　乗彼願力（二一五）　二尊一致（二一八）　「来迎」について（二二三）

第四章　「経題」の名義　釈名門……二二五

『無量寿観経』と『観無量寿経』（二二七）　仏―無覚（凡夫）との選び（二三〇）　仏―観念的存在（二乗）との選び（二三五）　仏―因位

的存在（菩薩）との選び（二三六）　言葉となった仏の生命（二四一）
生きて働く仏―本尊（二四六）　人法不二（二五二）　純粋感情（二五六）
南無阿弥陀仏の世界（二六三）　阿弥陀仏出生の大地（二六七）
観・経（二七五）　一経両会（二七八）

第五章　『観経』の宗致　宗教門……………………………二八三
一経両宗（二八三）　願の歩み（二九一）　善導の教判（二九五）

第六章　説者と聴者　説人門……………………………二九九

第七章　求道の確認　定散門……………………………三〇五
宗教的実存（三〇六）　現実的宗教観（三一六）　人間性への信頼（三二一）
宗教的要求（三二七）　思惟と正受（三三二）

序論

第一章　浄土真宗の大綱

――親鸞教学における善導の位置――

はじめに

『観無量寿経疏』（『観経四帖疏』）を講読するに当り、先ず真宗の教学における善導の意義といいますか、真宗学における善導の位置についてお話しをしておこうかと思います。これは、わたしにとってはずいぶん永い間の念願でもあり、永い間考え続けてきたことの一つなのです。それはシベリアから帰って来まして大谷大学に入り直した、その時からの、言ってみれば、わたしが仏教に触れた時からの問題なのです。

当時、昭和二十四年頃から二十八年頃にかけては、『浄土論註』を中心とする教学が、真宗教学の主流をなしていたのです。しかし、わたしには何となく『浄土論註』が主流になっている真宗の学問というものが、はたして、本当に真宗の教学の生命を押えうるのだろうかという、一種の反発というものがあったのです。また当時は、ひとつの傾向として実存主義が台頭してきて思想界を覆っていた頃です。ですから、「ただ念仏して」という浄土教、浄土真宗が、その実存主義の思想に応えうるものであるということを、多くの人々が明らかにしたいと考えていたのではないかと思う。

そういう関心に近いものとして見られていたのが『浄土論註』だったのではないかと思います。御承知のように『論註』は、非常に精密な組織を持ち、整然とした理論をもっている教学の書です。おそらく浄土教の中で『浄土論註』ほど整然とした組織と綱格と、そして構成とをもって書かれているものはないのではないかと思います。上巻と下巻とに完全に分れて、そこで言おうとしている事柄が明確である。しかも、それは完全な組織をもった思想大系である。そういう意味において『浄土論註』の右に出るものは浄土教のなかにないのではないかと思われます。

この『浄土論註』が親鸞の『教行信証』の教・行・信・証、往・還二廻向という、いわゆる二廻向四法の綱格のもとになっている。そういう意味において、『浄土論註』が『教行信証』の綱格をなしているということはまちがいのないことなのですけれども、ただ『浄土論註』がもてはやされる風潮のなかにあってのわたしの反発は、どこにあったのかといえば、その綱格とか思想大系というものが、ただ単なる思想大系にとどまるものであるならば、おそらく親鸞の教学ではないのではなかろうか、ということだったわけです。それは決して『浄土論註』の論理が精密であるということをとやかく言うのではないのですし、また『浄土論註』の綱格によって『教行信証』ができあがっているということをとやかく言うのでもないのです、ただ『浄土論註』の思想的な厳密さとか、或は組織的な明瞭さということにひかれていく、その風潮全体が、何か一本大事な釘を忘れているのではないかということが、ずっとひっかかりになっていたのです。

実はシベリアから帰って来まして、頭の方はシベリアぼけしているし、精密な思想に堪えられないということもあったのかも知れませんけれども、逆に言えば、精密な思想に堪えられないような自分にとって、親鸞の教えが響いてくるのであるとするならば、もっと単純で箇明なものでなくてはならないはずだということです。いわゆる、洗練された頭に洗練されたかたちで組織的に入ってくるのではなくして、ぼけた頭には、ぼけた頭の人間に直爾に「ここに道あり」と、迫ってくるものでなければならないのではないかと思ったわけです。そうした当時の風潮の中でのわたしの反発が、実は善導にわたし自身を接近させたのです。そんな気持で善導に食いついて行ったわけです。

時々話に出しますように、華厳の鳳潭（元文三年寂八十五歳）が、『教行信証』を何回も読んで、読めば読むほどわからなくなるのが『教行信証』だと、だからとうとう鳳潭は、『教行信証』を書いたのはおそらく気狂いだったろう、と言うたというのですが、その気持はわかります。それは、『教行信証』が難解で深遠だという理由をどこにみるか、おそらくこのどこにという一点を見失いますと、『教行信証』はいくら読んでもわからないものだと思うのです。だから、ただ難しいのではない。勉強不足だからわからないというような難しさではない。そうではなくして、どれほど勉強しても難しいという難しさを『教行信証』は持っていると思うのです。ところがその難しさということが、またその一点に目が開きますと、難解である事実が、やさしくなるとは言いませんけれども、難解なままに領けるというものが、おそらく『教行信証』のなかにはあるはずなのです。それはなぜかといいますと、『教行信証』が難解だとされる根本理由は、『教行信証』それ自体が親鸞の信仰告白だからだと思います。親鸞の信仰告白の書、つまり、親鸞の信心の自証です。いわゆる信心それ自体が自己を明らかにしていく、信心の自証というものが示されている。だから、その親鸞の信仰の世界に触れようとする姿勢がなく、触れようとする歩みがないかぎり、おそらく『教行信証』の難解さを解く鍵はどこにもないのではないであろうか。そういうことを一方では思うのです。

おおざっぱな言い方ですが宗教的な思索といいますか、宗教的な思索の厳密さというものは、何が要求するのかといえば、宗教心が要求するのでしょう。宗教的思索の厳密さを宗教心それ自体が要求する。このことが非常に大事なことだと思うのです。宗教思想といわれるものがあるならば、また宗教的思想が難解だというのであれば、その難解さの理由はいわゆる単なる論理的な難しさではない。そうではなくて、宗教心それ自身が、自己に課している厳しさに触れて行けないというところにあるのでしょう。

宗教心が宗教心そのものを明確にせずにはおかないという強靱な歩み、それが人間に与えられている能力を十全に駆使するのでしょう。このことが『教行信証』の、あの深遠で難解な性格ではないかと思うのです。そういう意味では宗教心そのものが、自然に要請した厳密さであって、決して理智的な関心によって組み立てられた精密さではない。このことが明確になっていないと、『教行信証』はいくら読んでも響かないのではないかと思うのです。そういうことで、『教行信証』を信仰の弁証論だと、もしこういうように領解するならば、おそらく『教行信証』は、難解な一思想ということで、その難解さを解くことができないまま終っていくのではないかと思う。しかし、その難解さ、難しさというものを解かずにおれないという要求が、自分自身のなかに見つからなくてはならない。それはいったい何かといえば、親鸞自身にそくして言うならば、親鸞自身の宗教心が自己自身を厳しく明らかにしようとした、その自証への明晰さ、いわば信の明晰性です。信心そのものの明晰性です。信心は智慧ですから、限りなく明晰なものを求めていくわけです。いわばそれを信心と言うのでしょう。そういう意味で信心が智慧だということは、なまやさしいことではないと思います。信心が智慧だというのは、信心は信心それ自身を甘さのなかへ置いておくことを許さないものをそれ自身のなかに持っているということです。だから信心は限りなく信心を明らかにさせていく、信心は信心自身を無限に発掘していかなくてはおかないという、いわゆる信心のなかに一点でも不明晰なものがあるならば許さない、こういうものが信心の自己運動だと思います。それは、信心が他のものを明晰にしていくのではなくして、信心自身を明らかにしていく。宗教心は、決して宗教心そのものを曖昧なままにしておくことを許さない。宗教心は限りなく宗教心そのものを明晰にし、透明なものにせずにはおかない性格をもつものです。それが、本当の宗教心というものだと思います。だから宗教というものは、そういう意味において決して甘いものではない。厳しいものである。一たびそれに触れたら、もう地獄の底の底まで見透さずにはおかない。途中で止めることを許さないという厳しさを持っているのが、宗教心というものです。

信心における明晰性

このことが親鸞の言葉に従えば、「信心が智慧」だという意味でしょう。だからそういう意味において、信心が明晰だということは、信心が信心それ自体を明らかにしていくことを止めない。それはいったいなぜかというと、信心というものは、人間を明らかにするものだからでしょう。自己を明らかにするものだからです。自己を明らかにする眼だからして、その眼が一たび開いたならば、自己を最も明晰な姿で明らかにしなければおかない。不明晰な自己を不明晰なまま甘やかしてはおかない。生きているということの、そのことの根源的な意味まで自己を見つめさせていく、こういうものが宗教心の持っている意味だと思うのです。そういう意味において、どれだけ学問的な知的な明晰な頭脳をもってしても、その理知的な関心をもってしては、その最後の鍵を開くことはできないと思うのです。最後は秘義である。秘密である。宗教的な課題のもっている重要な問題は何かというと、どんなに一般的に、理知的に思索が深まっていっても、最後には秘義でしかないというところにある。言わば最後の秘義を開く鍵がない、ということでしょう。ところが、その秘義を開くものが、実は宗教的要求そのものである。だから宗教的要求の前には、その秘義はいつでも開けるようになっている。宗教的要求の前には、その秘義は公開なのでしょう。言わば、公開の秘密なのです。

だから公開の秘密に一たび触れたものは、触れたとたんにその人自身がかえって自己自身の宗教心を明晰にせずにはおれなくなるわけです。こういうところに宗教心による、宗教的な思索ということの根本的な問題点があるのではないかと思うのです。言葉を換えて言いますと、信心の明晰性とはいったい何かというと、一方においては、無涯底の如来の智慧海が見つめている事柄だというべきでしょう。

如来の智慧海は、深広にして涯底無し、二乗の惻る所に非ず、唯仏のみ独り明らかに了りたまへり。（『全集一』七九頁）

と言うのでしょう。あの無涯底の如来の智慧海というものが、信心の秘義です。言うならば、信心が信心それ自体を明らかにしていって、一点の甘さをも残さないで明晰になろうとすることは、人間に内在的な真理といったものにかかわることではないからです。人間に内在的な何かにかかわることが信仰ならば、どこかで人間は甘やかされます。もう疲れたという具合にね。ところが疲れさせないで自己を明らかにしていくものが信心です。それは、信心の根っこが、無涯底なる如来の智慧海だからです。

無涯底なる如来の智慧海が、何を見つめているのかというと、無尽の煩悩海を見つめているのです。信心の構造はそういうものです。信心とは無涯底なる如来の智慧海が、いわゆる「生死の苦海ほとりなし」といいますが、無涯底なる生死の苦海を照らしているのです。だから、智慧海が無涯底であるということは、そのまま智慧海が照らしている生死の苦海が無涯底だということです。その生死の苦海の無涯底さというものを、如来の無涯底なる智慧海が見つめている。この五尺の身体、五十年の人生を舞台にして、無涯底なる智慧海が無涯底なる煩悩海を照らし出していく、だから智慧の無涯底さは、何が証明するのかといえば、無涯底の生死海が証明するのです。「地獄は一定のすみか」という言葉は、如来の智慧により照破された自己の事実の領きである。如来の智慧海が無尽の煩悩海を照らし出し、照らされることが、かえって照らすものの力用を証していく、こういう構造を持っている。いわば、唯識でいう自証分・証自証分の関係のようなものでしょう。証されるものが証するものをさらに証明していく、つまり煩悩海が明らかにされるというのは、智慧海の働きなのですが、智慧の力がどこで証されるかといえば、煩悩海という場所でしか証しされない。こういうことが実は宗教心の構造である。だから信心は底がないのです。信心が人間の生涯を尽くす、ということは一つの修飾的表現ではない。生きた具体的な事実である。そういう一点が、実は『教行信証』の持っている秘義ではないかと思います。だからそういう秘義を、単に人間の理知的関心で解こうとすることはすでに間違っているのだ、と言わざるをえないと思うのです。如来の智慧海を人間の理知で解決しようとすることはできない、と同時に、無尽の煩悩海を人間の理知で解決することもできない。それは自力無効の事柄です。自力無効の事実の世界を生きて、その事実がその事実を明らかにしていく、そういうものが『教行信証』の根源をなしている事柄ではないかと思うのです。

わたしはそういうことを、大谷大学へ帰った頃からずっと思っていたので、どこかではっきりさせたいと考えていたわけです。はっきりさせたいと思うけれども、なかなかはっきりしない。いつも言うてはおるのですけれども、本当に言えないのです。

　ところで、わたしたちは思索とか、思想とかという言葉を、ややもすれば宗教的な問題の前では軽々しく見ます。それは思想の問題だといったりするわけです。しかし、そういうことは自分を侮蔑することだと思うのです。人間というものは、とにかく理性的存在なのですから、宗教、少くとも、親鸞が明らかにしようとした仏教は、理性的存在をやめることでは決してない。むしろ理性的存在を尽すのだと思うのです。だからして、思想的、いわゆる宗教における思想性ということを、もし馬鹿にするような、あるいは、つまらないものだとするような立場があるならば、『教行信証』は読めないと思います。『教行信証』のあの深い思想というものは、これは理性的存在である人間を十全に生きたなかから生まれて来た思想なのでありましょう。だから、そういう眼でもう一度『教行信証』を見直してみると、そこにはどんな思想をも大事にしているということが頷けて来る。「行巻」などを見ますと、驚くほどに、いかなる思想をも差別していない。ある特定の価値観で人間の諸思想を見ない。ある意味では、人間が悪戦苦闘の努力をしているなかに、その全体を一貫しているものを見つめている。そこには、何か理性的存在であるということに対する非常に深い自信というものを感じさせられるのです。

　金子大栄先生はさかんに宗教感情ということをおっしゃる先生ですけれども、かつて、金子先生が書かれたもののなかに『宗教的理性』という書物がありますね。あの「宗教的理性」ということで金子先生は、おそらくキリスト教の方が愛の宗教といわれることに対して、智慧ということを言おうとされたのでありましょう。その智慧ということを、あえて「宗教的理性」という言葉で言い直した時の金子先生のお気持は、わかりますね。一度そう言わざるをえないようなものがあるのです。理性的存在を尽くすというところに、実は、宗教的人間の具体的な歩みがあるということでしょう。理性的存在である人間が、その理性を尽くすということがないとすれば、怠慢だと言わざるをえないのです。自己に対して怠慢だと、そう言わざるをえない。それはどれだけ勉強したとか、どれだけ本を読むとか、そんな話ではない。一冊の本も読まなくても、理性的人間であることを十全に尽くすことがありうると思います。また、たとえ図書館の本全部を読んだといっても、それで尽くしたということにはならない、と思います。理性的存在という事実は、もっと生身《なまみ》のものであって、そういうところに宗教的思想というものの、大きな特徴というものがあるわけです。

如来の智慧海ということと、無尽の煩悩海ということでお話をしているわけですが、二乗の中に独覚といわれる存在があるでしょう。宗教的思想とはあの独覚の思想ではないということでしょう。独覚の思想ということも、よくわからないけれども、師に遇わないで、自然の法則を観じ独り覚《さとり》を開いていく、というような表現で象徴的に語られますね。だからそういう意味において、独覚の思想というものがあるとすると、それを現代の言葉で言えば、おそらく実存主義というようなものではないかと思うのです。実存主義と言われる思想は、独覚的なものではないですか。というのは、独覚つまり独りめざめるということは、めざめるということが課題になっている人の思想です。めざめるということを、自から課題にして生きている人です。ところが、自からめざめるということの、「めざめ」ということが、「独り」というところで限定されている思想でしょう。実存主義というものをよく分析しないからわからないのですが、実存主義は、ヤスパース等で代表される「神有る実存主義」、ハイデガー等で代表される「神無き実存主義」と言いますが、それは確かに神の否定のなかで、あるいは神の肯定のもとに、神といわれる宗教的世界との関わりあいのなかで、しかも人間が人間の問題を解こうとする営みがなされていく。何かそういうところに、独覚的というべきものがあるように思う。そこには非常に大事なものが欠けていると思うのです。

だからそういう意味では、宗教的思索・宗教的思想というものも、実存的であるということは間違いのないことである。人間の根源を見つめることがあるのですから、実存的であることには間違いはない。しかし、実存主義的思想は、そのまま宗教的思想であるというわけにはいかないのではないか、と思います。だから独覚という言葉を使うと、独覚必ずしも菩薩ではない。独覚は転じなければならないという問題があります。大乗の菩薩に成るには、独覚は転じなければならないという一点が、そこに問題として残っているのではないでしょうか。その一点とは何かといえば、宗教的実存といわれますけれども、宗教的というその一点ではないでしょうか。宗教的という一点はもっと平易な言葉で言えば、教えがあるかないかでしょう。端的にいえば人間の問題を明らかにしようという課題に立って自己の生涯を尽くそうとする、そのことは実存的な立場における人の共通の課題ですね。自己をみつめて自己を根源的に明らかにしようというそのことは、共通の課題なのです。それは共通の課題であるけれども、最後の一点が尽くせないということがあるとすれば、それは尽くすべき場所が自己にとって内在的だからでしょう。文字通り宗教の世界への目が開けない、というところに問題がある。それを独覚と言うてみるのです。そうした独覚的なものでなしに、あくまで菩薩道なのだ、大乗菩薩の道なのだ、ということは、いわゆる、実存主義的といわれる思想ではなくして、実存の思想です。しかし、実存の思想というものが徹底して明らかになるのは、宗教的実存としてしか明らかにならない、ということです。宗教的実存ということは言葉として難しいのですけれども、もっと平易に言えば、宗教的というのは、文字通り師教に遇う、ということです。

「聞」の世界

師の教えに遇うということが、実は自己を明らかにする唯一無二の道となるというところに、宗教的実存という意味がある。そういう意味では、『教行信証』の、あの深い思索というものは、いったいどこから出てくるのかといえば、「よきひとのおおせをこうむる」ところに出てくる。「よきひとのおおせ」が、「こうむりて信ずる」という相をとって、自己の生涯をそこに明晰にならしめるのである。そういうところに、親鸞の『教行信証』のもっている思索の深さというものの秘義があるのでしょう。親鸞の言葉に即していえば、「聞思して遅慮」することなき歩みである。親鸞は「聞思して遅慮することと莫れ」(『教行信証』総序)と、自分に言うているが、その歩みが『教行信証』を書かせたのでしょう。つまり、『教行信証』とは、遅慮することを許さない聞思の世界の表白です。疑城胎宮にとどまることを許さない聞思の世界の表白である。それが、明晰さということです。信心が信心それ自体に要求する明晰性です。それは一点も遅慮することを許さないものです。遅慮したならば、「此の廻疑網に覆蔽せられなば更りて復曠劫を逕歴せん」（『教行信証』総序）という、底なしの不安が待っているようなものです。いわゆる、無涯底の智慧海の光の中に、無尽の煩悩海を尽くす。だから、一たび遅慮したならばどうなるか、そこにあるものは、いてもたってもおれないような不安でしょう。「此の廻疑網に覆蔽せられなば更りて復曠劫を逕歴せん」と、そこには曠劫来流転のこの身がたまたま教えに遇うたという感動がある。しかし、その教えにたまたま遇うた感動の深さは、もし遅慮するのであれば、再びあの迷いの世界にかえるのだ、というような自分を見つめている眼の鋭さを内に秘めているのです。いつでも流転のなかに埋没していくような自分を見ているのです。あの流転の世界というところに、流転を知った者のみが知る恐ろしさがある。流転が見えておればこそ、「聞思して遅慮すること莫れ」と、遅慮することのない聞思の道に自己を尽していくということがある。その心根が『教行信証』を書かせているのだと、こういうことができると思うのです。

そういう意味において、宗教的実存に目ざめた自己自身の告白として書かれているのが、『教行信証』である。その『教行信証』が極めて深い思索を湛えておる。深遠な思索を尽しているのは、尽さざるを得ない理性的人間のいのちと一つだからでしょう。極めて深遠な思想を内に秘めておりますけれども、だからというて『教行信証』は、決して、複雑な思想ではないと思う。この点が間違われるのではないかと思うのです。『教行信証』は難解だとか、複雑だと言われます。しかし本当は複雑でも難解でもなく、すき通るほどに澄みきっているのではないでしょうか。その澄みきっている『教行信証』を、複雑に見るのは、こちらの目が乱視だからでしょうね。単純なものが単純に見えないのは乱視だからですよ。やはり乱視ならば眼鏡をかけなくてはならないわけです。そうでしょう。いうなれば自分を救う教えに遇うた人は、複雑な教えが自分を救わないことを一番よく知っている人ですからね。複雑な世界に疲れ抜いて、もう複雑な世界には救いがない、というところで教えに遇うたのでしょう。だから、その教えに遇うたところから「聞思して遅慮することなかれ」という、遅慮することのない聞思の世界が開かれてくるのであるならば、それは極めて深遠な思想を湛えつつも、決して複雑な思想ではないのです。これが間違いやすい一点だと思うのです。この複雑ではないということが、宗教的事実の最も大事な一点ではないでしょうか。

だから『教行信証』の思想を一言に尽していえば、「ただ念仏して弥陀にたすけられまいらすべしと、よきひとのおおせをこうむりて」(『歎異抄』)ると、親鸞自から告白した、あの信仰告白に尽されるのでしょう。「ただ念仏して弥陀にたすけられまいらすべし」という言葉において、「親鸞におきては」という親鸞の実存が「よきひとのおおせをこうむりて」という宗教的な在り方のなかで明らかになる。「よきひとのおおせをこうむりて」という宗教的事実において「親鸞におきては」と言い切る「親鸞一人」、他と選んだ「親鸞一人」が明らかになる。そこで具体的に明らかになっている事実は、「ただ念仏して」という、ただそれだけで「親鸞におきては」という親鸞の九十年の生涯が「よきひとのおおせ」のなかに尽されているのです。つまり、宗教的実存として人間が明らかになるとは、そういうことなのです。

『教行信証』全体は、信仰告白の書だと、こう言い切ることは、決して無理な言い方だとは思いません。そして、その信仰告白を一言で押えていうてしまうならば、あの関東の門弟が尋ねて来た時に、親鸞が自分自身をじっとみつめながら語った『歎異抄』二章の言葉におさまる。おそらく門弟の問いを身をもって受けいれるなかには『教行信証』があったと思うのです。それは、「竊かに以みれば……」と書いた文字があったということではないのです。『教行信証』を書いてきた、あるいは現に書きつつある自分があったと思うのです。関東から尋ねてきた門弟を目の前にして、じっと自己の内面において『教行信証』を確かめた。その確かめのなかから生まれてきた言葉が、

親鸞におきては、たゞ念仏して弥陀にたすけられまひらすべしと、よきひとのおほせをかふりて信ずるほかに、別の子細なきなり。（『全集四』五頁）

という言葉だったのでしょう。だから、「ただ念仏して」という、その「ただ」のなかに「よきひと」のおおせによってのみ明らかになる「親鸞におきては」という「親鸞一人」がある。そういうところに、単純簡明な信仰告白があるのでしょう。

信仰告白が複雑だというのは、その信仰に夾雑物が多いということでしょう。信仰告白がややこしいということは信仰が不純な証拠だと思います。よく自分の信心を語るのに、いろんなことをひっつけて語る人がおります。けれども、それは不純なのでしょう。信仰が自己を弁護する最もいい材料になってしまいますからね。宗教の一番恐ろしい一点は何かというと、信仰の名をかりて自己を弁護することです。だから、宗教という名のもとには、無数の夾雑物を包んでいるのでしょう。

だから、そういうかたちで告白される信仰というものは、複雑にならざるを得ない。複雑な様相を呈している信仰告白というものは、やはり夾雑物が多いということでしょう。それは、本当に自分を託し切れない、ということです。念仏、念仏と言いながら念仏に身を託し切れない、託し切れないからして念仏を隠れ簑にして、いろんなことをそのなかで言わなくては安心できない。そういう在り方ですね、そこに宗教といわれるものの危険性があるわけです。

ところが、親鸞の『教行信証』の深遠な思想というものは、決して思弁の結果生まれてきたのではなくて、文字通り信仰心それ自体が、信仰心を明晰にするという、そういう歩みのなかから出てきたものです。従って、一言でいえば、「ただ念仏して」というところに尽されていくのです。

ところが、「ただ念仏して」ということを、自己自身の歩みをもって確かめようとすると、無限に『教行信証』は書かれていく、こういうところに『教行信証』の大きな特徴があり、『教行信証』の秘義がある。こういうことを思いますときに、何か明晰さということが思われてならないのです。明晰であるということは、言葉をかえて言うならば、いつでも「今」をみている目の事実である。明晰な目というのは、昨日を見ている目でもなければ、明日を夢みている目でもないのです。いつでも「今」をみている。いつでも「今」教えが聞えているという事実が、信仰の明晰さというものです。信仰に曇りが起ならいのはなぜかというと、教えがいつも新しいからです。「今現在説法」だからです。あの話はいつか聞いたといって、膝を打つようなところにはもう信仰は曇っている。あの時聞いた話は、あの時のことです。私達の人生は、いつでも「今」を初めとするものですから、

「今」を初めとする人生を救う事実が信心だとすると、その信心はいつでも、「今」教えを聞いているということでなくてはならない。「今現在説法」だということが、信心を明晰にしているのである。だから信心が信心を明晰にするということは、実は「聞」ということなのです。「聞」という事実だからして、信心が信心それ自体を明晰にしうるのです。なぜかといえば、昨日の話なら「聞」はないからですよ。昨日聞いたということは、今聞こえていないことですから、現実としては聞いておらないのです。また明日聞くだろうということも今聞いていないことは明らかです。

「聞」の成り立つ場所は、「今」ということと一つです。「今」ということの他に「聞」はない。昨日というところにも、「聞」は成り立たない。だから信心が明晰であるということは、信心の内実が「聞」として押えられているということです。「聞」として押えられているということは、いつでも教えは「今」だということです。金子先生のお言葉をお借り致しますと、宗教的在り方、宗教的人生とは何か、というたら、「生涯を託して悔ゆることのない、ただ一句の言葉との出遇い」でありましょう。これは的確な言葉だと思います。宗教的人生とは何か、それは「生涯を託して悔ゆることのない、ただ一句の言葉に出遇うことだ」と、ただ一句の言葉に出遇う、そのただ一句の言葉が、いつでも「今」の「聞」の世界を開くのです。不明晰な信心を、いつでも明晰な信心にする。不明晰になる信心とは何かというと、信心が思い出になるということです。信心が思い出になるということは、宗教性が夾雑物に覆われていく、と言うことです。救いの世界から脱落していくと言うことです。脱落していくからというて、無理に後から尻をたたくわけにもいかない、なぜならば人間は脱落するようなところに生きているからです。いつでも昨日の信心にすがってでも今日をなんとかせずにおれないところに、一度めざめたものの苦悩があるのです。そういうことが人生の具体性だと思います。ところが、その具体性を通して、昨日の信心では間に合わない、ということを知らしめるものは、今聞こえてくるただ一句の教えです。ただ一句の教えはいつでも「今」の自分のところに「聞」の世界を開く。そういうすがたで、実はその一句のなかに生涯を尽くしていく、それが宗教的実存というものでしょう。

『教行信証』も押えてみれば、一句に自己の生涯を託し尽しきっていった信仰の告白である、と同時に、そうした信仰自体が自己を証していった軌跡だと言っていいと思います。あれは足跡です。信仰が自己を明らかにしていった足跡です。だからわたしは最近、曾我量深先生が『教行信証』は未完成だと言われたということでいろいろと言う人がありますけれども、曾我先生のおっしゃるとおりだと思います。親鸞の人生の続く限り『教行信証』はあったのだと思います。清書して完成した、さあこれで終わったというようなものではない。未完成なのでしょう。

なごりおしくおもへども、娑婆の縁つきて、ちからなくしておはるときに、かの土へはまひるべきなり。(『全集四』一二頁)

という、あの「なごりおしくおもへども」という具体的事実があるわけです。しかし「娑婆の縁つきて、ちからなくしておはるときに、かの土へはまひる」というところには、未完成のものをそのままおいて死んでいくわけですよ。おいて死んでいくことが、未完成というかたちで死の瞬間まで

「聞」がいつでも新しかった、という事実です。完成して成就して終ったという「聞」の世界の記録をおいて行くのではないのです。未完成というかたちで「なごりおしくおもへども」という事実を生きて、生きたその最後の瞬間まで「聞」が新しい自己に響いてくる、そういう意味において、未完成のままが完成なのでしょう。未完成のものと、完成のものとが二つあるのではなく、未完成のままが完成なのでしょう。そういう世界が『教行信証』の世界というものではないかと思います。

廃立

そういう意味では親鸞が、端的に自己の信念を告白しているのが『歎異抄』ですね。『教行信証』を読む目を開くのが『歎異抄』だと言われるのはなぜかと申しますと、『歎異抄』が師教聞信の書だからです。親鸞が師教聞信した事実を語ったということを、唯円が師教聞信した言葉として綴っていく、師教聞信が師教聞信に伝承するというところに、開かれてきたものが『歎異抄』だと思います。「耳の底に留まるところ」を書かれたものですからね。わたしが、いま唐突にこのようなことを言いだしたことには、一つの理由があるのです。それは、『歎異抄』を貫いている精神といいましょうか、『歎異抄』のなかに流れている一つの大きな特徴、もっとも基本的な特徴は何かと言えば、廃立ということだと思うからです。『歎異抄』の第二章に、弥陀の本願のまことから始まってくる、あの善導・法然、そして親鸞自身の信心を確認する相承ということが示されてありますが、あの相承とは何かといえば廃立でしょう。

やっかいなことを言うようですけれども、昔から釈相廃立、釈意隠顕という言葉を使いますね。『観無量寿経』を解釈する時に、その相について解釈する場合は廃立門という解釈の仕方があり、釈意、いわゆる経典の精神を明らかにしようとする時に隠顕門が開かれてきたと、こういうふうに言います。これは間違いではない。間違いではないでしょうけれども、そう言われてみますと、廃立と隠顕ということは、経典解釈の法規のようなものとして受けとられがちですが、そうではないのでしょう。実は、廃立以外にないのではないですか。はっきり言えば、宗教的存在と成るには、廃立以外ないのでしょう。そのほかに隠顕ということが別にあるのではない。隠顕はむしろ廃立のところに見えてくる世界です。

建仁辛の酉の暦、雑行を棄てて本願に帰す。（『全集一』三八一頁）

と言われますように、廃立という言葉が現わしている事実は廻心です。廻心なくして宗教的存在の成就はないのでしょう。だとすれば廃立という言葉で語ることは「雑行を棄てて本願に帰す」と、棄てて帰する、こういう明晰さです。そして、棄てて帰するということは、二度も三度もあることではない、「廻心ということ、ただひとたびあるべし」と『歎異抄』で言われるように、一度です。

廻心というのは、人間の精神革命ですから、そういう意味で、廃立ということの持っている意味は実存への明晰性です。生きているという事実についての明晰な眼が、「雑行を棄てて本願に帰す」るという、そういう在り方で、生命自身を確かめる。そのことを廃立というのでしょう。廃立とは何か、雑行によって生きてゆけるという在り方で生きておったことが、実は身勝手な思いでしかなかった、自己を成就するものではなかった、と気づいたことである。そこに「雑行を棄てて本願に帰す」という存在への明晰な頷きが生じたのである。生きているという事実を本当に大切にした時、その大切にする心が、実は「雑行を棄てて本願に帰」せしめるというすがたで宗教的実存を回復していくわけです。日常的な人間の底が破れた、破れてなおかつ生きている自分がある。とすると破れたのは何か、破れてなおかつ生きている事実はいったい何なのか、とそのとき「雑行を棄てて本願に帰す」という廃立という事実が明らかとなるのでしょう。その意味において、「雑行を棄てて本願に帰す」あるいは廻心ということを親鸞自身は解釈して、「自力の心をひるがへしすつる」とこう言います。はっきり「ひるがへしすつる」というところに廃立ということがある。翻捨する、あるいは転捨するというのが廃立です。「棄てて帰す」るということを逆に言うと、帰するところがはっきりしたということでしょう。帰するところが見えたということが、「棄て」えたことと一つなのです。ところが真宗学では、隠顕は大事だけれども、廃立はつまらない話のようになってきてしまうのではないですか。案外に、廃立は隠顕と比べて思想が浅いというところに置かれているのではないですか。しかし廃立の外にはないのですよ。廃立ということは、人間における精神革命ですからね。そうすると親鸞の信仰告白の中味は何かというと廃立です。明白な信仰の中味は廃立です。いわゆる、日常的人間の破れた底に、存在の確かめができた頷き、それが廃立です。

ところで、『歎異抄』を貫いている精神は何かと言えば、この廃立の精神です。雑行に自己を託してはおれない、雑行に自己を託していくことが流転だと頷けた。『観無量寿経』に説かれているように、出生の秘密が明らかになった、ということですね。「我宿何の罪ありてか此の悪子を生ぜる」と、その怨みを雑行に託して解決していこうとするところに、人間の混乱があるわけです。ところが、その混乱の基にあるものは何かというと、「我宿」といわれるような、解決のできないものを生命の事実としながら生きているということです。ところが、そうした出生の秘密が見えた時、雑行では及ばないことが明らかとなった。その雑行とは、自我に依る実践ということでしょう。雑行とは、自我心による行為です。「雑行雑修自力の心をふりすてて」と蓮如はいいます。雑行というと、何かをすることのように思いますけれども、雑行雑修は自力の心だと言われますように、自我心と言うのでしょう。そうすると自我心に依ってしては、どうにもならないものはいったい何なのかといえば、つまり出生の秘密です。いわゆる、自我心に先立って与えられている生命が、わたしの生命なのですから、その生命を自我心をもって解こうとする、そのことの誤まちですね。そのことの誤まちがわかった。わかったところに、実は「雑行を棄てて本願に帰す」ということがある。実は出生の秘密の解ける世界、それは阿弥陀の本願の世界である。阿弥陀の本願へのめざめにおいてしか、出生の秘密は解けない。言うならば、自我に先立つ自身の事実というものは、阿弥陀の本願へのめざめにおいてのみ安住する世界があるというところに廻心とか、廃立とかいうことがある。そして、その廃立ということによって成就する事実を何というかというと、それを「浄土真宗」というのでしょう。

廃立によって成就する世界を「浄土真宗」という言葉で現わすのであります。「浄土真宗」とは、穢土が見えたことである。浄土が見えたというよりも、穢土が見えた。穢土が見えたということは、穢土に生きる自己が見えたということです。なぜかというと、浄土を真宗とすることが成就するからです。浄土のために浄土があるのではないわけです。ですから穢土に生きている自分、出生の秘密を解こうとして解き得ない、悪戦苦闘の世界に生きている自分に、真に安じうる世界が見えた、それを「浄土真宗」というのでしょう。正しく、浄土を真宗として、穢土に生きるわけです。浄土を真宗として、浄土に生きるのではなく、浄土を真宗として、生きる世界は穢土です。穢土を生き尽さなければいけないから、浄土を真宗とするのでしょう。だから廃立ということは、廻心ということですし、廻心ということは、いわば自分という存在が明晰になったということです。それが言葉を換えれば、「浄土真宗」が明らかになったということです。「浄土真宗」に遇うということを、廃立ということで表現しているのです。廃立、「棄てて帰す」ることができた、ということは、「浄土真宗」に遇うたという事実であるわけです。

浄土真宗

このように見てきますと、ここで一つ明確になりますのは二祖、つまり、善導と法然、この二祖はいったい何をしたのか、二祖によって明らかにされたのはいったい何なのかといえば、善導・法然がなしたことは廃立でしょう。善導が証したことは廃立です。そしてその廃立を更に徹底して明確に打ち出したのは法然です。法然が成した事業は、「浄土宗」の独立です。押えて言えば「浄土真宗」の興行です。今言うた言葉で言えば廃立です。そのことを別な言い方で現わせば、宗教的実存としての自覚ですね。宗教的実存の自覚を廃立というわけです。そうすると、そのことを最も端的に示す言葉が「偏依」ということでしょう。「偏依善導一師」と言うた法然によって廃立が明らかになっております。そして、善導自身はといえば偏依釈尊です。偏依釈尊ということは、阿弥陀の本願を説く如来に遇うたということです。阿弥陀の本願を説く仏陀釈尊に、「偏依」という姿勢をとったのが善導です。

善導と善導以外の諸師との違いは何かといえば、阿弥陀の本願を説く仏陀釈尊に偏依したということです。偏依という姿勢で、阿弥陀の本願を説く仏陀に帰したということです。これは法然が、善導と諸師との違いを指摘しているところではっきりさせていることです。法照という人も、少康という人もみな善導と同じような立派な浄土教の祖師達であるけれども、違う一点がある。それは「偏依」の姿勢の有無ということである。諸師には偏に浄土を宗とすることがない。どこかで他のことを兼ねてやっている。ところが善導一人は、偏に浄土を宗とした、ということは阿弥陀の本願を説く釈尊をもって仏陀とした、と言うことでしょう。そのことを『歎異抄』においては、親鸞がはっきりさせているわけです。「弥陀の本願まことにおはしまさば、釈尊の説教虚言なるべからず」ということには、弥陀の本願のまことにおいてのみ成り立つ仏陀、弥陀の本願のまことにおいて自己を発見した仏陀、正しく廃立をなしえた仏陀、いろんなことを説いた釈尊ではなく、ただ弥陀の本願に遇うことによって、文字通り廃立をなした仏陀である。その精神に触れた善導、いわゆる、廃立に立った善導こそ、「善導の御釈まこと」である。だからこそその善導に偏依した「法然のおおせ」が、虚言であるはずがない。とすればその法然に「よきひとのおほせをかふりて信ずるほかに別の子細なきなり」と偏依した親鸞の言葉に、また偽りがあろうはずがないではないか、とこう言える自信ですね。その自信というのは、文字通り自己自身を回復した、つまり、出生の秘密から解放されたという深い感動がそう言わせているのです。

そうすると、そこに一貫しておるものは何かというと阿弥陀の本願に触れたということであり、「浄土真宗」が明らかになったということである。そこに廃立ということがある。ですから廃立とは別な言葉でいえば偏依です。そういうことが『歎異抄』のなかに一貫して示されていることです。あれが言葉の厳密な意味での信仰告白です。

そういうところから、もう一度注意して「浄土真宗」という言葉が使われている『正信偈』『和讃』を、みなさん調べてごらんなさい。『正信偈』で言いますならば、「真宗」という言葉が使われている場所は、善導と法然のところにしかないはずです。『教行信証』に載っている『正信念仏偈』の方には、「善導独明仏正意、矜哀定散与逆悪」と続いていて、そこには真宗という言葉はありません。しかし、『浄土文類聚鈔』にある『念仏正信偈』には、「善導独明仏正意、深籍本願興真宗、矜哀定散与逆悪」とあるでしょう。あそこには、「善導独り仏の正意を明らかにして、深く本願に籍りて真宗を興したまう」と言うてあります。明確に、「本願に籍って真宗を興す」。善導独り仏の正意を明らかにした。文字通り「仏説まことにおはしまさば善導の御釈虚言したまうべからず」

（『歎異抄』）という言葉と同じことです。善導独り仏の正意を明らかにした。つまり、阿弥陀の本願を説く仏の正意を明らかにした、ということは、具体的には「深く本願に藉って真宗を興した」ということである。そういう言葉で明確に善導の徳を親鸞は称えている。もう一人は言うまでもなく法然です。「本師源空明仏教、憐愍善悪凡夫人、真宗教証興片州、選択本願弘悪世」と『正信偈』に言うている。そうすると、「本師源空は仏教に明らかにして」と、ここに「仏教に明らかにして」とありますね。善導の方は「善導独り仏の正意を明らかにしたもう」ここにも「明」といっています。「明らかに」するという言葉が使われているのは、善導と法然だけです。「仏意を明らかにする」、「仏教に明らかにして」、法然が仏教に明らかであるということは、真宗の教証を片州に興して、選択本願を悪世に弘める、こういうことです。「浄土真宗」を片州、日本に興した、すなわち選択本願を悪世に弘めた、ということが、仏教に明らかな証拠である、ということなのです。善導の場合には、「深く本願に籍って真宗を興す」という言葉で仏の正意を明す、と言うておりますね、それはまた『和讃』の方でもそうなっております。

念仏成仏これ真宗　万行諸善これ仮門

権実真仮をわかずして　自然の浄土をえぞしらぬ。

聖道権化の方便に　衆生ひさしくとどまりて

諸有に流転の身とぞなる　悲願の一乗帰命せよ。（『全集二』四四頁）

このように言っています。ここで「念仏成仏これ真宗、万行諸善これ仮門」これは廃立ですね。

「念仏成仏これ真宗、万行諸善これ仮門」と、「これ真宗」「これ仮門」とこう押えている。これは廃立でしょう。ご承知のように「念仏成仏これ真宗」は、法照の『五会法事讃』の言葉です。法照という方は、だいたい親鸞のお心もちでは善導の分身ということになっている。法照という方は後善導とも言われています。だから『教行信証』の行巻を見ると、善導のところから法照の文が出てくるのでしょう。だいたい、あそこに出てくる方は全部善導の分身だと領解していいのでしょう。そうすると、「念仏成仏これ真宗」という言葉は、たしかに法照の言葉ですが、親鸞の気持のなかでは善導の言葉になっているのでしょう。後の善導としての法照が使った言葉であって、後の善導でない法照が使った言葉ではないわけです。

そういう意味において、「念仏成仏これ真宗」という言葉も、親鸞のうえでは善導のお言葉である。そうすると、親鸞が『大無量寿経』を見る時に、その『大無量寿経』の『和讃』の最後のところに「念仏成仏これ真宗、万行諸善これ仮門」として、はっきり廃立というかたちで、つまり、主体的に言えば廻心ということで、「浄土真宗」を示されているわけです。ところが、そこからあとには真宗という言葉は出てこないのです。出てくるのは善導讃のところに二度出てきます。

　経道滅尽ときいたり　如来出世の本意なる

　弘願真宗にあひぬれば　凡夫念じてさとるなり。（『全集二』一一二頁）

とありますね。ここに明確に「経道滅尽」の時が来た、全ての経道の終わりが来た、その時如来出世の本意が明らかになった。経道滅尽の時がきた、もうだめだというのではない、その時こそ、如来出世の本意が明らかになる時がきた、というわけです。そして、そこに「弘願真宗にあいぬれば凡夫念じてさとる」という道が開けて来た。こうして弘願真宗に遇うと言うております。また、

真宗念仏ききえつつ　一念無疑なるをこそ
希有最勝人とほめ　正念をうとはさだめたれ。（『全集二』一一七頁）

と、こう言うております。真宗念仏を聞きえたということは、一念無疑、つまり、真実信心をえたということである。それは、希有最勝人とほめられることなのだ、と言うております。ここにやはり、「真宗」という言葉が出てきます。もう一つは法然です。

智慧光のちからより　本師源空あらわれて
浄土真宗をひらきつつ　選択本願のべたまふ。（『全集二』一二七頁）

あるいは、

善導・源信すすむとも　本師源空ひろめずば
片州濁世のともがらは　いかでか真宗をさとらまし。（『全集二』一二八頁）

と、明確にここで「真宗」という言葉が示されています。そういう意味では親鸞は、善導と法然の二人のところだけで『正信偈』のなかでは、「仏の正意を明らかにする」「仏教に明らかにして」という言葉を使われている。そしてまた「本願」によって「真宗」を興すということを明らかにしておられます。また『和讃』でも同じことです。

もう一つ『和讃』には、このお二人に限って述べられている特徴があります。それはお二人を親

鸞はただの人間とは思っていらっしゃらない。善導和讃の一番最初には、「大心海より化してこそ、善導和尚とおはしけれ」という言葉がおかれている。つまり、善導という方は、大心海化現の如来だと、こうはっきり言うておられるわけです。また、法然の場合には、「智慧光のちからより、本師源空あらわれて」と、こういうております。そうすると、法然は、阿弥陀の智慧光の力用《はたらき》から化現した方ですし、善導は阿弥陀の大心海から化現した方です。大心海化現の人、阿弥陀の大心海が人間の歴史的事実となった人、それが善導和尚だというのです。阿弥陀の智慧海が人間の歴史的事実となった、それを源空というのだということでしょう。いわゆる、具体的には中国には善導が生まれ、日本にはよきひと法然が誕生した、ということは何かというと、阿弥陀の大慈悲の世界が、初めて人間の歴史的事実となった、ということである。阿弥陀の智慧光が、人間の歴史的現実として今現われた、ということです。これは決して神秘的なことを言うているのではないのです。この人が実在した、この人がここに生れた、という事実が、実は阿弥陀の本願を証明していることである。選択本願を説き、そして、浄土真宗を明らかにし、念仏の一道を明らかにしていくという、いわば廃立という相をもって宗教的実存の回復の道を自身に明らかにし、万人に公開した、それは、善導という個人がしたというのではない、あるいは、法然という個人がしたのでもない。大心海化現の事実であり、あるいは、智慧光の化現であると、こういうふうに言うておられます。言うてみれば、最大限の讃辞を捧げながら、そこで明確に示している事実は何かと言えば、「親鸞がまうすむねまたもて虚しかるべからず候か」ということのできる親鸞になれたということなのでありましょう。

そうすると、真宗の大綱ということがあるとすると、真宗の大綱は善導と法然においてある、と言うていいのでしょう。ところが、法然の教学というものは偏依善導であって、法然の教学を押えれば、善導の教学以外にないのでしょう。だから、親鸞は偏依法然ですけれども、その法然の「おおせ」の中味を明らかにしようとすると、そこにあるものは「善導の御釈」です。そして、その善導の御釈、つまり教学は、「如来の本願を説いて経の宗致と為す」と言って、『無量寿経』に依っている。親鸞が『無量寿経』の教言を宗教的実存の頷きのなかで聞きあてたのは、法然を通してである。法然に遇うた、ということ以外に『無量寿経』を見出す道はなかったのです。

ところが、法然に遇うた、ということを押えてみれば、法然が偏依したところの善導に遇うた、ということでしょう。善導に遇うたということを、信心ということで言えば、二種深信ですね。「出離の縁あることな」き自身の深信が、彼の阿弥陀の本願への深信と一つになった。行ということで言うならば、本願の名告りであり、南無阿弥陀仏である。専修念仏です。行でいうのであれば専修念仏、信でいうのであれば二種深信、これが阿弥陀の本願が明らかになる唯一の場所でしょう。唯一無二の場所であるわけです。

そうすると、釈尊の出世の本意を明らかにする『大無量寿経』に、親鸞が遇うたということは、具体的には「よきひと」法然の仰せに遇うた、ということでしょう。よきひと法然のおおせに遇うた、ということを主体的に押えて言えば、廻心ということですね。「雑行を棄てて本願に帰す」という廃立です。この廃立の歴史に自己も参加できた、ということです。そうすると『教行信証』の縦糸というのか、真宗の大綱は何かといえば、「ただ念仏」、つまり専修念仏です。専修念仏をはずして真宗はない。行で押えれば専修念仏、信で押えれば二種深信、これが真宗の大綱です。そういう意味で、『教行信証』の縦糸は、善導の教学です。その縦糸、つまり、専修念仏すなわち二種深信の心が明らかになって、それ自体が自己の明晰性を求めていくところに見開かれてきたのが曇鸞の教学だといえます。

それは決して曇鸞の教学が、たくみな弁証論だからしてそれを使用したのではない。曇鸞の教学とはどのようなものなのか、何を明らかにしようとして、曇鸞はあれほどの精密な組織と構成とを駆使して論をすすめたのか、そのことを知る眼は縦糸である善導のこころに触れてこそ開かれるのでしょう。触れて開かれた時、信心それ自体が信心そのものを明晰にせざるをえないという自己運動の中で、曇鸞の『浄土論註』というものが親鸞にとっては、唯一無二の純粋理性の書として、それによって自己を明らかにしていくこととなったのだといえる。そこに二廻向四法という横糸が織りなされて『教行信証』はできたのです。だから、こういうことが明瞭になっておりませんと、『教行信証』を読んでおりましても、あるいは、親鸞の教学というておりましても、けっきょく真宗の大綱が明らかにならない。そうすると、最初に申したような、わたしが十何年前にひっかかった問題が、そのまま今でも明瞭になされないままで残ってくるのではないか、と思うのです。それがはっきりしないと、何をやっているのかわからなくなってくるのではないでしょうか。くるくるまいさせられてしまうのではないかと思うのです。それは、大綱が明確にならないからでしょう。大綱が明確になれば、いわゆる、深遠な論理に堪え得るのです。大綱が明確にならないからして堪えられないで関心がそれてしまうのでしょう。疲れてしまうわけです。

そういう意味で、「南無阿弥陀仏、往生之業念仏為本」と、明確に教えられた専修念仏の道、そして、二種深信の教えというものは善導において明らかになったのです。具体的には、「偏依」という相をとるのです。そしてそれは、廃立という言葉で押えられるように、廻心ということによって、はじめて『教行信証』の眼目が見えてくることになるのではないかと思うのです。そういう意味で、私達がこの善導の『観無量寿経疏』を読んでいくうえにおいて着眼すべきことは、この一点ですね。真宗の大綱を明らかにするということです。この一点を見失って『観無量寿経』の解釈だから『観無量寿経』をどう解釈しているのか、というようなことになりますと、善導の解釈は論理的には飛躍もあるし、ときには理解できないことにもなる。たとえばその例を挙げると六字釈です。論理的に言うならば、あの解釈は無理といわなくてはならない。だいたい「十願・十行有りて具足す」と言いますけれども、南無阿弥陀仏・南無阿弥陀仏と十遍ぐらい称えて、どうして仏に成れるのか。これは常識的な問いです。健康で常識的な問いですね。道元禅師なども、ナンマンダブツ、ナンマンダブツと唱えて仏に成れるくらいなら、田んぼの中でガアガア言うている蛙は皆んな仏に成る、と『正法眼蔵』のなかに書いておりますね。これは健康な言葉です。「唯願無行」というた摂論宗はまちがっているというけれども、ただまちがってはおりません。むしろ健康な常識のところで、人間は迷うのでしょう。これに対しての返答として善導は、南無阿弥陀仏は「願行具足」していると言うのでしょう。問いは、南無阿弥陀仏と称えるくらいでは何の役にも立たないのではないか、と言う。答えは、南無阿弥陀仏は「願行具足」していると言うのです。問いと答えとが、食い違うのです。こういうようなことが善導教学のなかにあるのです。言わば、問うてくる問いの根源を押えているのです。問うてきたその根はどこにあるのか、どのような大地から生まれた問いであるのか、ということを一気に押え切って、それに答えるのです。だから善導の『観無量寿経疏』には曇鸞の『浄土論註』のような、あの精密な分析がないのです。そういう意味では、極めて直観的です。時には、一句一句苦労して解釈していくうちに、解釈がもどかしくなるとでもいうのですか、もうやっていけなくなるというのですか、何か内から湧いてきた宗教感情が、その解釈を突き破ってしまう。特に「定善義」などでは浄土の荘厳を一生懸命に解釈しているのですが、ついには解釈が詩に変わっていってしまうということがしばしばある。偈《うた》を歌い始めるのです。そして、気付いては、またもとのところにきて細かいことを言い出すのです。わたしたちはああいう宗教感情について行けなくなってしまう時がある。しかし、実はそれが真宗の大綱なのです。行で押えれば専修念仏、信で押えれば二種深信、身について言うのであれば廻心であり、法として押えれば廃立だと、こういう一点が明確になれば、実は善導の『観無量寿経疏』を読むということが、そのまま宗教的実存の回復という自分自身の一大事と一つになっていくことになるのです。そういう意味では、『観経疏』は随分やっかいなものです。りきんでやってみて、初めて善導の教学をあまり多くの人がやらないわけがわかるのです。安易にやれないのです。しかしひとたびかじりついたものははやめるわけにはいかないものです。ですからわたしもそれ以来十数年善導を憶念しながら、いつかどこかで徹底してみたいと思っていたのです。

第二章　独明の志願

——五部九巻の造意——

序

真宗の教学は、善導の教学というものが縦糸になっている。その縦糸となった善導の教学を充分に織りなしているものが、『論』・『論註』、なかんずく曇鸞の教学であります。ですから、もし善導の教学に触れることがなかったならば、曇鸞の教学の持っている本当の意義は見開かれない。こういうことが真宗教学の眼目ではないかと思うのです。しかしまた、善導のみに執着しますと、法然を分水嶺として開顕されてくる親鸞の『大無量寿経』に立つ誓願一仏乗という仏教の教学は、これまた明らかにならないことになるのです。そういう意味で、善導、曇鸞という縦糸と横糸とによって織りなされたのが親鸞教学であると、そういうことを話してきました。もう少し言いたいことがありますので、それをお話しします。

実は、善導の全著述を五部九巻といいますが、その五部九巻といわれているものの全体の内面的な関係、さらに言えば、われわれにとってそれがどういう意味をもっているのか、ということを考えてみようと思っているのです。まず五部九巻の図を書いてみましょうか。

- 本疏―観無量寿経疏
  - 教門（安心門）
  - 玄義分
  - 序分義
  - 正宗分定善義
  - 正宗分散善義
- 具　疏
  - 行門（起行門）
  - 法事讃　二巻
  - 観念法門　一巻
  - 往生礼讃　一巻
  - 般舟讃　一巻

『観無量寿経疏』というのが、今われわれが勉強しようとしている『観経疏』ですね。その『観無量寿経疏』を従来からの言葉に従っていうならば「本疏」と呼びます。この『観無量寿経疏』が、「玄義分」「序分義」「定善義」「散善義」、とこう四つになっている。つまり一部四巻になるわけです。この他に『法事讃』『観念法門』『往生礼讃』『般舟讃』とあるわけです。『法事讃』が二巻になっています。あとは一巻です。そしてこれを「本疏」に対して、「具疏」といっています。だからこれで五部九巻という呼び方をするわけです。古い用語ですが「本疏」の方は古くから教門といいます。

善導が教えを明らかにするのが教門です。その教門は同時に、安心門といわれています。信心の表白だというわけです。これに対して「具疏」の方は行門といいます。行門という言い方は適切で

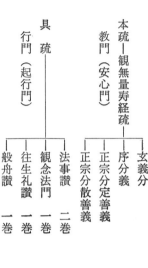

あるかどうかはこれから順に話していきますが、ともかく行門といいます。また安心門という言い方に対しては、安心起行という言葉もありますように、起行門といいます。だから善導の著書には「本疏」と「具疏」とあって、「本疏」が「玄義分」「序分義」「定善義」「散善義」という四巻から成っている。そして「具疏」といわれているものが、『法事讃』『観念法門』『往生礼讃』『般舟讃』とでできている。その『法事讃』が二巻に分かれていますから五部九巻といわれているわけです。

実はこの「具疏」というものについて、どこかで一度お話をしたいと思っていたのです。学校で善導の教学をわれわれが勉強する時にも、「具疏」というものをあまり重要視しない傾向がある。というよりも、「具疏」のなかに出ている言葉、いわゆる、親鸞が『教行信証』のなかで、たまたま『往生礼讃』とか、『観念法門』などから引かれておる言葉は大切にします。けれども、「具疏」そのものを重要視するということはあまりないですね。だから、「具疏」そのものは、どちらかといえば、いらないものだと、そこまで言う人はないけれども、あまり大切なものだと思ってはおりません。ところが、近頃この「具疏」が大事なのだ、とわたしは思っているのです。

具疏の位置

『観無量寿経疏』が教門であり、「具疏」は行門である。その「具疏」というもの全体がまた二つに分かれまして、「具疏」のなかをまた教門、行門と昔から分けている。「本疏」に対して行門といわれる「具疏」のなかで、特に『観念法門』は独自な意味をもっている。その独自な意味というのは、宗教的行事を明らかにする「具疏」のなかで、宗教的行事を明らかにすると同時に、そのことを通して端的に教えを明らかにするという性格をもっているというわけです。そういう意味で『観念法門』を「具疏」のなかで教門といわれるわけです。この『観念法門』以外は行門というのですが、この場合の行というのは、いわゆる修行という意味よりも、むしろ行事という意味です。宗教的行事という意味の行です。勿論、修行という意味も突き詰めてゆけばでてくるのでしょう。けれども、直接の意味は宗教行事という意味です。その宗教行事の在り方が分かれてくる。勤行等のような常時の宗教行事を明らかにするものと、それから別時の宗教行事、いわば改まった法事等を規定していくものがあって、特別な法事のなかにまた、定期的なものと、臨時の法事とに分かれているのです。そのほか日常的な宗教行事を規定しているのが『往生礼讃』です。それから、別時、特別な宗教行事のうち、定期的な行事について示しているのが『般舟讃』です。定期的というのは、昔からあるのでしょうけれども、七日間とか、九日間とか、九十日間とかいうように、特別に日を限りまして、その間に特別な宗教行事をする。その外にもっと臨時的な行事、たとえば、一日一夜だけに限って法事をすることを決めていく、これが『法事讃』です。たとえば、『往生礼讃』という書物ですが、蓮如が『正信偈』と『和讃』を開版して、一般に公開しました。新しい真宗教団のなかで、親鸞の『正信偈』と『和讃』とを文明年間に開版しましたね。それ以前は『六時礼讃偈』といはれる『往生礼讃』の讃偈を読誦していたのでしょう。本派の方では、今でもやっております。大谷派の方ではあまり一般にはやっておりません。けれども、それまでの勤行はみんなこの

『往生礼讃』の偈文だったのです。

『六時礼讃偈』つまり『往生礼讃』というのは、ご承知のように逮夜から始まって初夜、中夜、後夜、晨朝、日中と、六時に礼拝讃嘆する偈文を書いたものです。ですからだいたい六回お勤めをしなければいけないのです。それがだんだん減ってきまして、最近丁寧なところで、逮夜、初夜、晨朝、日中でしょう。さらに減りまして、逮夜、晨朝、日中と三回になり、さらに減って、晨朝はねむたいもので、逮夜、日中と、こうなっております。丁寧なところで四時やる。私の寺は田舎ですけれども、私がずぼらな方なものだからだんだん減ってゆくのですが、報恩講という大切な行事になりますと、逮夜、初夜、晨朝、日中と、四回です。夜中まで起きておるのはかなわないもんですから、中夜、後夜はないのです。でも残っているのですよ。たとえば、本願寺の二十五日のお通夜というものがありますね。あの時は皆泊り掛けでおるでしょう。その当時のいわゆる中夜、後夜の行事が、通夜というかたちと一緒になって残っているのではないかと思います。そういう意味において現代まで続いている宗教行事のもとは、すでに善導にあるのです。これは案外一般には気付かないところではないですか。

だから今日ではその「具疏」というものと、「本疏」との必然性をわれわれは見落しているのではないか、と思うのです。『般舟讃』は別ですけれども、『法事讃』という、臨時の行事があるでしょう。今日でも非常に重い御法事、たとえば、御遠忌法要というような時には、『法事讃』に従ってやっておるのでしょう。『法事讃』には法事の仕方が実にきちっと決められているのです。道場に入る前には、沐浴をし、どういう態度をもって、どうして入って行くとか、行道の時には、どういう行事をせよ、教典を読む時には、どういう読み方をせよ、ということがきちっと決められているのです。だいたい、『法事讃』の規定が、たとえば、本願寺の御遠忌というような、最も重い御法事の規定の本となっているのでしょう。一日一夜というものは、大逮夜から御満座へかけて行なうのですから、そういう規定になっているのです。これが、今日まで続いているのです。しかし、そういうことについてほとんど関心がもたれていない。関心をもたなくてもいいようなものなのかも知れませんが、行事はやっているのですからね。やっておって、なぜそれをやらなければいけないのか、どうしてそういうものが生まれてきたのか、という必然性が押えられませんと、やっていること自体を馬鹿にしていることになるのではないですか。やりながら、自分が道化役者になっておるようなものです。やめるのなら良いのですけれども、馬鹿にしながらでもやめないでやっているのですから、道化役者になっているわけです。そうすると、なぜやらなくてはいけないのか、なぜそういう宗教行事が要求されたのか、だれによってどういう意味で要求されたのか、というところまで考えていかなくてはならないのではないかと思うわけです。

たとえば、キリスト教ですと、典礼論、儀礼論というものが非常に重い意味を持ちますね。昨年一年間、同志社大学にありますＮＣＣ宗教研究所に行っておりました時に、仏教では儀礼ということは、本質的にどういう意味があり、どういう根拠があるのか、と尋ねられたのですが、仏教学にはそういうことを主題にする学問分野が無いですね。仏教の宗教儀礼についての根拠を押えているものがほとんどありません。特に、浄土教における宗教行事の根拠を押えてある、というものはないのではないですか。教典の読み方や儀礼の方法について書いてあるものはあるけれども、その宗教行事が、どういう根拠の上に成り立っているのか、ということを明瞭にしているものはない。その点キリスト教では儀礼論というものがあって、宗教行事を非常に重くみております。教会の実践として、非常に重いウエイトをもって説かれております。そういう意味では典礼論とか、儀礼論というものは、カソリックだけではなく、プロテスタントにおいてもそうです。教会がある限り、この儀礼ということを非常に重要に考えておるのです。ところがこちらでは考えないでやっているということになると、妙なことだと思います。尋ねられてから、これは一つの仏教のエアーポケットだなと思いましたね。ずいぶん前から、善導の「具疏」の問題は念頭にあったのだけれども、昨年同志社大学に行ってみまして、そのことをつくづく思ったものです。

ところで、善導の著述は五部九巻でありますが、なぜ「本疏」と「具疏」を造らなければならなかったのか、ということについて善導自身、明確にしているのです。これは大事なことだと思います。他人が意味付けしたのではなくて、なぜ自分は『観経疏』を書かなくてはならないのか、何のために書くのか、ということを善導自身が、明確にしているのです。そして、なぜ自分は「具疏」と呼ばれる四部五巻を書かなくてはならないのか、どういう意味で書くのか、こういうことも、善導自身が明記しているのです。

『観無量寿経疏』については一番終わりのところに、

某今此の『観経』の要義を出して、古今を楷定せんと欲す。（『全集九』二一八頁）

と、はっきり言い切っている。某《それがし》というのは、自分という意味で、わたしが今『観経』の要義を取り出して釈明するのは、何のためかというと、古今を楷定せんためである。こう言っております。非常に大胆な言葉です。「古今楷定」というのです。楷というのは、のり、説く、定め、ですから、のりとか、正すという意味です。ですからここで、自分が今、この『観経』の要義をここに取り出して明らかにしようとするのは、『観経』という経典についての定めを明らかにしようとするのだ。それによって『観経』という経典についての誤まりを正すのである。『観経』は、かく読むべきものであると、古今を通じてこう読む以外に読み方はないのだ、ということを明らかにしようと思うのだ、ということです。実にこれは大胆な言い方です。古今というのですから、古えも誤っておる。現在も間違っている。だから自分がこの『観経』の要義をここに出して、この『観無量寿経』という経典に対する領解の誤りを正しながら、この教典は如何に読まれ、如何に領解されるべきであるかという、古今を通じて動かすことのできない定規をここに決定するのだ、と言い切ったのです。これが『観経疏』を造ろうとする善導の意図です。しかも、この『観経疏』の一番最後のところには、

一句一字も加減す可からず。写さんと欲はん者は、一に経法の如くせよ。応に知るべし。（『全

集九』二二〇頁）
という言葉で『観経疏』を閉じている。この『観経疏』を読む者は一句一字も加えたり、減じたりしてはならぬというのです。古今東西を問わず『観経』を読む時には、これに従わざるを得ない、これ以外の『観経』の読み方はない。そういうことを今自分は明らかにしようとするのだと、こう言い切っておいて、それを結ぶ最後の言葉は「一句一字も加減すべからず」というのです。一字一句でも勝手に加えたり減らしたりしてはならない。もし、この『観経疏』を写そうと思う人がいたならば、専ら経法の如くに扱え、応に知るべし、と念をおしている。大変な自信ですね。大変な自信だけれども、この自信が決定的な事柄になるわけです。実は、一句一字も加減すべからずという、この言葉のなかに何が示されているのか、というと、ご承知のように善導は、自分は今、古今を楷定せんと欲うて、この『観経』の要義を明らかにしようとしている。ところが、自分は愚かな凡夫であるから、過ちを犯すかもしれない。だから自分の領解というものが過ちであるか、過ちでないか、もし自分の領解が弥陀、釈迦、諸仏の大悲の心に称うているならば、そのことを証誠していただきたいと、こういう願を結んで毎日『阿弥陀経』を三遍読誦し、念仏を三万遍称えた。そうすると毎夜夢のなかで一人の僧が現われて『観経』の要義を示してくれた。その指南に従って自分は『観経疏』を記述していったのだが、更に改めて七日間、『阿弥陀経』を十遍、念仏を三万遍称えて心をこらしたところ、再び証誠を頂くことができた。だからこの『観経疏』は、諸仏の証誠のもとにできたものである。従って「一句一字も加減す可からず。写さんと欲はん者は、一に経法の如くせよ」と言うています。なんだか勝手なことをいっているように思えますが、ここに善導自身の精神を明白にしなくてはならない、という問題が実はあったのでしょう。親鸞はこの精神に触れて、「善導独明仏正意」と言うた。「善導独り仏の正意を明らかにする」というのは、この精神に触れて言うたのです。

ではいったい何をみて言うているのか、といいますと、そういうことは客観的な論理的な立場で語ることはできない。もしそんなことをしたらそれこそ独断でしょう。つまり善導が古今を楷定するという時には、相手なしに言うのではないのです。『観無量寿経』という経典は、その当時の中国における流行の経典であったわけです。中国仏教の黄金時代といわれた隋、唐の時代の聖道の諸師方は、こぞって『観無量寿経』について解釈をしておられる。特に、浄影寺慧遠、天台大師智顗、嘉祥大師吉蔵というような大物が、この教典を解釈している。そのなかでも、浄影寺慧遠が善導の相手どった聖道門の代表者です。というのは、浄影寺慧遠の書いた『観経疏』が一番正確なのです。明晰で誤魔化しがないのです。だから善導は相手どったのでしょう。

浄影寺慧遠という人は、摂論宗の人です。その当時、摂論宗が全盛をきわめておったわけです。その摂論宗の人が『観無量寿経』のなかに出てくるところの、いわゆる下品下生の者が、南無阿弥陀仏を称えて浄土に往生するという経文に対して、『摂大乗論』に説かれている一つの道理をもってこのようなことを言っています。あれは釈迦が方便して説いたのだ、もし初めから大きなことを説くと、下劣な凡夫は仏教に縁が無くなってしまう。みんな逃げ出してしまうだろう。だから、釈迦は十声の念仏を称えなさい、浄土に往生して仏になれますよ、ということによって仏法に縁を結ばせて、やがて真の修道に身をおく人間にしようとする為に説いたのだ。だから十声念仏称えなさい、仏になれますよ、というけれども、今仏になれるというわけではない。その時には、「今」という字が抜けている。いつ仏に成るのかわからない。つまり別時に仏に成る、別な時に往生成仏できる。しかし、別時ということをかくしてこういうふうに説いたのは、方便なのだ、と、摂論宗の人は『摂大乗論』にそういう論拠があるとして、それをもって『観無量寿経』の経文を批判してきたのです。

それについて巧みな例を出しておりますね。例えば、お金でいうならば、百円貯金しなさい、百万円になりますよ、百万円になって返ってきますよ、というのは、ああそうかといって百円貯金したからというて、今百万円になって返ってくるというわけではないでしょう。百円を積み重ね貯金できる人間になった時、やがていつかは百万円になって返ってくる、というのでしょう。だけど最初から百万円になるのには、百円を何回積むと、百万円になる、というたのでは誰も貯金しません。だから百万円を彼方において、百円から貯金するという習慣を身につけさせようとするのが銀行でしょう。それと同じような例をもって下品の機の念仏往生を批判しているのです。いわゆる、一遍に巨万の富に成るのではなくして、いつかは巨万の富になるために、まず一円でも検約しよう、ということと同じだと、そういうことを言うている。そういう念仏だから、称名念仏なんか本当は役に立たないものだと、今すぐに巨万の富にならないような百円は、ほとんど役に立たないも同然だ、往生成仏の直接の因とならない念仏は、ほとんど役に立たないと同様だということを主張した。

こうした主張をもつ摂論宗が盛んになることによって、浄土教の念仏義は、地を払ったといわれますね。こういう時代に出てこられたのが、善導の師匠である道綽です。その道綽の精神を受け継がれ徹底したのが善導なのです。で、この二人がこの問題に対して、真向からそれを破っていこうとするのでしょう。その代表的なものが、善導の名号六字釈です。名号六字釈は、それを破ったものです。つまり、名号六字釈は、浄土教の死活を決する問題に対して、あのわずかな言葉をもって一挙にそれをひっくりかえしてしまった、一転させてしまったのです。摂論宗の学者達のそういうものの考え方、発想それ自体が非仏教的だというて、一挙にひっくり返したのが、名号六字釈なのです。

ところで、この『観経疏』を書く時の善導の相手には、こうした当時の仏教界があるわけです。特に摂論宗を代表する学匠であり、単なる学者であるだけではなく、あの北周武帝の法難の時、大衆のなかで武帝の廃仏の非道であることを告発したという道心堅固で行動力のある浄影寺慧遠、あるいは天台大師智顗、三論の学匠嘉祥大師吉蔵、こういう人々がこぞって『観無量寿経疏』を書きます。今日の研究によると果してこの人々が自分で書いたかどうかという疑義がもたれていますが、そのことは別問題として、そういう仏教界のなかで、善導の『観経疏』は書かれているのです。ですから古今を楷定するという時、ただ論理的な客観的な立場で両者を並べていうのであれば、摂論宗の学匠である浄影寺慧遠の書いた『観無量寿経疏』と、善導の書いた『観無量寿経疏』とを、われわれが学問的な立場、あるいは、客観的立場で比較すれば、無理なこじつけをしない限り、どちらかというと、浄影寺慧遠の方に軍配が上るのではないでしょうか。われわれの知性で読んでいくならば、浄影寺慧遠の方が正確です。

たとえば『観無量寿経』というのは、だいたい経題だけを見ても、これは「観無量寿」ということを教えているのでしょう。観とは何かといえば、観とは仏教における修学の中心であるところの観察です。何を観察するのかといえば、無量寿仏を観察するのだ、という限りにおいて、題そのものから見ましても『観無量寿経』という経題は、観仏三昧を明らかにする経典だと、こう聖道の諸師が領解するのはまちがいだとはいえないわけです。無量寿仏という仏を観察する三昧の境地というものを、この経典は明らかにしているのだといえば、これは百点満点でしょう。これをまちがいだというなら、その人の方がまちがいですね。ところが善導は、それはまちがいだというのです。この経典は、観仏三昧を明らかにした経典ではなく、称名念仏を明らかにしているのだと主張する。おそらく客観的に見れば善導の方は零点でしょうね。一事が万事で、そういう意味では『観無量寿経』に対する客観的な、あるいは、理論的な立場において、聖道の諸師と善導の『観経疏』とを比べて、善導の『観経疏』の方になおかつ軍配を上げようとするならば、それは宗派我というものです。宗派我に立つことを独断というのです。われわれの真宗学が危いのは実にこの点です。領解できなくて軍配を上げようとする、そして、軍配を上げておいて承知せん者はねじふせようとする、それは無理というものです。そういうことではなく、立場を変えなくてはならないのです。立場を変えるというのが、善導の「古今楷定」ということです。立場が違うのだというわけです。立場が違うということは、立っている場所が違うのだから話が通じないのだ、という違いではなく、百八十度回転しなければならないのだ、ということをいうのです。なぜかというと、その理由はただ一つ、相手は経典だという一点を明らかにするということです。あくまで『仏説観無量寿経』であって、この題が示すように仏説なのだ、ということです。

諦聴善思

『観無量寿経』が仏説である限り、仏説ということが領解できる立場は人間のなかにはないのだ、ということが善導によって明らかにされた大事な点です。人間においても、経典を読解することはできる、そのことまで善導は否定しようとはしていません。経典を読解していくということは、少くとも文字の読める人ならば誰でもできる、これを善導は否定しているのではないのです。読解できるどころではない、経典を読解することはその人の学力に応じて、どんなに深くでも領解できる。そのことを決して善導は否定しているのではないのです。

ところが、経典は読解できても、読解できたということによって経典がただちに「教」になるか、ならないかはわからない、というのです。経典は誰にでも読解はできる、少なくとも最低限の能力を持っているものにとってはできる。だから、それはどんどん磨いていけば優れた読解力がつく、そのことを無理やり駄目だというたならば、話にならない。しかし、経典が如何に読解できても、経典が「教」になるか否かはわからない。「教」にならなかったならば、経典を読解するとはいったいどういう意味をもっているのかというわけです。当時は中国仏教の黄金時代といわれる時代で、この時代に中国仏教は大成されたのです。天台宗にしましても、やがて生れてくる華厳教学のもとも、あるいは、法相教学のもとも、三論教学もその当時に大成されようとしたのです。だとすると、そういう学者を相手どって、そうした学問は駄目だというわけにはいかない。ただ如何に経典が読解されても、経典が「教」になるか否か、ということになると、これは決定的な問題があるのでしょう。そのことこそ、善導が「古今楷定」として明らかにしていることです。善導が明らかにしたかったこと、明らかにせずにはおれなかったことは何かというと、仏説に領く心は、仏説にかなう心でなくてはならないということです。仏説の聞ける心は、仏説にかなう心でなければならない。

善導の言葉に従っていえば、

若し仏意に称ひぬれば、即ち印可して如是如是と言たまふ。（『全集九』一七三頁）

誰が「如是如是」というのかといえば、仏です。もし、仏の意にその解釈が称ったならば、仏は即ちその人を印可して、「如是如是」そうだそうだと頷いてくれる、というのです。

若し仏意にかなはざれば、即ち汝等が所説、是の義不如是と言ふ。（同　前）

若し仏意にかなはざれば、如何に優れた解釈であっても「汝等が所説是の義不如是と言ふ」といわれる。そして、

印せざるは即ち無記・無利・無益の語に同じ。（同　前）

というております。もし、仏に「如是如是」と印可されないような経典の解釈というものは、「無記・無利・無益の語に同じ」だというのです。おまえのいうことは確かに見事な論証がなされておる、けれども、その全体に仏は頷くわけにはいかない、このようなものがあるならば、それは「無記・無利・無益」であって、仏に印可されないものであり、従って何等の利益も無いものであり、何等の功徳もない言葉と同じだ、「無記・無利・無益」の言葉をたくさん並べただけだと、こう善導はいい切っています。こういうておいて、さらに語を続けまして、「若し仏の所有の言説」というのでありますから、仏自身が語っている言葉は、即ち、「是れ正教・正義・正行・正解・正業・正智」である。仏所有の言葉は、即ち正しい教えであり、正しい道理であり、正しい実践であり、正しい領解であり、正しい生活であり、正しい智慧である、とこういっている。仏の教えは単なる言葉であるとは言わないのです。仏の教え、すなわち仏所有の言葉というものは、まず正しい教えだと、だが教えとは向う側にあるのではないのです。正しい教えとは、こちら側に来ているのです。その教えとは、正しい道理である。正しい道理ということは、論理というのではない、正しい道理ということは、正しい実践ということである。正しい実践ということは、押えていえば正しい領解ということである。正しい領解ということは、もう一つ押えていえば正しい生活ということである。正しい生活ということは、最後に押えていえば、正しい智慧ということだ、と、ここまで仏所有の言葉を押えていきます。それを最後に、

若しは多、若しは少、衆て菩薩・人・天等を問わず、其の是非を定む也。(『全集九』一七四頁)

という言葉で結んでおります。たとえ多数であろうと、またたとえ少数であろうとも、そして、それがたとえ菩薩といわれるような修道者であろうとも、普通の人間であろうとも、天人であろうとも、そういう差別なく、仏以外には本当の意味で是非を定めることはできないであろう。こう言い切っている。これが善導の「古今楷定」の精神なのです。

だから善導がこの『観経』の要義をいだして、そして、古今を楷定せんとして「一句一字も加減す可からず、写さんと欲わん者は一に経法の如く」扱え、ということは、独断でいうたのではない。独断でいったのではなくして、仏説に領く心は、仏の心にかなう心以外にない、仏説に領くことは、仏意にかのうた心以外にできないのだ、だから人間の努力をどんなに積み重ねても、その積み重ねによって仏説を領解することができる、というわけにはいかない。仏説を領解できる心は、仏の精神にかなう心でなければならない、ということです。仏の意にかなう心以外でもって、経典の解釈をやれとか、やってはいけない、という問題ではないのです。どんなに努力しても不可能なのだ、ということです。それを逆に言えば、仏説に領こうとするならば、仏意にかなうような人生に転換しなくてはならないのだ、ということを善導は言おうとするのです。『観無量寿経』に、「諦聴諦聴、善思念之」という言葉があるでしょう。愚痴の言葉を沈黙して聞いて下さる仏の前で、韋提希の心がおのずから開かれてくる。そこで韋提希が口を開いて、はじめて浄土の方向を向いての問を出す。その問を受けて仏は「即便微笑」して「諦聴諦聴、善思念之」といいますね。あれですよ、あの「諦聴諦聴、善思念之」というお言葉にかなうか、かなわないかということです。

今まで日常生活に埋没しておった韋提希が、その絶望のなかから、いわば宗教性にめざめてくる。そのめざめつつある韋提希に向って、釈尊が語り出す説法の第一の言葉が、「諦聴諦聴、善思念之」という言葉です。この諦聴思念という呼びかけに対して、とる姿勢は何かというと、諦聴思念という姿勢です。「諦かに聴け諦かに聴け、善く之を思念せよ」という言葉に、答える姿勢は、諦かに聴き、諦かに聴き、善く之を思念する、という態度以外にない。それを親鸞は「聞思」というのでしょう。聞思とはそういう言葉です。「善思念之」という言葉に対して、「思」と答えたのです。だから聞思というのは、「諦聴諦聴、善思念之」という経言にかのうた姿勢である。諦かに聴けという教えが聞えた事実を「聞」というのでしょう。そして「善く之を思念せよ」という仏意が、自己の人生のなかで受けとめられたことを「思」といわれたのでしょう。「聞思して遅慮すること莫れ」と、親鸞は自らにいうている。「諦聴諦聴、善思念之」という経言に相い応じた仏弟子の精神ですね。いうならばそこに実は仏説を聞きうるものは、仏意にかなう心以外にはない、仏意にかなう心以外には仏説は聞けないというのであって、解釈するとか、解釈をするなとかいうことではない。そのことを一つ言うために、『観経疏』は書かれたといってもいいのです。

だとすると仏意にかなう心とは何かというと、苦悩を根源的に解決せずにはおれないという、人間の深い要求のみが仏意にかなう心なのでしょう。中途半端なものでない、人生の苦悩を中途半端で放置するのではなくして、根源的に解決せずにはおれないという要求が、実は仏意にかなう心である。そこまで人間の諸欲求が批判純化されていくところに聞かれてくるものが仏意にかなう心なのです。そこに「諦聴諦聴、善思念之」という経言に、「聞思して遅慮」することのない自己というものが照応するのであり、その時に、仏説は聞えるのです。聞えた途端に、それはただの言葉ではなくなる、ただちに新しい人生が開けるのです。「正行・正解・正業」となる。つまり人生になる、生活になる、実践になる、そこに善導の「古今楷定」ということがあるわけでしょう。だから「一句一字も加減す可からず、写さんと欲はん者は、一に経法の如くせよ、応に知るべし」というたのは、決して誇大妄想ではないのです。仏意にかなう者にとっては、仏説は彼方にある言葉ではなくて、自分自身の上に生きてある言葉なのです。それはわたしを救うている事実の言葉である。わたしが救われている、という事実以上に確かなものはどこにもない。この身が証しているのです。身が教法の真実を明らかにしつつ、人生を歩いている。だから、そこから生れた言葉は私有できる言葉ではないのです。

無私の謙譲と絶対の確信

確かに『観経疏』を書いたのは、善導に違いありません。書いたのは善導ですけれども、書かしめたのは何かというと、仏教である。仏の教えである。信心はわたしの上に成就する、しかし、信心の根は、わたしの内にはない。だから、善導の『観経疏』の精神は、信仰告白なのです。端的に言えば、我が信念の告白が『観無量寿経』の領解なのでしょう。経典の領解は、信の告白以外にはない。もし外にあったならば、それはさきほど申しました、単なる読解でしょう。そうすると、一字一句がもう私有を越えている。だから、わたしはどうも愚かな者でして、というて卑下することを必要としないのです。救われているという事実は、卑下する必要はない。かというて、威張る必要もない。正直にそれを表白できる。それは公明正大な場所で、正直に身をもって証しつつ語ることのできる言葉、それが経典を領解した唯一の言葉です。実はそれが「一句一字も加減すべからず」という言葉である。このような自信をわたくしは「無私の謙譲と絶対の確信」という言葉に置きかえたことがあります。本当に無私の謙譲です。私のない謙譲です。私があっての謙譲は、卑下慢になります。そして、絶対の確信でないと、人間は増上慢になります。増上も卑下も、どちらも仏教では慢といいます。煩悩のなかでも慢というのは、非常に重い煩悩です。八慢九慢というのですから、人間がそれから逃れることのないほど、慢というものは重く身近かな煩悩である。そういう卑下を越えしめて、しかも謙譲でありうるのは、無私だからです。増上慢から解放されて、確信ある言葉を語れるのは、救われたという事実だからです。こういうところに善導の確信があるわけです。

親鸞もこれと同じことを言っています。『教行信証』のなかで、

誠に仏恩の深重なるを念じて人倫の哢言を恥ぢず、浄邦を忻ふ徒衆・穢域を厭う庶類・取捨を加ふと雖も毀謗を生ずること莫れ矣。（『全集一』九五頁）

というている。「誠に仏恩の深重なるを念じて人倫の哢言を恥ぢず」というのですから、「誠に仏恩の深重なるを念じて」というところに何があるか、といえば、救われた確信があるのでしょう。救

われずして「仏恩の深重」というても、それはお世辞ということになります。「仏恩の深重なるを」思念する、「善思念之」ですね。思念することによって、「人倫の哢言を恥」じないような公明正大な人生が始まるのです。それが後序の文にいきますと、

唯仏恩の深きことを念じて、人倫の嘲を恥ぢず。（『全集一』三八三頁）

と、このように出てきます。すると同じ言葉が二度出てきます。別序では「誠に仏恩の深重なるを念じて人倫の哢言を恥ぢず」といい、後序では「唯仏恩の深きことを念じて、人倫の嘲を恥ぢず」と言うておりますね。そして、別序では「浄邦を忻ふ徒衆・穢域を厭ふ庶類」といいますから、浄土に生れようとする人であるならば、穢土を厭う人であるならば、いわば、少くとも宗教的な人生に一歩を踏み出そうとする者であるならば、「取捨を加ふと雖も毀謗を生ずること莫れ」というておりります。「一句一字加減すべからず」とはいわないけれども、取捨を加えることはご自由である、とこうゆるやかに言うておられます。取る取らぬはご自由である。これは親鸞の自信から生れた言葉です。

こういうことは、『教行信証』だけではないでしょう。『歎異抄』の第二章のところにも、

このうえは、念仏をとりて信じたてまつらんとも、またすてんとも、面々の御はからいなり。（『全集四』六頁）

とこういうてあるでしょう。あれは自信ですよ。自信がなければ、あのようなことは言えない。人間の根源にある宗教心というものへの深い信頼が、「面々の御はからい」と、こう言わせるのです。

『教行信証』のところにも自己を救ったという、教えに遇うた確信があり、その確信が、万人の救われる道を証している、という感動が言葉としては「取捨を加ふと雖も」という。取る取らないは自由である、しかし、毀謗を加えてはならない。つまり、親鸞の書いたものを謗ってはならない、謗るということは、謗法の咎を犯す、ということになる、そうすれば「誹謗正法」と同じだ、ということです。それを善導は強い言葉で「写さんと欲はん者は、一に経法の如くせよ」とこういったのです。親鸞はそうはいわないけれども、「取捨を加ふと雖も毀謗を生ずること莫れ」と言うたのでしょう。毀謗は許さないという、これは親鸞が許さないのではない、教法が許さないのです。

こういうことは、法然もまたいっています。法然の『選択集』は、非常な誹難のなかで書かれ、九条兼実に送ったものです。その『選択集』の一番最後に、

一たび高覧を経ての後、壁底に埋みて窓の前に遺すこと莫れ。(『真聖全一』九九三頁)

と書かれている。一たび『選択集』をお読みになったならば壁のなかに埋めてしまって、窓前の机の上に放っておくようなことをしてはいけない、と言うておいて、

恐らくは破法の人をして、悪道に堕せしめざらんがため也。(同　前)

といいます。何で壁のなかに埋めて、机の上に放っておいては困るのかというと、皆にみつかるとあちこちからたたかれるから困る、というのではない。皆から批判されるから困る、というのでもない。「人倫の哢言を恥ぢ」ないのです。ただこれだけは注意しなければならない。仏法を破る人があって、この書物を読んだならば、読んだことによって、もし謗法の心を起すとすれば、その人

が悪道に堕ることになる、それが憐れであるからだと、こういう言いかたです。だから、法然は時の熟するまで壁のなかへ入れておく、心ある者だけが読んで下さい、こういうことです。

そうすると、「偏依善導一師」といった法然が、浄土宗独立の意味を明らかにした『選択本願念仏集』の最後においた言葉、そして、その法然の教えに遇うた親鸞が『教行信証』のなかで、その遇教の感動をこめて語った言葉、それらを一貫しているものは、正しく「無私の謙譲と絶対の確信」です。それはどこから生れたのか、というと、人間から生れたのではない、それこそ教法にかなうた心が教法を聞き取った、それが確信となって、こういう言葉となったのです。そういうことなしに、もし真宗の教えを誇示しようとすると過ちを犯す。ただ、他宗の教学はまちがいだと言うならば、言うておる立場が同じだから、それは言った方が負けです。これは当然な話なのです。ところが、そういうことをはっきりさせうる唯一の場所がある。実はそれが浄土教という場所なのです。その浄土教の場というものを、「古今楷定」という言葉で明らかにした善導の精神というものは、当面課題としているのは当時流行の『観無量寿経』ですが、この『観無量寿経』を通して、実は一代仏教に対する姿勢を明らかにしたのです。だから『観無量寿経』という一経典に関しての話ではないのです。このことは『観経疏』の本文に入りますと、次第に明瞭になって来ますが、『観経』の問題を扱うのに、善導は一代仏教というところから話を始めております。『観経』がなぜ説かれねばならなくなったか、ということを一代仏教から説き出していきます。ですから古今を楷定しようとする意図は、仏説に領く心は仏意にかなう心以外にないというその一点を明らかにしようとするわけです。それは『華厳経』であろうが、『法華経』であろうがみな同じことだと、こういうわけです。そういうところに着眼して親鸞は、「善導独明仏正意」と言うたのでありましょう。

具疏の造意

ところで、「具疏」はいったいなぜ書かれたのか、「具疏」を書いた理由も非常に明確になっております。特に「具疏」については『往生礼讃』のなかに、

唯相続係心して往益を助成せんと欲す。(『全集九』一五五頁)

と言うてあります。また、

亦願はくば未聞を暁悟せしめて遠く遐代を沾さん耳。(同　前)

という言葉があります。『往生礼讃』に出ているこの言葉が、「具疏」を書く善導の精神を代表している。「具疏」を書く精神は何か、何のために善導が「具疏」を書こうとするのか、というと、ただ信心を相続し、往生の利益を助成せんと願うからである。それだけではない。まだ浄土の教えを聞かざる人々に聞かしめ、明らかに悟らしめて遠く将来の人々の心を沾《うるお》そうと願うからである。それ以外に、「具疏」を書こうとする意図はないのだ、とこういうております。宗教的行事を明らかにする「具疏」を五巻も造っているのですから、これは大事なことだと思います。

ところで、今日、御遠忌を勤める時、こういう精神がにじみ出ますかね。「相続係心して往益を助成せんと欲す。亦願はくは未聞を暁悟せしめて遠く遐代を沾さん耳」ということを言葉でいうて

もだめなのです。その宗教的行事が、そういう精神の表現としてあるのでなければだめなのでしょう。善導が、宗教的行事の定規を定めている書物に、非常な力を注いでいるのはなぜかというと、このためでしょう。

ここで明確になることは、「本疏」つまり経典解釈の方は、その根本精神は信心の表白です。経典を領解するということは信心の表白以外にはないのだということです。では「具疏」つまり宗教的儀礼を明らかにする精神は何か、というと、一つには往益を助成する。助成とは、往生の利益を助成することです。いま一つには、未聞の人々を暁悟せしめ、そして遠く遐代未来際の人々を沾そうとするばかりである。いうなれば「具疏」の方は往益の助成である。こういうように言うていいのでしょう。そうすると、特にここで明確にしておかなくてはならないことは、善導は、従来からあった聖道の仏教諸宗の行事にまねて、新しい宗教行事を造ったのではないということです。善導以前から中国にあった聖道仏教的な宗教行事のまねをして浄土教的行事を定めたのではないのです。最近流行する法要の近代化を図るというようなことではない。根本的に違うのです。そうではなく、決定的な浄土教の宗教的行事を明らかにしようとした。浄土教における宗教行事というものを、明らかにするために造ったのです。それで、浄土教的宗教行事の意味は、いったいどういうところにあるのかというと、それは聖道の宗教的行事と決定的な違いがあるはずです。

聖道の宗教的行事の本質は何か、といえば、修道修行ということであって、修行の道場ということをふまえて明らかにするものが聖道の宗教的行事でしょう。聖道の行事には、修行を成就せしめる、ということがあるはずです。禅の僧堂の修行というものがそうでしょう。わたしの村に曹洞宗の寺がありますが、曹洞宗の寺と、真宗の寺との、本堂の作りの違いはどこにあると思いますか。曹洞宗の寺というのは、一般の人が坐るところが少ないのです。真宗の寺は、ご存知のとおり大部分が大衆の場所です。本堂主要部分は外陣側です。本尊は、「帰命尽十方无㝵光如来」であって、「帰命尽十方无㝵光如来」の本尊のもとに、広い大衆の場所をもっているというのが、これが聞法を生命とする浄土教でしょう。特に浄土真宗で明確にしたことでしょう。ところが、聖道の仏教である限り、そういうかたちをとってはならないのです。それはなぜかというと、修行が成就する場とならなくてはいけないからです。そうすると、修行が成就する場所における、そのための宗教行事を借りてきて、浄土教の宗教行事とするということは、本質的な誤りを犯すことになるのです。その誤りを犯さないために、善導はあれだけの力を注いで往益を助成するものとして、新しい宗教行事を創造したのです。このことは見落してはならない点ではないかと思います。

たとえば真宗のご和讃の諷誦の方法は、天台のある流儀から来たのだというが、どうも解せんのですよ。それは借りてきても悪いとはいいませんけれども、根本精神が明確になっておらないと、宗教行事の意味をまちがうことになってしまうのです。そういう意味では、仏教に儀礼論が欠如しているということは、ある意味で教団としては致命的欠陥ではないかと思うのです。本質が明らかでない儀礼をもって、それで寺が維持されておるということは、よく考えてみなければいけないことだと思います。そういう意味において、「具疏」をよく領解しておく必要があるわけです。

つまり、そういう古い宗教行事、ここで古いという意味は、ただ昔のという意味ではなく、聖道の仏教という意味です。聖道の仏教の宗教行事をただ新しい形式に変えたのではなくして、浄土教の宗教行事、浄土教の儀礼というものを、善導は創造したのです。浄土教宗教行事の創始者です。そういう意味では、単なる儀礼ではなくして、願生心というものの発露が、その宗教行事の生命になっておらなければいけないわけです。

わたしは先日、郷里の寺の仲間と一諸に同朋会館で一夜研修を受けました。翌朝大師堂に参りまして、ぴたっと坐ってみて思ったのが善導のことなのです。善導がなぜ『観経疏』と匹敵するほどに、心血を注いで、細かく宗教行事の大成をはかったのか、ということが、あの本堂に坐ってみて頷かれました。なるほどなあと肌で感じたわけです。あの本堂にぴたっと坐らせるようなものですね。坐った時に、自分はいったい何をすべきなのか、ということを知らされるような場所ですね。そういうものを成り立たしめているのが宗教行事なのでしょう。だからそういう意味において、宗教行事というものは、明らかに往益を助成するということを具体的に成就するものでなければ意味がない。もし宗教行事をやっていて、それを見ているとますます往益を妨げるということになると大変です。時代祭ならばあれで結構ですけれども、そういうことであってはならないのです。生きているものでなければならないのだから、生かすためにはどうしたら良いのかというと、「本疏」と「具疏」との精神がぴたっと一つにならないと生きない。だから今の行事がだめだから、新しくすればよいというわけにはいかないのです。その根本精神にまで還らないと、いくら新しくしても古くなるのです。新しくした途端に十年も経つと、また新しくしなければならないということになります。それでは流転です。そういうものではなくて、根拠の確認がなくてはならない。そのことが「具疏」には明らかになっているのです。

『法事讃』についてみますと、『法事讃』といいますけれども、正確な名前に三つあるのです。上巻の方の最初に「転経行道願生浄土法事讃」とあります。ところが、上巻が終ったところでは名前が変ってくる。それは、「西方浄土法事讃」となっている。下巻の始めには、また名前が変るのです。下巻は「安楽行道転経願生浄土法事讃」となって三つの名が出ているのです。

われわれが普通『法事讃』というている書物には、こういうふうに三つの名前がある。「転経」というのは「てんぎん」とも読むのです。『転経行道願生浄土法事讃』というのです。転経の代表的なものの一つに、聖道の仏教で、「転経」というているものがあります。『大般若経』というものを読む時に、初めを読んで中を読んで後を読む、その間はぱらぱらとやりますね。永い経典の初中後を読むだけで、全体を読んだ、読誦の行が成就した、というのを転経といいます。転経はもともと読経のことなのですが、こういう特別な読誦の方法をさす場合があるわけです。つまり読誦行です。読誦行と行道、この「転経行道」という宗教的行事が「願生浄土法事」ということを成就する行でなくてはならない。「願生浄土」という仏法の仕事が、「転経行道」というかたちを取ったのでなければ、浄土教の儀式とはいえないのです。

だから「転経行道」そのものは、聖道の仏教でも、浄土教の仏教でも変わらないかも知れない。

中味のお経が違ったり、歩き方が異なっているだけかも知れない。ところが、やっていることは「願生浄土法事」ということでなければならないのです。法事とは、仏法の仕事をいいます。人間の仕事をやるのではないのです。人間の仕事ならば人事です。法事はやはり仏法の仕事です。「願生浄土」ということは、実は人間の仕事ではないのです。人間から起ってくる思いつきの行事ではない。人間の底を突き破るような心が、「願生浄土」というものなのです。その願生心の仕事が助成されるような宗教的実践が、ここで明らかにしようとする「転経行道」なのです。それをまた徹底したのが、二番目の名前です。こういっても人間が行なっているから人間のことだと思うのでしょう。その思いを払ったのです。やっていることは、穢土でやっている、穢土でやっているのだけれども、やっておる行事が持っている本来的な意味は、西方浄土の法事をやっているのであって、浄土の仏事を穢土で行じているのです。そういう精神が、そこに露わになっておらなければいけない。浄土の仏事を穢土で行じていく、だからそれを行ずることによって願生心が助成されてくる、ということがないならば、無意味なことであるということです。この二つの名前を総合したのが三番目の名前です。この名前は、上巻の二つの名前を一つにした名前です。やっている事柄は「転経行道」だ、しかし、その内実は「安楽行道」の「転経」だと、そして、それが具体的には、「願生浄土」ということを成就するような仏事だと、こういうことです。これが『法事讃』です。

また『般舟讃』というのも、「依観経等明般舟三昧行道往生讃」というのが正確な題なのです。「依観経等」というのですから、観経等に依って般舟三昧という行道を明らかにする往生の讃というのです。観経等の経典によって何をやるのかというと、般舟三昧を行ずる。般舟三昧とは、見仏三昧です。見仏ということが成就するような三昧、観経等に依って見仏三昧を明らかにするような行道、その行道は往生浄土の讃歌だということです。こういう題名を見てきますと、全部往益を助成するという一点において明らかにされている。ここに浄土教の宗教的行事の精神があるのです。

もう一つ大事なことは、五巻の「具疏」全部が讃偈であるということです。全部が讃嘆の偈といいますのは、「正信念仏偈」「願生偈」と同じであって、いわゆる、信心の讃偈です。ですから、この「具疏」というのは、全部中味は讃歌です。讃嘆というのは往生者の讃嘆の偈です。そういうものが、五巻全部を貫いている。そういう意味では、「具疏」というものは、親鸞が『教行信証』のなかに引いた言葉には意味はあるけれども、「具疏」そのものの意味は、もはやなくなってしまったのだ、と領解されているようですけれど、そうだとすると、今われわれがやっている行事はいったいなになのか、と逆に今の足元を見つめなくてはならなくなります。これを問うてみて答えが出ないならば、いったいどうしてこういうものが出てきたのか、ということを流れを汲んで本源を尋ねてみなければならない。そうすると、善導のところで明らかに、往益を助成する、ということで押えられているのです。しかし念を押しておきますけれども、決して善導は、そういう宗教行事で宗教的エクスタシーというものに浸たらしておいて、何かしようということを考えているのではない。この点は明晰です。あくまでも往益を助成するのだ、そして、「遠く遐代を沾さすと欲う耳」というように、そのためにやるのであって、何か宗教的行事を勤めて、そこから引っぱり込んでやろうというような、さもしい根性でいっているのではない。あくまでも往益を助成するのだと、分限が明らかです。根拠は信心の表白です。「具疏」は往益を助成するのであって、決して夢みる世界へ引っぱっていくようなことをしない。むしろ、願生の心が明晰になるような、純粋になるようなものとして浄土教の行事がある、ということを心得ないと、宗教行事というものは、往々にして人間を非宗教的な世界に誘惑していく役割を果してしまうのです。この明晰さがないと特に浄土教というものの本質が犯されやすい。たとえば平安時代の浄土教が犯した大きな誤ちはそこにあるのです。それは宗教行事の本質を見失ったということになる。それに厳しく選んで、生れてくるのが鎌倉仏教でしょう。その時あらためてこういうことが確められなくてはならないのです。

実践的観経疏

もう一つ『観念法門』があるのです。この『観念法門』だけは、「具疏」のなかでも教門だと申しましたが、『観念法門』というものの性格は、わたしは「実践的観経疏」と、このように領解しているのです。

なぜこうした『観念法門』が善導によって書かれなくてはならなかったのか、と申しますと、それは他の『往生礼讃』『法事讃』『般舟讃』とは少し意味が違うのです。どう違うのかというと、当時の人々が『観無量寿経』は観仏三昧を説く経であると領解した。そして、これは当然の領解だったのです。『観無量寿経』に説かれている正宗分には、観法が説いてあるのでしょう。あれは十六観ですから、経文に書いてある文字の通りにいけば、「第十六観と名く」とあります。十六みんな観法なのです。とすると、観仏三昧を明かす経典だという領解はまちがいではない。にもかかわらず観仏三昧を明す経典だと見ることは、経意に背くものだと知らしめるにはどうしたらよいか、といえば、教えの如く行ずる以外にないのです。実はこの『観念法門』というのは、教えの如く行ずる軌則が説かれているのです。だからそこには『観仏三昧海経』という経典をもって観仏三昧の意味を、そして『般舟三昧経』をもって念仏三昧の意味を示しながら、具体的にその方法が説かれているのです。

先にわたしは経典の意味を汲み取ることのできるものは、経典の意にかなうものだ、といいました。そういうことはどこで成就するのかというと、経典に正直である姿勢のなかから生れてくるものです。そういう意味では、善導という方は、理屈で経典を読まない人だったのです。たとえば、水想観という観法がありますね。水の澄清の相をみることによって浄土を想う、という経文があるでしょう。その通りのことを善導はやっておられるのです。タライの水をじっと見つめる、澄んでくると自分の顔がはっきりと見える、さっと手を水の中に入れ、また揺れ動く水が澄みきるまで、一点を見つめる。それを何遍もくり返してやる。そういう方法が書いてあります。そうすると「実践的な観経疏」なのですよ。身体で『観経』を書いたのです。教えの通り正直に実践したのです。象徴なんていわないのです。太陽を見よ、といわれるとじっと太陽を見つめる、そういう素朴さです。素朴さが実は善導教学の生命なのです。ですから『観念法門』という題も、もう少し具体的なのです。「観念阿弥陀仏相海三昧功徳法門」これが正確な名前です。一言でいうと、観仏三昧の功徳を説いた法門だ、というのです。善導は一点でも曖昧で抽象的な言葉があることを嫌ったのでしょう。「阿弥陀仏の相を観念する三昧を説く功徳法門」、こういう意味ですね。だいたい、『観無量寿経』という経典がそういう経典なのでしょう。『観無量寿経』の正宗分には何が説いてあるのかというと、浄土の依正二報、いわゆる、阿弥陀仏の相と浄土の相が説いてあるのです。十三の観法を通して、それを完全ならしめようとするのでしょう。だから「観仏三昧」といいますけれども、『観経』はただ観仏三昧ではないのです。観仏三昧は、いろいろな仏を観るのでしょう。どの仏を見ても観仏三昧です。ところが善導は、『観経』が観仏三昧だとするならば、『観経』の観仏三昧というのはただ仏を見ればいいというわけではない、『観経』の観仏三昧は、「観無量寿」ということである。つまり、阿弥陀仏の相を了了分明に見ることによる功徳の法門が明らかにされているのである、ということが、実践をしていくことによって明らかになっていくのだ、ということを説くのです。これが『観念法門』の最初の題ですが、一番最後にまた題を出します。その題のところには、「観念阿弥陀仏相海三昧功徳法門経」これが「実践的観経疏」と、わたしが言おうとすることです。「一句一字も加減す可からず、写さんと欲はん者は、一に経法の如くせよ」だから初めには「観念阿弥陀仏相海三昧功徳法門」だというておりますけれども、説き終った時には「法門経」だと、こう言ったのです。実践して明らかにしていく、その実践的解決が、やがて経典の顕現だという意味を、この二つの名前で押えたのです。実践していくのは善導自身です。だから初めには「観念阿弥陀仏相海三昧功徳法門」です。ところが実践することによって露わになってくるのは何かというと「観念阿弥陀仏相海三昧功徳法門経」が明らかになるのです。ということは、やがてその実践を通して、身を通して阿弥陀仏の世界を観念するということが明らかになるのです。『仏説観無量寿経』とは何か、そこに開かれてくるのが「ただ念仏」という、あの経説への徹底した頷きになるのです。ここに「具疏」のなかでも『観念法門』が一つの独自な意味を持っているということがあるのです。

そうしますと、わたしたちは、「本疏」だけを読んでおればいい、『観経疏』だけを理解すれば善導教学がわかるというのは、少々おかしいのであって、やはり五部九巻を造られた善導の精神は、五部九巻に生きている。しかもこちらで勝手に一句一字も加減してはいけないのですから、加減しないで明らかにしていく、という姿勢ができなければ善導の精神に触れることはできない、ということになると思うのであります。

第三章　『観経』の玄義

『観　経』

『観無量寿経疏』の最初に、

観経玄義分巻第一、沙門善導集記。（『全集九』三頁）

と書いてあります。実はこの最初に「観経玄義分巻第一」と書いてあるところにすでに問題があると思います。『観経』と書いてありますね。われわれが『観経』といえば決まってしまっています。浄土三部経のなかで『観経』といえばこれなのだと、だから『観経』とは、世界中に一つしかないように思います。しかし『観経』という経典は非常に多いわけでしょう。手近かなところで、善導が『観念法門』のなかに観仏三昧を具体的に説くために用いている経典は『観無量寿経』ではなくて、『観仏三昧経』です。『観仏三昧経』は文字通り『観経』です。そうすると、ここで「観経玄義分」では不明確だ、更にいえば粗雑すぎるという誹りをまぬがれえないと思います。ところが善導という方は、粗雑な方ではなくて、非常に緻密な方です。その善導が敢えて『観経』と言うところには、そう言い切る意味があるのではないかと思うのです。

だいたい、観ということが仏教というものの持っている唯一の人間解放の方法なのでしょう。止観、つまり、シャマタ、ビバシャナです。この止というのは、心を一境に止めることです。定善の解釈に「息慮凝心」ということがあります。慮を息めて心を凝らすというのは端的にいうならば、止の解釈です。観というあり方は、止ということを前提として成立してくるものでしょう。だから観ということが、いわば人間の問題を解決する仏教独自の方法なのです。仏教は他の方法に依らないで、観という方法に依って人間の問題を解決するのです。これが仏教独自の面目なのです。そういう意味では仏教とは何かというと、祈りというかたちで人間の問題を解決するものでもない、かというて合理的な方法でもって、人間の問題を解消しつつ解決するというものでもないわけです。ここには仏教の合理主義に対する一つの批判があるのです。

仏教はいったいどのような方法で人間の問題を解決するのかというと、仏教で人間という問題を解決するためにとった方法は、観という方法なのです。そういう意味では観ということを除いて仏教はない、だから仏教の実践は観の実践だ、こう言っていいわけです。これは非常に大事なことだと思います。なにか浄土教の中心は念仏である、したがって浄土教には観ということはないのだと、簡単に考えられがちですが、そうではないのであって、念仏ということが観というものの成就として領解されているということです。だから一貫して仏教がとっている人間解放の方法は観しかないのであります。これは動かない鉄則だと、こういっていいと思います。詳しくいうならば、内観ということですね。内観という方法でもって人間の問題を解決してゆこうというのが仏教です。そういう意味では外観という人間解放の方法とは完全に一線を画する、これが仏教です。

そうしますと浄土教というものは、実は内観の徹底のなかから生れて来たということができるでしょう。そういう意味では『観無量寿経』という経典は、浄土教興起の必然性を仏教の本流である観ということを押えて、徹底していった経典です。『観無量寿経』の正宗分が十六観、と言われますように十六と数でかぞえられた観法というものが『観無量寿経』の正宗分なのです。つまり、『観無量寿経』は序分と流通分とを除きますと、その中心は観という一字に摂まってしまうわけでしょう。そして、その観の徹底ということを人間の現実の課題に離れることなしにやっていこうとするのが『観無量寿経』の特徴なのです。

実は、善導があえて「観経玄義分」とした、そこにはそういう問題を『観無量寿経』そのものの上に見取っているということがあるのです。ただ、『観経』と略記したのではなくて、観という問題を徹底してゆくのが仏教だとすると、その観という問題を徹底し切った経典は『観無量寿経』しかないのだ。『観無量寿経』は、具体的に人間の現実問題をとらえて、その現実問題を徹底して内観という方法でもって解決してゆこうとする。それが一貫した『観無量寿経』の姿勢であるし、『観無量寿経』の説いている内容である。だから、あのような王舎城の悲劇というような、いうてみれば日常茶飯時に起ってくる出来事をとらえて、その日常茶飯時に起ってくる出来事を内観という一つのレールの上に乗せて、そのレールから一歩もはずれないで「具足十念称南無阿弥陀仏」というところまで人間を徹底させてゆく。そういう意味では観を一歩もはずれない、むしろ、観ということの徹底した成就を明らかにしている経典が、実は『観無量寿経』です。そういう意味では、

『観無量寿経』こそ、仏道の正門である観の成就を説く経典なのだという意味を明確にしなければならない、という課題を善導は持ったのです。

なぜ、わたしがこんなことをいうかといいますと、特に善導が『観無量寿経疏』を書かれた頃は、観ということが中国において非常に厄介な問題になっておったのです。隋から唐にかけてのあの頃は、老荘の思想が大きく仏教のなかに影響してきた時代なのです。だいたい観というのは、もともと経典に出ていますように、インドの仏教から生れてきた人間解放の方法なのです。ところが中国には中国で、もともとよく似た、観というものがあったのです。それは老荘思想のなかにある観です。虚無を観じてゆく観です。そういう意味で、その当時、観ということは中国に於いて仏教の内外で非常に混乱しておったのでしょう。いわゆる仏教でいうところの外道の観と、仏教の観とどのように区別するのか、それが混乱しておった時代なのですね。そういう時代のなかに『観無量寿経』という経典が読まれるようになったわけです。だいたい、「観無量寿」といった名前は非常に中国人好みの名前ですね。「長生不死」などというのは中国の仙人流の考えです。「無量寿」という言葉は感覚的にそういうものとピタッと合う言葉です。つまり『観無量寿』といった時、既にこの経題は本来的な意味を中国では見失うような危険性を多分に持っておる経題だったのです。

少し、話は横道へそれますけれど、最近では『観無量寿経』という経典はインドでできた経典ではない。むしろ、その観ということが盛んになった中国の南北朝の時代に中国でできた経典であろうと、こういうふうにいう人もあります。そういうことについては専門の先生方がいろいろと調べて、中国製の経典というわけにはゆかない、やはりインドの大乗の経典だ、しかし、インドという地域についていうならば、どこまで含めてインドというのか、その時代、その時代によって違う。たとえば西域というのは今の地図の問題からしていうと、インドに入っているのか、中国に入っているのかわからない。したがって、いわゆる『観無量寿経』という経典はインドでできたのか、あるいは中国でできたのか、ということになって、それで地図の上での話になってくると、もう決定のしようがないわけなのでしょう。インドをどこまで拡大してみるかということでも違ってくるし、中国をどこまで押えるか、ということによっても違ってくるのですから、地図というものはたよりないものです。ただ少なくとも、考えられうることは『観無量寿経』という経典は、大乗の諸経典のなかで一番新しい、つまり、後期に生まれてきた経典であるということだけはまちがいなかろうと思うのです。そして、そのことは決して否定すべきことではないと思うのです。むしろ後期にできたということが大事なことなのだと思います。もともと大乗経典というものは、次第に歴史の歩みのなかで仏教、仏陀の教えというものを弟子達が証しつつ明らかにしてきた「如是我聞」の経典なのですから、後期にできたものは価値が低いというのは経典の否定ではないでしょうか。むしろ後期にできたということのほうが、積極的な意味を持ってくるのでしょう。つまり人間の問題が複雑化してきた状態のなかにあって、なおかつ観という仏教本来の方法で、いかに複雑化してきても人間の問題は解決できるのだという確信をもって、できあがってきた経典なのです。仏陀の精神に触れ、仏陀の言葉に依ってできあがってきた経典だとすると、『観無量寿経』という経典は、そういう位置にあり、そういう意味をもった経典だったということができると思うのです。

そうすると、そういう中国における観ということの混乱時代に、仏教は本来、観をはずしたらなにも無いのだということを明らかにしてゆかなくてはならないということ、しかも、明らかにしてゆくということは論理的に明らかにするのではなく、人間の苦悩を除くという方法が観なのだということを、具体的に明らかにしてゆかなくてはならないという問題があるわけです。この辺が厄介なところですね。人間の苦悩を除くということを明らかにしてゆこうとすると、観という唯一無二の仏教の方法が、外教の観と混乱する。妥協が生れるわけです。これはいわば人間の弱さといいますか、そういう問題があるのでしょう。ところが純粋に観というものを明らかにしようとすると、現実の人間の苦悩を見失なうという、いわゆる観念化ということが行なわれるわけです。その両者を廃して仏教の根本的な人間解決の方法は、観のほかにはない。従って、それは、人間の問題がどんなに複雑化しようが、どんなに人間の社会が変ってゆこうが、その解決の方法は一点も変えることはできないのだし、必ずその方法でもって人間の問題を解決し切ることができるのだ、ということを解明してゆかねばならない。こういう課題のなかで『観無量寿経』という経典の意味が、善導によってはっきりと確認されたわけです。それが『観経』という名を生み出すのです。そういう意味では、この『観経』は善導の発揮の言葉だというべきでしょう。いわゆる「善導独明仏正意」、善導が独り仏の正意を明らかにした題名です。単なる略称ではない。実は『観無量寿経』こそ『観経』だと、こう言おうとしたのです。『観無量寿経』こそ仏教の本来的な人間解決の方法である観を明らかにする経典だ、しかも徹底して具体的に人間の現実から一歩も離れないで、観を成就してゆく経典だ。こういうところに『観無量寿経』そのものが教えている、仏教の現実的課題解決のすがたがあるのです。そういう意味で、「観経玄義分」というたのでしょう。「観無量寿経玄義分」あるいは「無量寿仏観経玄義分」と言わないで、しかも単に『観経』と略説したのではなく、『観経』という言葉で仏教を押えたのです。仏陀の教は観ということを明らかにするものであるという領解が善導の『観経』という言葉を生み出したのです。

単に略称だということになれば、ずさんだということになります。『観仏三昧経』という経典は、略称すれば『観経』ですし、また『般舟三昧経』という経典も翻訳すれば、『観経』となる経典です。そうすると『観経』というのは混乱する名でしょう。ところが敢えて混乱の危険までおかして『観経』と端的にいったのは、観こそ経の本質だ、観こそ仏陀の教えの本質だ、観という方法をはずしたならば、仏教は無くなってしまうのだということを徹底させておいて、観の成就とは一体どういうすがたをとって、具体的に人間の上に成就するのか、ということを経典に聞いてゆこうとしたのが善導なのです。それはわたしが勝手にいっているのではなくて、親鸞が『教行信証』の「化身土巻」のなかで、

定観成就の益は、念仏三昧を獲るを以って観の益と為す。(『全集一』二七七頁)

と、こういっておられるでしょう。あれは、こういうことを押えたのでしょう。定善観、仏教でいわれる観ですね、その定善観とは何かという説明ではないのです。定善観が成就する利益は何か、

これが問わざるをえない問題なのです。人間にとって、定善観は何かという問いは知識的な問いです。定善観が成就するとは如何なることか、と、いうことが実は主体的な問いというものです。そうすると「定観成就の益は、念仏三昧を獲るをもって観の益と為す」、これは親鸞が釈家善導の意によって領解されたものです。定観が成就するということは、ただ念仏というすがたをとって成就するのだ、それが観の利益なのだと、こうした親鸞の頷きをもとへもどすならば『観経』といった善導の精神に触れたことになるのでしょう。だから、最初から『観無量寿経』といわずに『観経』といったところに、問題が明らかにうち出されているということが言えるのです。

そのことは、だんだんお話を進めていくうちに明らかにしてゆきますけれど、親鸞のところにくると非常に明瞭になるのです。たとえば信心ということですが、あくまで観です。「観仏本願力」の観を押えて信心というのでしょう。「観仏本願力」の観とは何かというと本願を観知するのだといいます。もっと平易にいって、観とは本願を心にうかべみるのだ、こういうふうに親鸞は言うています。そうすると信心というのは観仏と異なることではないのです。信心は観仏の全ったき成就相なのです。観という仏教の唯一の人間解放の方法が、信心というかたちで具体的に人間の上に成就している。だから信の内容は観です。だから信というところまで徹底されない観は、人間の問題の解決ということから、どこかで外れているものがある。中国の当時の問題にそくしていうならば、外教の観に混乱するような要素が含まれているということがあるわけです。それが善導の『観経』というところに既に見定められてあるのです。そうすると『観無量寿経』という経典は、観という人間解放の唯一の歩みなのでしょう。あの王舎城の物語から始まって、「具足十念称南無阿弥陀仏」のところまでの全体が、実は観という方法をもって人間問題を解決してゆく歩みである。それがあのように説かれているのです。だから『観無量寿経』という経典は、背後には一大仏教を背負って、そして前面には現に生きている人々の除苦悩法を説く、これが『観経』の姿勢です。それを『観経』といったのでしょう。このように善導が『観経』といわれたところでわれわれが押えておかなければならない問題がある、ということが思われるわけです。

玄義

四帖の疏といわれる『観経疏』のなかで、「分」という字で示されているのは、「玄義分」だけです。あとは「序分義」・「正宗分定善義」・「正宗分散善義」でしょう。そうすると「玄義分」とあとの三つとは性格が異るわけです。「序分義」これは文字通り序分の義理を明らかにした註解だということです。「定善義」は正宗分の定善の義理を明らかにする註釈だということ、「散善義」は散善の義理、ならびに散善に続く流通分の経説の意義を明らかにした註釈だということでしょう。ところが、「分」という字はそこにはない。そうすると「玄義分」とあとの三つとは性格が違う、本質的に性格が違い、役割が違う。この役割が違うということは大事なことなのです。

「玄義分」に対するならば、あとの方はどういうふうに言うたらよいのかというと、いろいろな言い方があります。善導自身の言葉のなかにもあるのですが、依文分と言います。文に依って逐一註解したところの「分」、「分」と言うのは部分です。だから依文分と言うのです。あるいは文義分といいます。これは勝手に言っているのではなくして、「勧衆偈」の終ったところを見ますと、そこにこういう言葉があるでしょう。「往生安楽国」で終った、その次に、

此の観経一部の内に、先ず七門を作って料簡せん。然して後、文に依って義を釈し。（『全集九』四頁）

とあるでしょう。「文に依って義を釈し」というのは依文分でしょう。文に依って義を釈しということを、実は「玄義分」を除いてあとの序分から始めてゆくわけなのです。その最初に、実は全体をとりまとめてこういうことを言うておるわけです。

あるいはまた『観無量寿経疏』の一番おしまいのところでは、「散善義」が終り、流通分も終って、耆闍会の解釈が終るところに、「竊に以れば真宗遇い叵く」という、いわゆる跋文が出てきますけれども、その直前のところに、実は『観無量寿経』全体を振返って『観無量寿経』全体を五つの部分に割っています。そこでみますと『観無量寿経』は、先ず最初は序分だ、その次は正宗分だ、その次は得益分だ、その次は王宮流通分だといっています。王舎城で説かれた経典で、その王舎城で釈尊が説いた説法を明らかにしているのだ、そして最後五つめには耆闍分といって今度は王宮を出て、もう一度耆闍崛山へ帰られて、そこで阿難が伝説したのだ、というのです。『観無量寿経』というのは一巻の経典ですけれども、大きく分けると王宮会、つまり王舎城の王宮で説かれた部分と、耆闍崛山で再び説いた部分との二つになるわけです。これはいずれ話しますが、大そう大事な

ことなのです。そういうふうに五つに『観無量寿経』という経典を分けている。これも非常に特異な分け方です。

普通、経典というものは、常識からいいますと、序分、正宗分、流通分という三つの分け方で終るのです。ところが善導は、『観無量寿経』を単に序・正・流通の三分としないで、五つに分けている。これは善導独自な分け方です。丁度、曇鸞が『浄土論註』を書かれたときに、『浄土論』を三分法によらずに、五念門によって五つに分けていますね。ああいうことと対応するようなものです。そして、その五分を受けて「上来五分の不同有りと雖も、総じて観経一部の文義を解し竟ぬ」とあります。そうするとこれが「文義分」という意味を示した言葉なのです。

従って最初のところでいえば文に依って明らかにしてゆく、文に依る部分、つまり依文分であり、最後の部分で抑えるならば、文義を解し竟ったというのですから文義を解釈する部分、つまり、文義分である。そうすると「玄義分」というのは、あとの三つの部分、すなわち文に依って解釈した、文字通り『観無量寿経』という経典の註解ということを一字一句やっていくところの依文分・文義分といわれる部分に対応するのです。玄義とは文義に対応するのです。これは何でもないことのようですが大事なことです。

たとえば、天台三大部というのがありますね。いわゆる天台大師が天台の教義を明らかにした書物です。あの天台三大部の第一は『法華玄義』です、もう一つは『法華文句』です、そしていま一つは『摩訶止観』です。これでも分かりますね。止観ということが大乗仏教の中心である、天台の教学の中でも止観ということは実践を語るということです。文句というのは、文々句々について解釈するということです。『法華経』の文々句々について解釈する、丁度今の文義です。それに選んで『法華玄義』というものがある。つまり『法華玄義』というものは独立しているのです。『法華玄義』というのは単なる文々句々について解くのでもなければ、かといって実践法を説くのでもない。それに先だって重要な意味を明らかにするのが玄義です。『法華文句』も二十巻ありますが、『法華玄義』も二十巻ある。対応して二十巻あるのです。『法華玄義』は少ないのではない、対応して二十巻ある。

それにくらべていうならば善導の「玄義分」に対して文義分というのは、実践と経の解釈とが一つになっているのでしょう。善導の「文義分」は単に理論的解釈ではない、実践を通しての経典の身読なのです。そういう意味では『法華文句』『摩訶止観』というものを合せたようなものが善導の文義分です。しかし、それに対して『法華玄義』があるが如く、「玄義分」というものは厳然とした位置を持っている。これは大事なことです。また華厳においてもやはり『華厳玄談』というものがあります。そうするとそれは何か。文義分に対して、「玄義分」がそれほど重要な位置をもつのはなぜかといえば、それは「玄」という字が語っている。「玄」という字は二つの意味を持っている。一つは幽玄、奥深いという意味、もう一は幽微、解りにくいという意、明らかでない、明瞭にならないという意味です。幽玄という方は奥深い、深々だ、いわゆる道理が深々であるというのが幽玄ということです。幽微というのは容易に領解できない、容易にそれをさぐりあてることができないというのが幽微です。「玄」という文字のなかには、幽玄という意味と幽微という意味との二つがある。そうすると、何よりも先ず経典を明らかにするについては、経典の玄義というものをわれわれは知らなくてはならない。それを知らずして経典を読むと、どこへ行くかわからなくなる。経典に引きづり回されてしまって、何を読んでいるのか見当がつかなくなるのです。だから何よりも先ず経典に触れてゆく精神、経典に触れて行く姿勢というものを知らなくてはならない。その精神、姿勢はどこで確かめられるかといえば、「玄義分」というところです。

われわれが論文を書くにしても、玄義分を書かないから厄介なことになるのです。最初から文義分を始めるものですから、そのうちに自分が何処におって何をやっているのかわからなくなってしまう。文義分に先立って「玄義分」がある、これを忘れるものですから、厄介なことになるのです。『観経疏』を勉強していても、やっているうちに、いったい、何処を読んでいるのかわからない、前後の関係がわからないということになってしまう。それは『観経』が語ろうとするものを読みとろうとすることがないからです。経典が叫んでいるものに触れる、ということがないからです。いわゆる幽玄なる経典の精神にふれない。しかもその幽玄なものは、ただ漠然とした姿勢ではわからないのであって、本当に経典に触れて行く姿勢を持たなければ、幽玄なるものは幽微なものでありますから、われわれは頷くことができない。しかし、それが頷けないとするならば、経典は一生読んでいてもわからないということになる。それを明らかにするために、幽玄にして幽微なる経典の中心課題というものを善導は七門に分けて、この七つの課題を中心にして読むならば『観無量寿経』

を読みそこなうということは決してないということを明らかにした。ところが、この七つの課題を見失って、あるいはそれに触れないで読むと『観無量寿経』という経典は、何処へわれわれを引っぱってゆくかわからない経典になってしまう。そのために、『観経』といったとき、その一番端的な意義は「玄義分」に示されているのです。「観経玄義分」と、このように『観経』と言い切った、これは玄義を見出した善導によって、はじめて言い切れたものです。考えてみれば大胆な言い方ですよ。『観経』と略称するものはたくさんあるけれども、『観経』という名に価するものはこれしかない。そのことには、その『観経』そのものが語っている幽玄幽微なるものに触れるとき、われわれは頷くことができるのです。

こういう意味で「観経玄義分」というのですが、あとの三つも『観経』といいますけれども、『観経』という言葉を押えるのは「玄義分」です。玄義を明らかにするというところで押えるわけです。しかし、この文義分に選んで「玄義分」があるということは文義分は文々句々の解釈だ、「玄義分」は最初に中心課題を並べたのだという、そんな簡単なことなら誰も仏教の諸宗の学者が、いつでも「玄義分」などというものを書かないですよ。三論でもそうでしょう。『三論玄義』がありますし、三論の嘉祥大師が、やはり『法華経』の疏を書いたのですが、やはり『法華玄義』を先においています。そういう具合で玄義というものをいつでも先におくわけです。そこに「玄義分」が文義分に選ぶという意味が、ただ分類ということではなくして、実は幽玄幽微な経文の精神というものを、まず明らかにしてゆくということがあるわけです。端的にいうならば、『観無量寿経』とい

う経典は何かということを、先ず明確にしておかなくては、『観無量寿経』は読めないのだという
ことを、最初にうち出してゆく、これが「玄義分」です。これは非常に大事なことだと思います。

七つの課題

そういうことで、善導の「玄義分」ということの全体を最初に見通すためにいっておきますと、
最初には「観経玄義分巻第一」という題号がある、そしてその次には「沙門善導集記」という撰号
というものがあります。親鸞でいえば、『顕浄土真実教行証文類』というて「愚禿釈親鸞集」とい
うようなものですね。その次は「勧衆偈」です。そして次には列章と申しますか、先に申しました
『観無量寿経』の中心課題、『観無量寿経』の幽玄、幽微の意義というものを七つに分けて、それ
を明らかにしてゆこうという、七通りに分類することを示している部分が列章です。七門料簡とも
いわれます。これだけが「玄義分」全体の序論なのです。そうすると、列章に続いて七門それぞれ
に従って問題が展開してゆくのです。

次が「序題門」といわれていますね。この「序題門」というところで大きな問題の確認をするの
です。つまり、『観無量寿経』の位置を決定するのに一代仏教の原理から説き出すのです。「竊に以
れば真如広大なり」という一代仏教の道理から始まって、そうして道理に従いながら『観無量寿経』
が必然的に興ってくる意味を明らかにするのが「序題門」の一つの主題です。そして、もう一つ
「序題門」で大事な問題を扱っているのは『観無量寿経』は二尊二教の経典だということを明らか

にしている。『観無量寿経』は単なる釈迦教ではない、いうなれば『阿含経』というような経典とは違うのだ、かといって単なる真理を説く経典でもないのだ、真理という言葉に置き換えられるようなものを説く経典ではない。そういう意味では善導の目は、いわゆる『法華経』とか『華厳経』のなかにある観念性を見ぬいているわけです。『観無量寿経』は二尊二教ということを明らかにしているのである。教主釈尊と救主阿弥陀を明らかにしているのであって、その混乱は決してありません。

このようにいわれてみると多くの経典の場合、案外この問題が混乱しているのですね。阿含という経典はすばらしい経典ですが、教主と救主が一緒になってしまっているのではないですか。お釈迦様に救われるような話になっていますね、そして華厳とか法華とかいう経典はまた大変に深い義理を説いているのですが、ややもすれば釈尊というものが姿を没して、そして久遠古成の仏として観念の世界へひきづり込まれてしまう、という危険性をもつのでしょう。そういうことに選ぶわけです。『観無量寿経』という経典は、二尊二教の経である。釈迦の発遣によって、弥陀の招換に遇う、これが『観無量寿経』です。浄土教というのは、こういう経典を正依といっているわけです。これは大事なことです。これをはっきりさせておいて、やがて二尊一致ということを明らかにしている。こうしたことを「序題門」というところで明らかにしているのです。これだけでも「玄義分」がどんなに大切かがわかるでしょう。

次に「釈名門」。釈名というのは『仏説観無量寿経』という題、あの経典の題についての領解を述べているのです。ところが経典の題についての領解ですけれども、経典の題そのものを実に深い宗教的な敬虔さをもって受けとめているのが、善導独自の解釈です。善導は無量寿仏ということを明らかにするとき、南無阿弥陀佛と解釈するのです。無量寿仏を端的に南無阿弥陀仏という。無量寿仏という言葉を見つめながら、それを解釈するとき帰命無量寿覚、南無阿弥陀仏と、こういうふうに解釈している。実はこういうことが大きな意味をもつのでしょう。これが、単に善導が鋭い宗教的天才であったからできたというだけではなくて、これはある意味では仏教の精神でもあるわけです。

たとえば日蓮は、あの鎌倉の時代に民衆のなかに、如何にしたら民衆の救いになるような仏教を弘めることができるかと苦労したとき、独自の方法をとっていますね。日蓮は「南無妙法蓮華経」といったのです。中味は何もいっていない。『法華経』の中味ではないのです。「南無妙法蓮華経」です。経題に南無する、これでいいんだというのです。これほど経題というのは仏教において重要なのです。われわれの論文の題とは随分違う。経題が実は経典の生命を表現する。むしろ日蓮の精神に触れていうならば、経題が生命であって、あの『法華経』という経典の中味はそれの註釈なのです。だから「南無妙法蓮華経」で充分なのですね。あとは知りたい者は知れというようなものなのでしょう。それほどに経題というものは大きな意味を持っているのです。『観無量寿経』も終りの方の下品上生段にゆきますと、経題に触れるだけで救われるということが出てきます。そういう意味では、経題というものは非常に大事なのです。こういう経題の意義を明らかにするのが「釈名門」というところです。

次は、第三の「宗教門」、この展開を押えておいてほしいのです。「宗教門」というのは、いわゆる宗教問題ということではない。これは『観無量寿経』という経典の宗旨は何かということを説くのです。『観無量寿経』という経典は、いろいろなことを説いているけれども、根本精神は何を説こうとするのか、という宗旨を明らかにする。そこでは有名な、

今此の観経は即ち観仏三昧を以って宗と為し、亦念仏三昧を以って宗と為す（『全集九』一一頁）

と一経両宗という方法で押えるわけです。『観無量寿経』の宗は何かという、それを、観ということを念仏で押えてゆこうとする努力があらわれています。観ということが他にあるのではなくて、念仏こそ観の具体的事実なのだということを、一経両宗という方法で押えていくわけです。だから内に宗ということを明らかにし、外には一代仏教のなかで『観無量寿経』は、どの経の部類に所属するのかを明らかにするわけです。『観無量寿経』は小乗の経典ではなくして、大乗の経典だ、そして、それは漸教ではなくして頓教だ、こういうふうに外には一代仏教のなかで、どこに位するか、内には『観無量寿経』の根本問題は何かということを押える。これが「宗教門」です。こういう押え方が仏教を学ぶものにとって非常に大切なことです。

それから順に内面へと入っていって、「説人門」これは誰が説いたかということです。普通は誰もこんなことは吟味しないでしょう。仏陀だと決めてしまっている、決めてしまっているものが、実は仏説でないものを読んでいるのです。だいたい『観無量寿経』を注釈した人は、『観無量寿経』

が仏教だということは知っていたのですよ。知っている全体が仏説を軽ろんじておったわけです、仏陀の説よりも『摂大乗論』を重視してしまって、従って『観無量寿経』の念仏は別時意の念仏だと、こういうふうに領解する。そういう論理の問題でなくして、仏説ということに対する姿勢が、実は仏説として崇めていない、こういうことを善導が決定的に批判することになるのです。そういうことを明らかにするのが、「説人門」です。誰が説いたかというと、菩薩の説ではない、天人の説でもない、鬼人の説でもない、これは仏陀の説だと、こう押えることによって、仏陀の教説を領解するのは仏弟子以外にない。仏陀の教説を領解しうる唯一の人間の姿勢は仏弟子となる以外にはないのだ、と、このように姿勢を決めてゆくのです。へたをしますと仏陀の説よりも、論師の説の方が勝れておって、時々仏陀の説を変えてゆくということにもなるのです。そういうことではなくて、仏陀が明らかにしたことを領解する立場は仏弟子という立場以外には二つも三つも無い。これが大事です。これが第四番目の「説人門」というところです。

五番目は「定散門」といいます。「序題門」が一代仏教のなかで『観無量寿経』の位置を決定し、さらには二尊二教の精神を明らかにし、やがて二尊一致というところまで押えてゆく。その次に『仏説観無量寿経』という経典の題名を明らかにし、そして内には『観無量寿経』の宗を押えて、外には一代仏教の中での位置を決定する。そしてその次には、これが仏説であるということを押えて、実は仏説であるということを決定したところから、『観無量寿経』を読むと、他の人の読み方とは全く違ってくる。仏説として読まない人々の領解と、仏説としてそれに教えを請うてゆこうとする仏弟子が読んでゆく『観無量寿経』の領解とは、全く領解が異なってくるというのは具体的には定散両門を料簡するということです。ここでは非常に力を入れて、いわゆる聖道の諸師方の『観無量寿経』の解釈に対する批判を行なってゆく、ところが、この「定散門」というのは非常に厄介なところで、なかへ入ってゆくとすっきりしないようになる。だから「定散門の金兜」といいます。兜みたいなものだ、いくら叩いても中味がわからない。しかし、一番善導が力を入れたところが金兜では困ります。「定散門」が明解にならなくては困るのです。

六番目は「和会門」。和というのは調和の和です。会というのは、仏教ではよく会通ということをいいますね。たとえば一つの経典と、その経典を解釈する論と並べておきまして、その経と論の説示は矛盾するかしないかと問答して、矛盾しないとすれば、それはいったいどう矛盾しないか、ということを明らかにする。つまり会通ということをする。会通というのは、後にはなにか妥協的解釈というような悪い意味に使われるようになりましたが、もともと会通というのは悪い意味ではないのです。会通というのは、どうしても領解できないものを徹底して追究してゆくことによって、なるほどこういうことなのか、と頷けることを会通というのです。そうすると「和会門」というのは調和と会通とをはかる部分ということになるのです。何の、というと『観無量寿経』という経典と、聖道の諸師方が『観無量寿経』を批判する依り処としている菩薩の論との会通です。菩薩の論、その一つは『摂大乗論』です。しかし実は『摂大乗論』について釈文というのがあるのです。それは天親が書いたものです。その天親の釈文の説と『観無量寿経』の説と、よく読めば決して矛盾するものではないのだということを明らかにしてゆこうとするのです。諸師はそうではなくして『観無量寿経』を『摂大乗論』の釈文を立場にして批判したり、考えたりしようとするのでしょう。善導は『摂大乗論』の釈の論議と『観無量寿経』に説いてある説示とは決して矛盾するものではないのだ、いわば違う問題が論議されているのだ、ということがはっきりしさえすればいいというのです。ここにいわゆる別時意という、問題が出てくるのです。そしてもう一つは、『浄土論』です。これは「二乗種不生」という問題ですね。そこに六字釈があり、是報非化の主張というものが出てくるのです。

そして最後が、「得忍門」です。『観無量寿経』の対告衆、『観無量寿経』の教えを聞き、『観無量寿経』の教えによって救われてゆくのは韋提希ですが、その韋提希はどこで救われたのかという問題が、最後の問題として出てくるのです。これが出てこなくては『観無量寿経』という経典は意味を持ちえません。韋提希の悩みから出発したのですから、その悩みが『観経』の教えを通して救われてゆくという事実が明らかにならねばならない。忍というのは無生法忍です。無生法忍、つまり涅槃に頷くところの智慧をもって、あの愚痴の韋提希が救われるのは、『観無量寿経』のどこなのか、どこで救いが成就するのか、これを決定してゆくわけです。

そうすると、以上で明らかなように、七門、つまり、「序題門」・「釈明門」・「宗教門」・「説人門」・「定散門」・「経論和会門」、そして「得忍門」、これだけ明らかになれば『観経』は充分なのでしょう。これ以外は要らないのでしょう。しかし、これがわからないから『観経』はわからないので混乱する。そういう意味では文字通り玄義ですね。こういうふうに七つの問題として、『観無量寿経』の幽微の意味を明快にしてゆこうとするのです。そして、その決定の上でこそ『観経』は初めて領解できるのだ、と、こういうのであります。これは、実に根本的な姿勢態度の問題なのでしょう。一点も惑いのない姿勢です。これが、大事なのであります。

本論

第一章　勧衆と帰敬

——十四行偈のこころ——

観経玄義分巻第一　沙門善導集記

先勧大衆発願帰三宝

道俗時衆等　各発無上心　生死甚難厭　仏法復難欣　共発金剛志
横超断四流　願入弥陀界　帰依合掌礼　世尊我一心　帰命尽十方
法性真如海　報化等諸仏　一一菩薩身　眷属等無量　荘厳及変化
十地・三賢海　時劫満未満　智行円未円　正使尽未尽　習気亡未亡
功用無功用　証智未証智　妙覚及等覚　正受金剛心　相応一念後
果徳涅槃者　我等咸帰命　三仏菩提尊　無礙神通力　冥加願摂受
我等咸帰命　三乗等賢聖　学仏大悲心　長時無退者　請願遥加備
念念見諸仏　我等愚癡身　曠劫来流転　今逢釈迦仏　末法之遺跡
弥陀本誓願　極楽之要門　定散等迴向　速証無生身　我依菩薩蔵
頓教一乗海　説偈帰三宝　与仏心相応　十方恒沙仏　六通照知我

今乗二尊教　広開浄土門　願以此功徳　平等施一切　同発菩提心
往生安楽国　（『全集九』三頁）

勧衆

この偈文は「勧衆偈」とも「帰敬偈」とも、また「十四行偈」とも呼ばれています。「勧衆」というのは、文字通り大衆を勧めるということです。「帰敬」というのは、帰依し、敬順し、敬礼するということですから、帰依敬礼です。つまり帰命です。「十四行偈」は言うまでもなく行数によってつけた名です。そうすると、この三つの呼び名は三通りの事柄を示しているのではなくて、一つの事柄の内容を、三つの言葉で現わしたのである、といえるのでありましょう。しかし、三つといっても大切なのは二つです。そして、その二つは大事なことだと思います。いったいそれによって何が明らかになるのかというと、勧衆と帰敬ということです。それを明らかにしているのがこの偈文である。勧衆と帰敬ということは、換言すれば教人信と自信ということでしょう。しかし、教人信と自信ということは決して別なことではない。勧衆ということは、人に勧めるのですから、言い換えれば、人に教えて信ぜしめる、ということです。とすると帰敬というのは南無です。南無ということは、我れ信ず、我一心ということであります。つまり、自信です。この教人信と自信とは一つである。一つに違いないけれども、ただ一つだというわけにはいかない。教人信と自信、こういうふうに二つに分かって、内容が一つだというところに意味があるのです。このことは善導の全著書を読むうえにおいて、一番大事なことだと思います。だいたい「自信教人信」という言葉は善導が使った言葉なのです。そうすると自信教人信こそ、善導の『観無量寿経』を読むうえにおいての眼目なのでしょう。その『観無量寿経疏』の最初の偈文が勧衆の偈であり、帰敬の偈である。教人信、自信が一つであって、しかも教人信、自信という二つの言葉で押えられている。こういうことが非常に大事なことだと思います。そのことを最も端的に現しているのが、この最初の「先勧大衆、発願帰三宝」という一句でしょう。これをどう読むかということが大切であります。

『真宗聖教全書』の方では、

先ず大衆を勧めて、発願せしめんとして三宝に帰す。（『真聖全一』四四一頁）

と読んであります。ところが、その他の七祖聖教では、

先ず大衆を勧めて、願いを発し、三宝に帰せしむ。

と読む場合が多いのです。これではずいぶん違うことになるでしょう。その『真宗聖教全書』の読み方にしたがいますと、「先ず大衆を勧めて、発願せしめんとして三宝に帰す」です。これはもう少し内容を説明的に押えて読むならば、「先ず大衆の発願を勧めんとして三宝に帰す」ということでしょう。そうすると「大衆を勧めて願いを発さしめん」というところに重点があることになる。ところが、普通の七祖聖教に出てくる読み方に従えば「先ず大衆を勧めて、願いを発し、三宝に帰せしむ」とある。そうすると「先ず大衆を勧めて願いを発し、三宝に帰せしむ」ということで、重点がどこにあるのか、よくわからないことになる。つまり、読み方が明快ではないわけです。どこ

に重点をおいているのかわからないでしょう。「先ず大衆を勧め」る、これだけはわかる。しかし「発願せしめんとして、三宝に帰す」といいますね、「発願せしめんとして」ということが、大衆に係って、「三宝に帰す」ということは自分の方へ係ってきます。また一般の七祖聖教のように「先ず大衆を勧めて、願いをおこして三宝に帰せしむ」と読めば、願いを発すのは、どちらが発すのかわからない。「三宝に帰せしむ」の方は、相手方に係ります。こう見てきますと、両方ともに読みかたが何か明瞭でないでしょう。もっと明晰にする必要がある。その漠然としたものを明瞭にしてゆくような読みかたがなくてはならない。実はそれが親鸞の加点本の読みかただと思います。親鸞自身が訓点をつけた読みかたです。

親鸞は、はっきりこう読みます。「先ず大衆を勧む」と読み切る、これが大事なのです。「先ず大衆を勧めて」と読んだから、あとが明瞭さを欠いた。勧めて、それから、と、「それから」がついてきますからね。「先ず大衆を勧めて」願いを発さしめようとするのか、ということになってしまうのでしょう。勧めて、と読んだとたんに、その意味が不明瞭になる。読みかたというのは大切です。親鸞は「先ず大衆を勧む」、決してごまかさない。御安心の問題は私一人のことでございます、皆さんに勧めるようなそんな資格はありません、というようにごまかさない。「先ず大衆を勧む」、教人信です。教人信ということをはっきり打ち出すのです。善導は何をされたのかというと「先ず大衆を勧む」ということをされたのだ、善導、独り仏の正意を明らかにする、そういうことをされたのが善導であると、親鸞は領かれて読んだのでしょう。そういうふうに善導という方をうけとめたのでしょう。「大心海より化してこそ、善導和尚とおはしけれ」と、こう讃嘆します。つまり、善導はただの人間ではない、いわゆる人間善導ではないのであって、大心海化現の人である。親鸞にとって、善導は、大衆を勧めることの出来る、いわゆる能化の人なのです。「先ず大衆を勧む」と、こういい切れる人なのです。ということは何かといえば、「先ず大衆を勧む」ということは、先ほどの言葉に返していうならば、教人信ということである。これが大事なことで、われわれもはっきりさせなくてはいけないと思うのです。教人信ということを明らかにして、「先ず大衆を勧む」と読み切る。そして、あとはどう読むかといえば、「願いを発して、三宝に帰し」とこう読む。「帰す」と切らずに、ここは、「帰し」と続ける。帰しと読むということは、「帰し、道俗時衆等」と続いてゆくという意でしょう。だから、これは「先ず大衆を勧めて、発願せしめんとして、三宝に帰す」という、ひとつの表現として読まないのです。表題をもって既に本文として読んでいるのです。だから「先ず大衆を勧む」と、ここで切って、「願いを発し三宝に帰し」という。この「願いを発し三宝に帰し」というのが自信でしょう。いうなれば、教人信が自信を包んでいる。そうして、自信は教人信として表現されているのです。これは非常に大事なことでありましょう。

教人信として表現されないような自信は、信心が私的なのです。一人一人が「仏慧功徳をほめしめて、十方の有縁に聞かしめん」ということが、公開の場所でできないような信心は私的なのです。それは謙譲というかたちをとって、実は卑下慢です。そういう信心を自力の信というのでしょう。他力廻向の信は、わたしが仏に帰することによって、仏事に参画するわたしになる。そういうのを公の信心というのです。遠慮する心がおこるのは、大衆に勧むるということを私がすることだと思っているからでしょう。私の仕事だったら、遠慮しなくてはならないのです。できないことですからね。仏法を凡夫が勧めることは、できるはずがない。悟りの世界を悟らぬ人間が勧めることは、できるはずがないでしょう。そのできるはずのないことをやってみたくなる。そうして、できないものだから遠慮し、卑下するようになるのでしょう。そういうのは信心がはっきりしていない証拠です。「先ず大衆を勧む」と、こういうふうにはっきり、いい切れたときには、教人信は私の仕事ではない。しかし、わたしがめざましめられてする仕事なのです。いうならば、仏事を行ずるのである。常行大悲の益ということがありますが、常に大悲を行ずる人となる。常に大悲を行ずる人となるということが信心の利益なのです。

このように親鸞は、「先ず大衆を勧む」と読み切ってしまいます。一点も後暗いものがないわけです。公明正大です。私的関心から本当に開放された、だから、

仏慧功徳をほめしめて　十方の有縁にきかしめむ

信心すでにえむひとは　つねに仏恩報ずべし。（『全集二』三一頁）

といわれるように報仏恩の行です。救われたということが信心ですからね。信心の成就とは何かといえば、救われたという身の事実です。救われたという事実はどういうすがたで証されるのかといえば、「先ず大衆を勧む」という、教人信というかたちで証される。救われたということは、ほかでもなく私から救われたということです。自我的関心から解放されたという、その悦びには、その

解放の世界、公の世界のために自己の生涯をつくして悔いないという感動があるわけでしょう。実はそういうことを善導の、あの古今楷定という仕事のうえに親鸞は見たのです。ここに本当に信心成就の人がいた、ここに本当に公人として生まれ変わった人がいたという感動が、「勧衆偈」の始めの文を「先ず大衆を勧む」と読んだ。そして「願いを発し、三宝に帰し」と、実は教人信が自信を内に包み、自信は教人信として表現されてゆくという、信心の公性を明らかにする。今日の言葉でいえば、信仰の客観性ですね。そこには一点の私性もない、暗い陰のない信心の表白、それが「勧衆偈」というものである。こういうところから、親鸞の着眼がどこにあったかということが、明瞭になってくるわけです。

得生と願生

もう一つ大事なことは「先ず」ということです。昔から先輩が、この「先ず」という言葉で苦労している。「先ず」といえば、普通、後ということがあるのだろうと考える。「先ず」は後に対する言葉だ、とすると、どこまでを「先ず」と押えて、どこからが後なのか、ということで苦労しておられるようです。

ある人は「先ず」というのは、この偈文の始め二行がそうだといいます。勤行として読誦するときには「世尊我一心」というところで調声を上げますね。そうすると「世尊我一心」から後は、前とは違うような気がする。始めの二行は、

道俗時衆等　各発無上心　生死甚難厭　仏法復難欣　共発金剛志　横超断四流　願入弥陀界　帰依合掌礼（『全集九』三頁）

つまり、帰敬の序です。それから「世尊我一心」と始まるわけです。そうすると、はじめの二行が「先ず」であって、その次からが「先ず」に対して後だと、苦労して言うておられるのですが、その気持は、勧衆と帰敬を分ける気持ではないですか。始めのは勧衆であり、「世尊我一心」というところからは帰敬だ、と。わたしの言葉にかえしますと、自信と教人信とを分けてしまったということです。わたしは、その説には賛成しかねるのです。そのように分けるべきではないと思う。考えられた苦労はわかりますけれど、そういうふうに分けてしまうと、勧衆と帰敬とが分かれてしまいます。自信と教人信とが分かれてしまう。つまり信心の公性が不明瞭になってしまいます。

ではいったいどう読むのかというと、他の先輩によると、「先ず」は偈文の全体に係るのだ、そうして「先ず」に対して、後があるならば、この偈文の終りからはじまる「此の観経一部の内、云々」それだというのですが、これは無難です。先ず偈文をおいて、それから解釈にうつりましょう、というのですから、これはまちがいだというわけにはゆかない、そのとおりだと思いますが、親鸞が、「先ず」と読んだときには、この「先ず」がもっと生き生きとしております。後の解釈に先だって、「先ず」偈文をおいたのだということを指示しているのではない。「先ず」というのは、何よりも先ずしなくてはならないこと、ということでしょう。そうすると「先ず」は、どこにかかるかといえば「大衆を勧む」というところにかかる。こう領解すれば、はっきりするのではないですか。

信心とは何か、「先ず大衆を勧む」というところに一点の疑去退心もないような、そういうわたくしになれる、本当に公開された世界を生きる自分になれるということが、信心の具体的事実だというわけです。真宗は聞の宗教だからして説教するのではありません、といいながら説教します。そういう弁解は無用なことです。本当に喜びがあふれるならば語らずにはおれないというのが公の世界です。親鸞の言葉でいえば、「友、同行にねんごろ」である世界です。本当に「友、同行にねんごろ」だというのは、自分が本当に公の世界に目を開いたという感動です。隣人に対してその道を勧めざるをえない、もし勧めなかったら、それはエゴイストです。信仰という相をとったエゴイズムです。本当に救いが成就したということは、一人が一人へと伝えてゆかずにはおれない、そういう衝動が内に必ずおこってくる。その衝動は私的な衝動ではなく、文字通り如来よりたまわりたる世界における、内から湧き出る感動です。謝念です。そういうことを親鸞は「先ず大衆を勧む」と押えてゆかれたのでしょう。親鸞はわずか短い一行の中に、実は善導の精神の全体を読みとり、この「玄義分」の全体を読みとり、さらにはこの「勧衆偈」の性格全体を明確に読みとってゆかれた。その証拠が「先ず大衆を勧む」と、こう読み切ることによって「発願して三宝に帰し」というところから、実は偈文が、その発願して三宝に帰することの内容として流れてゆくことになる。その救われた感動が得生の情です。得生の情が限りなく願生の世界を開いてゆく、自分が本当に頷けたという感動が、限りなく頷かしめた世界へと自分自身をかりたててゆく、得生の世界が願生の世界を開いてゆく、これが「勧衆偈」の精神です。そして、このように親鸞が読んだとき、その精神がはっきりしたのでありましょう。

だいたいわれわれは得生出来ないから願生するのだと、反対に考えるのではないですか。だからその願生はどういう願生かというと、不平不満の心の変形ということになるわけです。現在に満足出来ないからして願生するのだと考える。それだったら「山のあなたの空遠く」と、無限に求めるだけで足がくたびれるばかりだと思います。人生が無駄に終るのでしょう。かぎりなく願生という夢を追って、気が付いてみたら足元に棺桶がやってきていたという、こういうようなものは、願生ではない。願生とはどこから出てくるかといったら得生心から出て来る。自己の根源からつきあげて出てくるような、いわば阿弥陀の本願にめざめてゆく感動が願生です。本願がわたしの上に成就した相を願生という。「願生彼国」、彼国といいますからね。「我が国に生まれんと欲え」という、その本願がわたしという人間の上に具体的に成就した相は、彼国が願われる存在となったということです。彼国がわからなくて願うわけにはゆかないでしょう。彼国は何かわからないが、何か山のかなたにある国だということではどうにもならない。そうではなく、「我が国に生まれんと欲え」という声を聞いて、その世界に生きる人間となる、これが願生です。ですから得生の中に願生がある。得生において願生が生まれるのです。

このことは親鸞が「信巻」のなかにおいて徹底しておられることであります。だから欲生心を「如来諸有の群生を招喚したもうの勅命」という。本願の心を押えておいて、その具体的な事実は、帰命だ、と、こういうのです。南無とは帰命、帰命は本願招喚の勅命だというのです。帰命こそ如来諸有の群生を招喚したもう勅命の具体的事実なのだ、本願招喚の勅命に帰命するのではなくて、帰命というわたしの上に成就した事実が、本願招喚の勅命である。だから、そこには既にして本願招喚の勅命が聞こえているという事実があるわけです。聞こえているからして、その聞こえて来る世界に向かって生涯が方向づけられる。それが「願生彼国」です。「先ず大衆を勧む、願いを発して三宝に帰し」と読んだところに、大衆を勧めることにおいて、願生の世界を明らかにしようとした善導の精神に触れた、親鸞の領解が示されているのであります。むしろ、親鸞が、こういうふうに読まれたことによって、善導の精神が明らかになってきたのでしょう。そうでないと、混乱をおこすということになる。

教人信・自信

繰り返すようですけれども、「先勧大衆、発願帰三宝」これが三通りに読める。三通りというけれど、普通に読んでゆけば二通りです。その二通りというのは、一つは「先ず大衆を勧め、願いを発さしめんとして三宝に帰す」と、こういうふうに読む、それが『真宗聖教全書』に出ている読み方です。もう一つは、普通の七祖聖教に出ている「先ず大衆を勧め、願いを発し、三宝に帰せしむ」という読み方です。ところがどちらもまちがいではないけれど、何か明瞭でないというか、はっきりいい切られていない、歯切れが悪いのです。どこが歯切れが悪いのかというと、「先ず大衆を勧め」とこう読んだときに、大衆を勧める人間が予想されているから歯切れが悪いのでしょう。誰であるか知りませんけれど、とにかく「先ず大衆を勧め」というと、そこには勧める人間と勧められる人間とが相対してあるわけです。そうすると、その次の読み方が、大衆を勧める人であって、願いを発すのだ、というふうに読むのか、あるいは、願いを発すのは大衆を勧める人であって、三宝に帰せしめるというのが究極的な課題になるのか、分析的にいうと、そういうふうにとれます。そのように考えていうたわけではないのでしょうけれども、読んだその人はそういうふうに考えて読まなかったといっても、読んだようにしか心のなかは動いていないものです。そういう意味では、どこか歯切れが悪い、はっきりしていないということだと思うのです。いわゆる、自信ということと、教人信ということとが分かれてしまうわけです。

ところが親鸞の加点本の読み方は、そこがはっきりしています。そのはっきりしているということが非常に大事なことです。「先ず大衆を勧む」と読み切った、これが容易にいえない言葉です。「先ず大衆を勧む」というふうに言い切れる姿勢はどこからくるのかというと、『歎異抄』でいえば「愚身の信心におきてはかくの如し」というようなものです。「先ず大衆を勧む」と、こう言い切ったところに親鸞自身が、善導御自身の姿勢というものを読みとったのでしょう。善導という人はどういう人か、何をした人かというと、仏事を行ずる人、大心海より化現した如来存在である、と領解したということでありましょう。

ところで、その次は「願いを発し、三宝に帰し」とこう読みますね。「願いを発さしめんとして」というような読み方をしませんし、あるいは「三宝に帰せしむ」とも読まない。「願いを発し、三宝に帰し」というところには、あとに続く言葉があるわけでしょう。普通、われわれの読み方は逆ですね。「先ず大衆を勧め」と、こちらの方があとへ続くようになっている。そして「三宝に帰せしむ」あるいは「三宝に帰す」と、こちらの方には終止符をうちますね。しかし、親鸞は逆であって、「先ず大衆を勧む」、これは、はっきり切ってしまっている。「大衆を勧む」ということで、全部つくされているのです。「先ず大衆を勧む」ということで、善導の一生のお仕事の全てがつくされる。さらに言うと、「先ず大衆を勧む」ということが、善導の教えを聞いた親鸞の全てでもある。そのあとは願いを発して三宝に帰してゆかなくてはならない。誰が願いを発すのか、誰が三宝に帰するのかということは、そこでは問題ではなくなる。自己自身、そして全ての人々ということです。そこのところに何がはっきりしておるのかというと、自信ということがはっきりしているのです。「先ず大衆を勧む」と言い切ったときに、教人信ということが、実は仏事であって私事でないということが明瞭になったわけです。

「先ず大衆を勧め」とこう読むときには、どこかに私的な関心が加わっているわけでしょう。私的関心で仏法を人に勧めるんだという気持が出ている。だからして、あとの言葉が明瞭性を欠くわけです。ところが「先ず大衆を勧む」とこう言い切ったときには、大衆を勧むという実践に身をおくものは、あくまでもわたしである。わたし以外の何ものでもない。つまり、親鸞一人です。「親鸞におきてはかくのごとし」といい切る親鸞です。誰にも変わってもらうことのできないものです。親鸞である、けれども、その親鸞がなしていく実践とは仏事であって、親鸞の私事ではない、そういうことが明瞭になっている。それが自信です。信心というのは、人間が私的関心から初めて解放される唯一のあり方です。どうしても解放されることのない、その私的関心から人間を解放する唯一のあり方が信心である。その唯一のあり方が信心だということは、信心として成就した事柄、それが、仏事を行ずるということで、そこに一点の陰もないし、曇りもない。そういうことが実は親鸞が「善導独明仏正意」といった意味なのです。

だから「先ず大衆を勧む」と言い切れないものが、われわれのなかに残るということは、信心が私的なのです。個人的関心を信心というヴェールでおおいかぶせているのです。だからして遠慮してみたり、自分より弱い者に対しては強がりを言ってみたりする。やることが公でない。なぜ私的になるかというと、仏法に触れたという事実が明瞭に自己自身を救っていないからです。救われない人間が救う話をする資格はありません。これは日常生活においては極めて明瞭な事実でしょう。京都駅を知らないものが京都駅を人に教えることは出来ない。そんなことは考える必要もない程に明瞭な事実です。その明瞭な事実が一番不明瞭なかたちで現われるのが宗教です。わからないことを人に教えることは出来ない、これくらいのことは小学校へ入らない子供でも知っている。ところが、宗教ということになると、そのわからないことを人に話そうとするようなことがおこってくるわけです。そういうことが、どうしておこってくるかというと、実は「自信」が無いからです。つまり、信心とは一点の曇りもない明晰な目だと、こう言ってもいい。そうすると、自信、自らがはっきり見えているということが、実は自己の全ての行動を教人信、仏事という世界に一点のかげりもなく捧げつくすことができるということになるわけです。

「先ず大衆を勧む」と親鸞があえて読み切った。そうすると、「願いを発し、三宝に帰し」と言ったところには、願いを発すものは誰かといえば、親鸞自身でしょう。そして一切の大衆です。またそれは善導である。願いを発さしめるのはむこうで、三宝に帰するのはこっちなのだということにはならない。願いを発すのはこっちで、三宝に帰せしむるのはむこう側だというようなことにもならない。いわゆる、「願いを発し、三宝に帰し」というところに自信教人信の唯一道がある。このようにして、こういう明快な読み方が出てくるわけです。そういう明らかな姿勢をもって「観経玄義分」は説かれているのです。

所願軽からず

ところで、「先ず大衆を勧む、願いを発して三宝に帰し」というこの言葉は、一番終りの跋文に対応していると思われます。「散善義」の本文が終ってしまったところに跋文がおかれていますが、そこに、「一句一字加減すべからず、写さんと欲はむ者は、もっぱら経法の如くすべし」という言葉があります。あれです。

話があっちこっちしますが、あの跋文の始めに「竊かに以みれば」とある。親鸞の『教行信証』はここから出てくる、この言葉に従って「竊かに以みれば」と出てくるわけです。総序も後序もそうですが、これは善導にならっているのです。『観経疏』の本文の最初のところに「竊かに以みれば、真如広大なり」とあります。そして、一番おしまいの跋文の書き出しのところにきて「竊かに以みれば、真宗遇い叵く」とある。この対応が『教行信証』の総序と後序の対応のところへ現われているのです。だいたい『教行信証』というものは、中味は『論』『論註』が綱格になっている。直接的には『論註』によって『教行信証』の二廻向四法という綱格が組まれているわけです。ところがその『論註』の指示のもとに組まれた組織をもつ『教行信証』を貫く根本姿勢はどこにあるかというと、善導にあるわけです。つまり、善導によって明らかにされた仏弟子という姿勢でありますう。そうすると『教行信証』の総序の最初と後序の最初が「竊かに以みれば」で始まっている。それは『観経疏』の最初の「序題門」が「竊かに以みれば」で始まり、最後の跋文が「竊かに以みれば」で始まっている、それに対応しているわけです。わたしが、善導の教学は『教行信証』の縦糸だと言いましたのは、そういう意味をもっているのです。

ところで、その跋文の始めにおかれている「竊に以みれば真宗遇い叵く」、あの言葉が「先ず大衆を勧む」という言葉と合せ鏡になっているということが思われるのです。このことは『四帖疏』を読む場合に大事なことでしょう。最初のわずか、これだけの言葉が、最後の跋文の最初の言葉と照らし合わされている。つまり、「真宗遇い叵し」ということが「先ず大衆を勧む」ということの内実となっている。遇い叵くして遇うたということです。「真宗遇い叵し」ということは、遇うことができないということではないでしょう。遇い叵くして遇うたということです。遇い叵くして遇うたからこそ「先ず大衆を勧む」という、一点の私的関心もふくまない言葉が出てくるわけです。

言い換えるならば、自分自身が不思議にも、私的関心から解放されたという感動、それが「竊に以みれば、真宗遇い叵し」という感動である。その感動が必然的に「先ず大衆を勧む」という姿勢を生むのです。だから、両方が照らし合い、響きあっている。実はこの感動の呼応の中味が『四帖疏』である。そうすると、そういう姿勢で『四帖疏』は読んでゆかなければならない。その姿勢がなければ領解は出来ない、ということになるわけであります。

そうしまして本文に入ってゆきますが、もう一度念をおしますけれども「三宝に帰し」という書き方から続いてくるのですから、「三宝に帰し、道俗時衆等」とこういうふうに感情が続いている。この感情が続いていくということを見失わないようにして欲しいのです。そういう意味では、善導の書かれたものは非常に息が永い。親鸞の書かれたものも息が永いけれども、善導の書かれたものは、もう一つ息が永い。遂一経典の文に従って、精密に解釈してゆかれるのですが、そのなかを一貫して感情が流れ切っている。だから、本文の解釈をしておられるうちに、解釈が途中から詩に変わってゆく。わたしは、善導という方は、解釈するというようなことの、あまり得手でなかった人ではないかと思うのです。しかし、得手不得手を超えてやらなくてはならなかったということがあるのでしょう。こういうことは大事なことだと思うのです。得手だからやるのでしたら私的なことです。そういうことではなく、善導にとっては『観無量寿経』という経典は、自分を救った経典である、だから解釈できる経典ではなかったのでしょう。そうではあるが、退一歩して解釈しなくてはならなかった、というところに善導の歴史的任務があるのです。聖道の諸師の『観無量寿経』解釈を古今楷定する、そういう歴史的任務を背負うたとき、自分の得手、不得手ということを考えているわけにゆかなかったのでしょう。だから、経典を解釈することが仏事となる。『観経疏』の全体を通して読んでみると、善導個人としては決して経典の註解というようなことは得手ではなかったのだということが思われます。

ところが不思議なことに不得手な解釈を続けているうちに突然にそれが讃歌、詩になってしまうということがある。その詩になって現われたところに、実は註釈している部分よりも、もっと大きな解釈がなされている。善導自身としては、お手上げのかたちで詩になったんでしょうね。一字一句の註解をやっていくのですが、どうにもならない、もう触れた感情をそのまま披瀝するより方法がない、そこで詩になったのでしょう。ところが、その詩になったものが解釈より以上に深い経典の深意を解明してゆくことになる。こういうものがある。これが、善導の大きな特徴です。

少し話が飛躍するようだが、『教行信証』の行巻に、いわゆる偈前の文というのがありますね。それは、親鸞が『正信念仏偈』を書こうとする、自分自身の感動を述べたものでありましょう。その偈前の文のなかに『浄土論註』の言葉が出ている。それは『浄土論』の冒頭に天親が「世尊我一心」という一句をおかれた。その「世尊」という一言についての曇鸞の領解の文であります。その「世尊」という一句についての『浄土論註』の解釈というものが、実はそのまま親鸞の『正信念仏偈』を書く精神となって示されている。「世尊」と天親が仏陀に呼びかけた。その一言について曇鸞が解釈しただけなのでしょう。「世尊」とこう、なぜ呼んだのか、ということです。そこに、いわゆる「知恩報徳」という意味と「乞加」、つまり、加うることを乞う。神力を加うることを乞う、という意味とがある、と言うのです。この二義で曇鸞は解釈しています。

こういうことについて、あの有名な、

夫れ菩薩は仏に帰す、孝子の父母に帰し、忠臣の君后に帰して動静己に非ず、出没必ず由あるが如し、恩を知りて徳を報ず、理宜しく先ず啓すべし。（『全集一』八四頁）

という言葉があるわけです。親鸞は、「菩薩は仏に帰す」と読み切っている。仏に帰するということに依って誕生する存在が菩薩である、という確認があるわけです。ともかく、ここでの菩薩とは具体的には天親でしょう。天親が仏陀釈尊に帰することは、あたかも孝子が父母に帰し、忠臣が君后に帰して、自分自身の動静、全生活の一挙手一挙動も己れに非ずで、私というものが加わっていない。出没必ず由ありで、出所進退というか、生活の全てが教えに由るもので、決して恣意にはよらない。だから、恩を知って徳を報じ、理よろしく先ず啓すべしで、恩を知って徳を報ぜずにはおれない。そのような道理によってまず啓白したのである。したがって「世尊よ」という一言は啓白の言葉だ、と、そういうことです。

ところが、そこにはもう一つの意味がある。それを「乞加の義」というのです。「乞加の義」というのは、

又所願軽からず、若し如来威神を加したまはずば、まさに何を以てか達せむとする、神力を乞加す。このゆえに仰いで告げたまわく。（『全集一』八五頁）

「所願軽からず」ということは大事なことだと思います。「世尊よ」、と呼んだ一言のなかに、実は大きな問題がかくれている。どんな問題かというと、自分が救われるという問題です。言い換えれば、自分自身が救われなくてはならない、という願いが包まれている。ところが、その願いは、自分が悪戦苦闘しても解決できないような問題である。そういうところに人間の深い精神構造があるのでしょう。だから人間というものは、自己を解放するということを根源的な願いとして生きている。しかし、それにもかかわらず、自己を解放するという願いを成就することができないというかたちで生きている、こういう存在なのです。だから「所願軽からず」といわれるのです。これを龍樹は、

　発願して仏道を求むるは、三千大千世界を挙ぐるよりも重し。（『真聖全一』二五四頁）

と言われる。その軽からざるところの所願をいかにして成就するか、そこに神力を乞うということがある。仏の威神力を加えていただかなくては、自己の問題を解決することはできない。問題はあくまでも自分の問題なのです。しかし、その解決の道は私からは出てこない。こういうことです。だから、知恩報徳ということと、神力を加えたもうことを乞うということが、「世尊よ」と呼び掛ける一言のなかに包まれているといわれているのです。何でもないことを言っているようですけれど、こういうことが、実は、この善導の「勧衆偈」のなかに、そっくりそのまま受け取られているのです。だから「勧衆偈」とは何かというと、一つは知恩報徳です。そして一つは乞加です。この二つが中身になることによって、はじめて人間の問題、つまり、自己の問題と一切衆生の問題とが

一つになって解決されてゆく世界に眼を開くことができる、ということになるのでしょう。

願心は歩む

そういうことにしておきまして、本文に入ってゆきましょう。そうすると、何か難かしいことが書いてあるようだけれども、案外面倒なことは書いてないことがわかってきます。ただ、「願いを発し、三宝に帰し」と言われたのですから、その中身としては一応二つに分かれる。つまり、発願ということと、三宝に帰す、つまり帰命ということです。讃歌の中身が一応、発願と帰三宝とに分けられるのでしょう。まず発願ということはどこに現われているか。実は発願ということが明らかになれば、帰三宝ということは自ずから明らかになるのです。願生ということが、はっきりすれば自ずからに南無ということが明らかになってくる、こういうところに善導の説き方の特徴を見ることができるのでしょう。

その発願ということはどこに出ているのかというと、

道俗時衆等、各々無上の心を発せども、生死甚だ厭い難く、仏法復た欣い難し、共に金剛の志を発して、横に四流を超断し、弥陀の界に願入して、帰依し合掌して礼したてまつれ。(『全集九』三頁)

とある、これです。これだけが発願です。言葉を見ただけでも発願だということはわかる。各々無上心を発せ、と、こう言うのですから、発願です。とすると発願ということが、主題になってくる。

そういう意味では、他に対しては発願を勧める偈であり、自己に対しては発願ということを明らかにする偈だということになる。最初のわずか二行八句の偈文ですが、そこに、実は全体がつくされていると言うことができます。実はこの二行八句の中に大切な問題が秘められているのです。それは何かというと、発願ということで、その発願ということが歩みだ、ということです。いわゆる願生心を発すということが、実は人生とともに歩むことだということ、これは非常に大きな問題です。そのために最初においてあるのでしょう。願いを発すことは大したことではない、こうして願いを発せばいいんだ、というようなものではない、願いを発したとたんに、人生というものが願いの歩みになってゆく、だからこそ、そこで人生というものが三千大千世界を挙ぐるよりも重い課題となるのです。はじめから重いということがわかったならば、誰もやらないですよ。人間というものはずるいですからね。自分の人生を解決するのは容易でないということを、はじめから知っていたら、皆避けてゆきます。そうでなくて、自分の力でけっこう解決できると思うのです。だいたい、宗教問題ということになると、はじめからできないようなことをみんなにおしつけているのではないのですか。本当の宗教は、そんな無茶なことをするものではない。むしろ、誰でもができると思っている事柄に乗ってゆくのです。乗ると言うと語弊があるか知れませんが、ともかく何時でも、何所でも、どんな人にでも、どんな在り方で生きている人にでも、宗教の説かれてゆく場所は日常茶飯時のところなのでしょう。だから誰でもやれるということです。では、何がやれるかといいますと、人間は誰でも生きてゆけるのだという、自分の歩みに先だつ思いというものがあるわけで、実は、宗教がそれにピタッと触れていないと、どんなに甚深微妙なことを説いても、人間にかかわりのない、必要のないものになってしまうのでしょう。

名古屋に居る諸君の先輩の一人なのですけど、わたしが授業中に「宗教心、宗教心といって、何か特別のことのように言うが、そこら辺の煙草屋か魚屋のオッサンやオバサンの顔を見ても、ハッと反射的にこちらに響いてくるようなものが、はっきりしないうちは、宗教心といくらいっても、それはにせものだ」と言うたらしいのです。そうしたらその言葉が随分こたえたらしいのですね。そのことをわたしに報告してくれました。そう言われてみて、わたしはそんなことを言うたのかなと、かえってびっくりしたのですけれども、確かにそんなものです。宗教心というものは何も特別なものではない、もっとも日常的な装いをもっているものです。もっと端的にいえば、装いというような言葉すらも必要ないのでしょう。もっとも日常的な事柄なんです。裃を着たような事柄ではない。飯が食えんで困っている、腹が痛い。腹痛ならば腹の痛いのを治さねばなりません。腹痛になった時、さて宗教はというようなことは考えません。腹痛を治すことしか考えません。たとえ夜中でも必死になって、腹痛を治そうとする。しかし、その他に宗教の入ってゆく特別な場所などはないのでしょう。腹痛の時にはすがたの消えている宗教心、しかし、治ったとたんに出てくる宗教心、つまり、生命と共にあるようなものでなくては、宗教心と言えないのではないですか。しかし、腹痛という一見何でもないことのなかに、一度触れてみると、人生をつくしても、なお足りないような問題がひそんでいる。それは、決して特別な人にだけではなく、人間として生れたもの全てにある。そういうところに、発願の実践という問題があるのでしょう。

発願の実践、その願生ということを、「道俗時衆等、各々無上心を発せ」とこういうふうに呼びかけた。そこには決して、りきんで呼びかけたわけではない。そりゃそうでしょう。『観無量寿経』を解釈、領解する人ですから。王舎城の悲劇という、いうてみれば日常茶飯時に起こってくる、夫婦喧嘩、親子喧嘩というものから出発している経典に即して、実業の凡夫という正体を見ぬいた善導ですからね。実業の凡夫というのは何かといえば、腹の痛いときに苦しむ、という存在です。「心頭を滅却すれば火もまた涼し」というようなことを言わない人を実業の凡夫という。火の中におれば、熱いと言って逃げだす人を実業の凡夫というのです。そういうところへ「道俗時衆等、各々無上の心を発せ」と、こう呼びかけてゆく。ここから仏法が始まっているというところに、文字通り、浄土教興起の祖といわれる善導の精神があるのでしょう。親鸞はこの事実に触れたのです。善導の特別な何かに触れたのではない。そういう日常茶飯時の人間のうえに、はじめて触れることのできる仏法を明らかにした。高いところに立って考えておる仏法は、自分自身にも用がなかった如く、誰にも用はない。ただ一番低いところに生きて、衣食住というようなことで困っている。そういうところに生きている人間が触れることのできる仏法は今迄にあったか、というと、無かった。しかし、ただ独り善導は、そういう仏法を明らかにした。『観経』という、みんながあまり尊重していない経典を通して、『観経』こそは仏陀釈尊の出世本懐を説く経典である。なぜならば実業の凡夫の救いが説かれている経典だからである、と善導がはっきり言い切ってくれた。それによってはじめてオッサンでも、オバサンでも頷ける仏法が明らかになった。そういう一点に立って『観経』を解釈する一番最初に、「道俗時衆等」と言うのですから、道も俗も、出家者も、在家者も、今の時の全ての存在よ、各々無上の心を発せ、こう呼びかけるのです。しかし、呼びかけられた途端、そこから問題が出てくる。「生死甚だ厭い難く、仏法復た欣いがたし」という、課題が出てくるのです。特別な人に出てくるのではない。道俗時衆等よ、各々無上の心を発せ、というところから、実は動き出すのです。人間の歩みのなかをくぐって発無上心、つまり、仏道を求める心が動き出すのです。深く、深く、人間の生命の大地へ向かって動き出すのです。

仏教は観ということをもって生命とする、ということを言いましたが、観ということが唯一の人間解放の方法なのです。それは、押えて言えば、内観ということです。内観ということは、内をのぞき込むことではない。内観というと何か内をのぞき込むことのように思うものだから、仏法を聞く人は卑屈になりやすいのです。目は外を見るようにできているのですから、自分の目で、内が見えるはずがありません。曾我先生は「内観とは、目は外のものを見るようにできているのだという、そういう自分がわかることだ」と言われます。だいたい、自分の目で内側を見ることができるものだという錯覚を人間はしているのです。ところが、そうではない、目は外を見るようにできている。その目が正直に外を見れるような働きをする、そういう自分になることが内観ということです。仏教はそういう内観という方法をもって人間を解決してゆくのです。

だから仏教の人間解決の方法は、徹底して具体的なのでしょう。それを「道俗時衆等、各々無上の心を発せ」と。無上の心というのは、平易にいうならば、あなた自身の苦悩を、わたし自身の苦悩を、本当に解決するまで問うてゆく心を発しましょう、と、こう言うわけです。そのきっかけは平凡なところにあるのでしょう。ところが、平凡なところにあるのだけれども、実はその平凡なところで、ひとたび呼びかけられてみたら、その平凡なところを出発点として、菩提心、願生心が自ずから歩きだすことになる。その願生心、菩提心の歩みによって、思いもつかなかった自分の人生の中味がはっきりしてくる。これが問題です。

各発無上心

そうしますと、今読みました二行八句は、当面の読み方でゆくならば、「道俗時衆等、各々無上の心を発せ」でしょう。その無上の心を発すことによって、「生死甚だ厭い難く、仏法復た欣い難し」ということがわかってくる。わかってくるからして、ますます無上の心を徹底していかなくてはならない。だから「各々無上の心を発せ、生死甚だ厭い難く、仏法復た欣い難し」というのは、少し理屈っぽく言えば、生死甚だ厭い難く、仏法復た欣い難いからして、各々無上の心を発して、その道に真剣にならなくてはいけない、と、そういうことですね。そのことを改めて押えるわけです。押えて、「共に金剛の志を発して、横に四流を超断し、弥陀界に願入して、帰依し合掌して礼したてまつれ」という。だから、そこでは「共発金剛志」も「各発無上心」も、実は同じことなのでしょう。えてして、真宗学の素養があるものは、それは違うのではないかと言うかも知れませんが、最初に読むときは同じことなのです。「道俗時衆等、各々無上の心を発せ」。生死甚だ厭い難く、仏法復た欣い難いのだから、と。だから、その無上の心は、ますますもって、お互いに金剛の如き志になるまで、徹底してゆかなくてはならない、と、そういうことでしょう。これが普通の読み方であろうし、みんなこういうかたちで努力してゆくわけでしょう。

「道俗時衆等、各発無上心」と、「発せ」と呼びかけられて、われわれは発すわけです。雑な言い方をすれば、「あなた、人生にもう少しまじめになりなさい」と、こういうわけでしょう。「はい、それでは、まじめになりましょう」と、なったとたんに、本当の課題が出てくる。そこから問題が出てくる。だから最初は正直に「各々無上心を発せども、生死甚だ厭い難く、仏法復た欣い難い」のだ、だから発した無上の心というものは、金剛の志になるように真剣にならなくてはいけない。道を求めるにはぐらぐら動くような心ではだめなのだ、と、きわめて倫理的な、道徳的なものなのです。だから、その場合は、たとえ「発せども」と読んだとしても倫理的な感情に止まっている、といわねばならない。

ところが、そういうところから、実は大きな問題が明らかになってくる。何かというと、無上の心そのものが、人間の中味をあばく、という問題が出てくるのです。人間が人間をあばくのではない。人間が発したつもりの無上の心が、逆に人間自身を明らかにしてゆく。実はこういうかたちをとってゆくのです。そこに「各々無上の心を発せども、生死甚だ厭い難く、仏法復た欣い難し」という、その「ども」の質が転じてくる。発せと促されて発した無上の心が、実は発した本人の質をあばいてゆくのです。「発せども、生死甚だ厭い難く、仏法復た欣い難し」とね。「生死甚だ厭い難く、仏法復た欣い難し」ということは、実は始めから理屈としては知っているのでしょう。生死厭い難しと思っていない人は無い。もしあれば、とっくの昔に死んでいるのではないですか。自殺してしまうでしょう。生死甚だ厭い難いということは、みんな本能的に知っている。そしてまた、仏法の欣い難いということも知っている。たとえ仏法ということを、はっきり意識していないにしても、やっぱり、生きるということに誠実であるということは、並み大低のことではないとわかっている。それは、常識です。常識だからして、その常識にうち勝ってゆくようなものを、要求するわけでしょう。そこに、先に読んだような勧励というか、呼びかけというものがある。実は、その呼びかけが人間の上に、無上の心というものを発さしてゆくわけです。ところが、発した無上の心が、人間そのものをあばいてゆく。ここに先きほど申しました、発願の実践ということがあるわけです。

そうすると「各々無上の心を発せども、生死甚だ厭い難く、仏法復た欣い難し」。今度は発した心が「生死甚だ厭い難く、仏法復た欣い難し」と観念でわかっていたことを、事実として自分の足下に、明らかにしていくこととなる。知っていたはずの事実が、実は、一度も見たことの無かった事実だったということです。充分知っていたつもりで歩き出した道が、実は、一度も歩いたことのなかった道だったのだ。発せども、という、たった二字です。発したら、発せども、わかっていたはずの「生死甚だ厭い難し」ということは、こんなにも、厭い難いものなのかと、それは質の違いなのです。先に知っていた「生死甚だ厭い難し」と、「おこせども」「生死甚だ厭い難し」とは、質が違うわけです。「仏法復た欣い難し」ということも、こんなにも不可能なことなのか、ということですね。この違いというのは質の問題です。質の問題というのは、発せども、と気付いたところに、発した無上心そのものが何であったかを、現実から逆に照らし出されるということです。自分自身の問題を解決しようと思って発した、その無上心というものの本質を、逆に自己の現実があばき出すのです。それは、ちょうど合せ鏡のようなものです。発した無上心が現実の内実を明らかにすると同時に、明らかにされた現実が、逆にその無上心の本質をあばいてゆく。交互に照らし出してゆくわけです。無上の心を発さない限り、現実は我々にとって本当の課題にならない。ところが、ひとたび無上の心を発して、現実に正直になってみると、その現実が、発した無上の心の本質を照らし出してゆく。交互に照らし合う鏡のようなものです。

ところで、その現実によってあばき出されたものは何かというと、「各発」ということである。各発のものだった、ということです。各発というのは、一人々々のものだということです。いうならば「定散諸機各別の、自力の三心」といわれる、あの各別です。しかし、諸機各別ということは、始めから決まっていたことなのでしょう。みんな各々に発すのですから、各発は、はじめから決まっていたことなのです。ところが、現実から照らし出されてみると、現実は各発の無上心をもってしては解決のできないものだ、ということが明らかになってくる。わたしの事実であるから、わたしが発した無上心で解決できるはずだったのです。ところが、発してみたら、わたしの事実はわたしから発ってきた各発の無上心では、解決できないほどの深さをもっていた。各発の無上心では解決できないほど深く、深広無涯底の事実が、わたしという事実だったということです。

自力無効

わたしは思うのですが、親鸞が、信心の内景を、一つは自身、つまり、「決定して自身を深信する」と言います。もう一つは、「決定して乗彼願力を深信する」と言います。これが深信ということの内容になっている。だから深信、すなわち深信知の内容は、自身と乗彼願力です。ところが、自身と乗彼願力というものは、信智、信心の智慧以外ではわからないものなのです。われわれは、仏智を知ることができないということは、一応常識的にわかっているわけでしょう。阿弥陀の本願は、わからないものだと普通思っている。これは一応、仏法をかじった者なら、みんなわかっている。ところが、もう一つ、一番大事なものがわからない、ということを見落としている。それは何かといえば、自分自身です。阿弥陀の本願は、凡智では悟ることができない、その方は一応わかっている。だが一つ見落としているものがあるから厄介なのです。何かといえば、自分自身というものです。だから信心の内容である自身と乗彼願力とは、両方ともにわからないものなのです。両方ともわからないものだけれども、とくに、自身というものはわからない。いうなれば、わかったつもりでいるという在り方でもってわからない。自分のことは自分が一番よく知っている、とみんなよく言いますように、自分のことは自分が一番よく知っているというかたちで、自分というものを見ているわけでしょう。ところが、一番よく知っているはずの自分が、一番わからないものです。しかも、この一番わからないものが、はっきりしない限り、われわれは安心できようはずがないわけです。われわれは、自身という場で飯を食い、歩き、寝、生きているのですから、それが明らかにならなければどうにもならない。ということはまた、安心立命の場所は、この自身という場所しかないということです。全世界とか、人類のことも、大切でしょうが、この自身をはずしたら、全世界も全人類も無い、だからこそ、自身がはっきりしなくてはならないわけです。

ところが、実はわれわれはこれはもうわかったつもりで、すべての行動をしていく。たとえば、倫理という問題は、そういうところに出てくるのでしょう。自己がわかったつもりでいるから、善とか悪ということが規定づけられてくるわけでしょう。そういうことを明らかにしてゆくのは、どこなのかというたら、「各々無上の心を発せ」という呼びかけ以外にないわけです。その呼びかけを待って、実は自分自身がわからないものになってくるわけです。如来の智願海は、深広にして涯底なしといいますけれど、同時に生死の苦海も辺りなしなのです。そういう意味では、手のとどかないもの、人間の理知、自我の分別の手のとどかないものが、一番近いわたし自身なのです。そして、わたしの手の一番とどかないものは、そのわたしをここに、こういう姿であらしめている事実である。乗彼願力が、それなのです。そういう事実が、各発というかたちで発されてきた無上心を、逆批判してゆく。そこに、「各々無上心を発せども、生死甚だ厭い難く、仏法復た欣い難し」という現実のなかで、この無上心をもって解決できない事実にぶつかってゆくわけでしょう。そのぶつかった事実を、自力無効と言うのです。

自力無効というのは、何かができなくなったことを言うのではなくて、生命の事実に触れたことを、自力無効というのです。自力無効というのは、自我の思いが生命の事実にぶつかったときの衝撃といってもいいのでしょう。自我で解決できると思っていた思いが、自分の生命にぶつかり、刀折れ、矢つきた衝撃が自力無効ということなのでしょう。いずれの行も及びがたき身、ですからね。いずれの行も及ぶはずの身という思いの上に、各発の無上心を発していたわけです。ところが、それが、身の事実にぶつかったとき、自力無効ということになる。つまり、自力無効だということは何かといえば、おまえの無上心というものは各発なんだぞ、ということを、生命の事実から指摘されたことである。各発だということは、発した無上心のよりどころが、自我であったと、こういうことです。自身を解決すべきはずの無上心、菩提心が自我の上に立っているぞ、と、生命から呼びかけられているのです。そこに「各々無上の心を発せども、生死甚だ厭い難く、仏法復た欣い難し」と、生命そのものが発した菩提心を逆に批判しているのです。各発の菩提心は自我によっている、自我によった菩提心で、自我の手のとどかない自身の問題を、解決できると思うのは、いったいどういうことなのか、という批判である。この批判の前に頭が上がらなくなった、それが自力無効ということです。

しかし、自力無効であるならば、やめようか、というわけにはゆかない、そこに、人間の生命の願いというものがあるのでしょう。宗教心、つまり願心が歩むということは、そこにあるわけです。各発ではだめだ、しかし、それかといってやめることのできないところに、人間の問題の深さがある。そこに発ってくる事実を廻心と言うのです。

廻心というのは、やめることができませんということですよ。自力無効だからやめよう、ということではなくて、自力無効というところで、なおかつ、その底からつきあげてくるものは、自分自身を解決せずにはおれない、と、こういうものです。頭が下がったなかから、なおかつ生命の問題を解決せずにはおれないという、深い本能からの呼びかけがある、その声に呼びさまされることです。そのような事実を廻心というのでしょう。親鸞は、この廻心ということを「自力の心をひるがえしすつる」といいますね。各発の無上心をひるがえし、すつる、すつることによって、実は開かれてくるものがある。それを「共発金剛志」という言葉で押えたわけです。無上心は実は各発ではなかったのだと、各発という世界が、事実の前にくずれ去っていくなかから、共発という世界へ一転する、それを「自力の心をひるがえしすつる」というのでしょう。そこに「共発金剛志」ということが、実は「各発無上心」とは、質を異にしたものとなる。実は我からおきた心を完膚なきまでに、たたきこわしておいて、しかもわたしの上に与えられたような心、これが「共発金剛志」です。こういうふうに一転して読まれてゆくのです。親鸞が「道俗時衆等、各々無上の心を発せども、生死甚だ厭い難く、仏法復た欣い難し、共に金剛の志を発して、横に四流を超断し」と、横超断四流といって、横超という言葉を見出したのは、こういう廻心のなかからです。

そこでいま言う、第二の読み方というのは、たんなる第二の読み方ではなくして、発願の心、いわゆる無上心、そのものが歩みをもって、人間自身を一転換さしてゆく、つまり、主体においていいうならば廻心です。それは、言い換えれば廻向ですね。廻向と廻心とは同じです。阿弥陀において廻向といわれるものが、わが身においては廻心である。廻向されて廻心するのではなくて、廻向の事実が廻心なのです。本願力廻向成就とは何かといえば、廻心成就である。それが各発の無上心が廻転されて、共発金剛志という、わたしの上に開かれた心として展開してくるのです。

金剛心

そういうことを読みとった読み方が、実は「信巻」でしょう。『教行信証』の「信巻」はそれを読みとっていったのです。「信巻」では、

道俗時衆等、各々無上の心を発せども、生死甚だ厭い難く、仏法復た忻い難し、共に金剛の志を発して横に四流を超断せよ。(『全集一』一三二頁)

それから一足飛びに飛んで「正受金剛心、相応一念後、果得涅槃者」と、そこへ一気にもっていっている。親鸞が独自でもっていったのでしょうが「道俗時衆等、各々無上の心を発せども、生死甚だ厭い難く、仏法復た忻い難し、共に金剛の志を発して横に四流を超断せよ」。そこで「乃至」とも何ともいわずに「正しく金剛心を受けて、一念に相応して後、果として涅槃を得む者(ヒト)」といいます。そこでは果徳の「徳」の字を「得」というふうに書きかえているでしょう。親鸞がここで言おうとすることは、自力の心をひるがえしすてた人のことを言うているのです。『観無量寿経』に即していうならば「定散諸機各別の、自力の三心ひるがえし、如来利他の信心に、通入」し

た人のことを言うのです。真実信心の行人のことを、こういうふうに押えたのです。

ところが、これだけの言葉は、普通にはこんなふうに読むべき言葉ではありません。だいたい、書いてある所が違うのですし、まして、「正受金剛心、相応一念後、果徳涅槃者」といっている本来の意味は別なことなのです。つまり菩薩に十信、十住、十行、十廻向、十地という段階がありますが、その最後に等覚、つまり等正覚の位、弥勒に同じ、次の仏になる位がある。そして、妙覚、仏に成るということであります。この等覚と妙覚、この間に百大劫という長い修行があるといわれます。これは大変なことです。菩薩の修行ができて仏と等しい位です。ところが仏と等しい人間と、仏とは違うのです。仏と等しい人間は菩薩の最高位にある。けれども仏は仏と等しい人間とイコールで結ぶわけにはゆかない、そこには絶対の断絶があるのです。この絶対の断絶を超えるためには、定、三昧に入らなければならない。その三昧は何かというと、金剛という表現をもって現わされる定、そういう定へ入らねばならない。金剛不壊の定に入らなければならない。これは面白いでしょう。煩悩が全て断ち切られた、煩悩の習気も断ち切られた最上位の菩薩が、まだ動揺するというのです。動揺しない、不動というかたちで、最後の動揺があるのです。それを超えるには金剛喩定、金剛に喩えられるような定に入らなければならない。その金剛喩定のことを「正受金剛心」と言ったのです。正受というのは三昧のことです。「我に思惟を教えたまへ、我に正受を教えたまへ」という、あの正受というのは定です。

そうすると「正受金剛心」つまり、「正しく金剛心を受ける」と、こういうのは親鸞の独自な読み方であって、「正受金剛心」というべきである。いわゆる金剛喩定に入ったところの心、こういう意味です。それは、どんな心かというと、相応一念という心だ。相応一念とは、主観と客観との差別が完全に超えられて、主観、客観が一如になったような境地ということです。そういう一念です。主観と客観との関係が、たとえ菩薩であっても、人間である限り超えられない。それが全く一如になってしまった。難かしい言葉でいうと、理智一如、真如の道理とそれを知る知慧とが一如になった心です。真如を知るのではない、真如が智となり、智が真如となるのです。

その「後」というのが、これは前後の後ではないのです。仏教の学問では、同時の後という言い方がある。これは文章を書く時、表現のしようがないから、同とか即とかいう言葉ではなくして、相応一念のその時に果として涅槃を得るということです。ところが、理智一如ということと、涅槃を得るということとは同じことでしょう。いわゆる、真如の道理と一つになるということと、涅槃を得るということとは、表現は違うが同じことなのでしょう。それを因果という言葉でおさえたときに、因としておさえて言うならば相応一念、果として言うならば得涅槃というわけです。だから、そういう意味で「得」と言わずに、「徳」としてありますね。果の徳としての涅槃です。だから、因の相をとって言うならば、理智一如の一念です。果の徳として表現されれば、涅槃という言葉で表現される境地なのです。

いわば、そういう同時因果の前後ということで時間の前後ではない。時計で計る時間の前後ではなくて、因果の前後だということをいうために、後という言葉をおいたわけです。そういう後を、同時後という。因果同時ということをいうために後という字で押えたのです。何でもないことのようですが、これが仏教の厳密さです。ただちにイコールだ、と言わない。因の位、果の位と、こう押えるところが、仏教の厳密さなのです。ごまかさないわけでしょう。

「正受金剛心、相応一念後、果徳涅槃者」というのは、菩薩の最後身を経て仏に成る、その相ですね。そういう人を、こう表現するのでしょう。その「正受金剛心、相応一念後、果徳涅槃者」に帰命する、と本文では言うわけですが、親鸞は、そんなことおかまいなしなのです。「共発金剛志」といった「共発金剛志」をそのままもってきて、それは、金剛心のことだ、と、そしてあとの理屈は必要なしに、それと関係なく引用してしまった。そうすると「横超断四流」ということは何かというと、正しく金剛心を受けることだ。他力の信心を得たということだ、他力の信心を得たということは相応一念である、そういう信を得たものは、果として涅槃を得る人と成るのだ、と、こういうふうに領解していかれた。だから「徳」という字を「得」という字に変えてしまって、こういうふうに読み切っていった。そういう領解の本になるのは、いま申しました、「発せども」と読んだところから始まったわけです。

各発と共発

ところで、発願の問題はこれでもう終わった、というわけにはいかないということを思うのです。「各発」が転じて「共発」となった、というわけでは、ひとつの説明になってしまう危険性があると思うのです。というのはいったい「共発」とは具体的にはいかなることなのかが、明らかにならなくてはならないのでしょう。

そこで思い合わされることがある。それは、あの二河譬のなかに「衆生貪瞋煩悩中能生清浄願往生心」という言葉があります。あれは「衆生の貪瞋煩悩の中に、能く清浄の願往生の心を生ず」と読む。ところが、ご承知のように『愚禿鈔』のなかに、これについての親鸞の領解というものが述べられています。それによると、

能生清浄願往生心と言うは、無上の信心、金剛の真心を発起するなり。斯れは如来廻向之信楽なり。(『全集二』四六頁)

と示されている。ということは、如来廻向の信楽、つまり、「共発金剛心」というても、それは、衆生煩悩のただ中に発起される無上の信心、つまり、無上心以外のなにものでもない、ということなのでしょう。もっと端的に言えば「共発金剛心」というても、「各発無上心」という在り方以外には在りようがないのである。「各発」という在り方のほかに「共発」という別な在り方がある、というのではない。そういう意味では「能生清浄願往生心」にしても、「能く清浄願往生の心を生ぜしむる」と読んでいるのは、かえって具体的でないように思います。「生ぜしむ」でなくて「生ず」である、でなければ信心成就ということにならないでしょう。「正信偈」のなかでも「能発一念喜愛心」という。「能発」の性格は「共発」であっても、その在り方は「各発」である。ここに、宗教心の具体性ということがあるのでありましょう。

ここまできますと、宗教心というものは、何でもない人間の日常性のなかにあると言いましたが、それが、やがて各発の菩提心つまり顕在化するということを通して、実は日常性の底を破ってゆくようなかたちで動いてゆく、動いてゆくことによって、「発せども」、という現実のなかで廻心ということがおこってくる。しかし、廻心ということがおこったからといって別な人間に成るのではない。その廻心を通して元のところへ還るのです。これが大事なことだと思います。廻心した人間が特別なものになるのなら、それは、廻心でも何でもない。そういうものは延長上での変化と言うのです。その意味では廻心というのは百八十度の転回ではない、三百六十度の転回です。三百六十度だったら、元の木阿弥ではないかと言うけど、三百六十度回ったということと、ただそのままそこにおったということとは違う。ここにいたということと回って来たということとは、三百六十度という一転換があるのですから、場所は一緒ですが違う。一転回して還ったところは、あくまでも此所です。一転回して特別なところへ行くのでは、還って来たことにはならない。この生命の事実へ正直に還るということが大切なのでしょう。

とすると「共発」といいましても、具体的には「各発」という相しかない。「共発」というから、みんな仲よく肩を組んで、というわけではないのです。「共発」といっても、現われた相は「各発」という相しかない。わたしから発った心ではないかも知れないが、わたしの上に発った心は、わたしという事実の上に発っている。だから「如来よりたまはりたる信心」といいますけれど、「如来よりたまはりたる信心」は、どこに成就しているのかわからないような信心ではない。「如来よりたまはりたる信心」はどこにあるのかといえば「詮ずるところ、愚身の信心におきてはかくのごとし」という、この愚身の信心です。けれども、愚身の信心は親鸞がおこした信心ではない。親鸞が発した信心は「発せども、生死甚だ厭い難」いわけです。親鸞自身、

三恒河沙の諸仏の　出世のみもとにありしとき
大菩提心おこせども　自力かなはで流転せり。（『全集二』一四七頁）

と和讃しています。「大菩提心おこせども」も「各々無上心を発せども」と善導が言うのも同じことです。「自力かなはで流転せり」、自力無効の世界に「如来よりたまはりたる信心」は、具体的には「愚身の信心」というかたちで成就するわけです。とすると、「共発」といっても、「共発」というものが、どこかにあるのではなくて、わたしの上に「各発」というかたちをとり、「一人」というかたちをとって成就するのです。

わたしからおこった信心は依存的な信心、つまり依頼心であって、人間を独立させない信心ですけれども、三百六十度、一転し、廻心をくぐって、わたしの上に開けた信心は、「親鸞一人」と言えるような信心である。真に人間を独立せしめる信心です。それはあくまでも相は「各発」でしょう。人に代わってもらうことのできない信心です。わたしを成就している信心だからです。そこへいくと、「各発」とならないような「共発」はない。そうでないと、「如来よりたまはりたる信心」が宙に浮いてしまう。「如来よりたまはりたる信心」は、具体的には「愚身の信心」、「親鸞におきては」、と言い切れる信心になっている。「愚身の信心におきてはかくのごとし」と、言い切れる信

心であって、はじめて金剛の信心といえるのでしょう。それは、あくまでも「各発」というところに具体的に領かれてくるわけです。

そういう信心成就の事実を天親の言葉で言うならば、「我一心」というのでしょう。曇鸞は「我」という一字は自大語でもないし邪見語でもない、流布語だと、こういう説明をしている。ところが、われわれが我と言うた限りにおいては、邪見か憍慢でしかありえない。俺が、と言ったときに、威張ったつもりはありませんと言うか知らんが、自己主張をしている。そういう我ではなくて、しかも我が成りたつ、という、そういう世界がなくてはならないのです。そういう我まで消えてしまうたら、どこにいるのだか存在もわからない人間になる。信心を獲るということはそんなことではない。わたしを主張する存在ではないけれども、わたしが存在していることが明確である、と、いうようなものでなくてはならない。自大でもなければ、邪見でもないわたし、それを親鸞の領解でいうならば、

我といふは世親菩薩のわがみとのたまへるなり。（『全集三』一四七頁）

ということです。このわが身という、自分自身を成りたたしめる信心は、あくまでもわたしからおこったものではないが、「各発」というかたちをとらなくては、具体的ではない。各々という相をとったとき、はじめて信心がわたしの救いになるのです。

こういうことは、わたしが勝手に言うているのではないのです。実は善導自身が、そういうことを明らかにしているところがある。それは『序分義』です。そのなかの「欣浄縁」のところにあり

ます。「欣浄縁」というのは、韋提希が一室にとじ込められて、釈尊に「我宿何罪生此悪子」と愚痴を言うて、それから浄土を欣っていったところですね。そこで韋提希が、こういうことを言うでしょう。

此の濁悪処は地獄・餓鬼・畜生盈満し不善の聚多し、願くは我未来に悪声を聞かじ悪人を見じ。

(『真聖全一』五〇頁)

といいます。わたしは未来には悪の声すらも聞かない、悪人を見ることもないような国に生まれたいと言うています。その言葉を押えて善導が解釈した、その解釈は有名な解釈です。

此れ、夫人真心徹到して苦の娑婆を厭い、楽の無為を欣ふ、永く常楽に帰することを明かす。

(『全集九』八四頁)

と言っている。これはいったいどのようなことかというと、韋提希夫人における真実信心の事実として、はじめて厭うことのできない娑婆を厭うということが、夫人の口を通して言える。そして欣うことのない常楽を欣うということが、夫人にできるようになった。だから「夫人真心徹到して苦の娑婆を厭い、楽の無為を欣ふ、永く常楽に帰することを明かす」というわけです。経典の方では「願くは未来に悪声を聞かじ、悪人を見じ」と、こう言っている。ところが善導は、それは、ただ厭うと言うているのではない。ただ言えるものではない。我が子に背かれたからといって、人生の全部がいやになったということは言えることではないのだ、と善導は言うのです。ところが、韋提希は「苦の娑婆を厭い、楽の無為を欣う」と、こう言い切っている。また「永く常楽の世界を求める」と言うことも人間にはできないことなのだ、にもかかわらず韋提希にはそれができている。それこそ、韋提希個人の力ではなく真心徹到の事実だ、と、こういうているのです。阿弥陀の真心が徹到した事実として、厭うことのできない現実を真に厭い、欣えない浄土を欣うということができるということになったのだ、と解釈しています。

われわれは世の中がいやになったと言いますが、いやになったということは、執着していることを反対に表現しているのでしょう。死にたいということは、死にたくないということを逆表現していることでしょう。人間というものは、いうならば自殺するほど執着しているということです。執着する心が満たされないときに、自殺という手段をとる。肉体の抹殺という相をとりますけど、思いは肉体を超えて、しがみついているわけです。そういう意味では、自殺とか、心中とかいうと、現象的には苦の娑婆を厭うたようにみえるが、心理的にいえば、執着している相なのです。本当に厭うとは、この現実を自殺する必要もない程に厭うわけです。藤村操が、人生不可解だから死ぬのだと言って華厳の滝へ飛び込んで自殺しましたね。ところが、清沢満之は、不可解だから生きてゆくと言っています。「我が信念」のなかで、何が善だか、何が悪だかわからなくなった、それだけならば、とっくに自殺を遂げたでありましょう、しかし、自分はもう自殺する必要が無くなりました、と言っている。あれは何かというと、苦の娑婆を厭い、無為の常楽を欣うということです。ただわからないということであったならば、とっくに自殺を遂げたでありましょう、と清沢満之も言っているし、また藤村操という人が、同じ時代に身をもって証したように、自殺というかたちをとり、命を捨ててまでしても絶つことができないという我執の深さを物語っています。ところが、それが超えられて、その苦の娑婆を、本当に厭い捨てることによって、苦の娑婆のなかに生きてゆける。それが真心徹到の事実だ、と善導は押えるわけです。

そういうふうに押えられた「苦の娑婆を厭い楽の無為を欣ふ、永く常楽に帰する」ということは、今の言葉で言えば「各発無上心」ということにあるのです。さらに続けて、

但し無為の境は、軽爾として即ち階《かな》うべからず。(『全集九』八四頁)

といいます。よく考えてみなさい、本当に寂定無為の境界というものは、そう軽々しく、自分がそれに相応したいと思えるものじゃない、と言うています。あれは「仏法復た欣い難し」ということです。とすると、その次に「苦悩の娑婆は輒然として離るることを得るに由無し」というのは、「生死甚だ厭い難し」ということでしょう。そうして最後に、

金剛の志を発すに非ずよりは、永く生死の元を絶たむや。(同前)

という具合に、善導は真心徹到ということを結んでいます。「金剛の志を発すに非ずよりは、永く生死の元を絶たむや」ということは「共発金剛志、横超断四流」ということでしょう。

勧衆偈　　　　　　　序分義

各発無上心……………厭苦娑婆欣楽無為永帰常楽

生死甚難厭……………苦悩娑婆無由輒然得離

仏法復難欣……………但無為之境不可軽爾即階

共発金剛志横超断四流…自非発金剛之志永絶生死之元

そうしますと、「各発無上心、生死甚難厭、仏法復難欣、共発金剛志、横超断四流」という言葉が、一転したすがたで、善導自身の真心徹到、いわゆる廻心の事実のところにピタッと裏付けされているわけです。だからわたしが勝手に言うているわけではないのです。

ここに信心、菩提心、願生心というものが、日常のなんでもない事実のところに触れながら、それを根底からひっくり返していって、特殊化されることのない事実のところに還ってくる。こういうことがなければ浄土教という意味はない。なんでもない事実のところから出発するのは、すべてそうです。聖道仏教の人であろうが、倫理の世界に生きる人であろうが、みんな何らかの意味で人生を解決してゆこうとするわけですから、出発点はみんな同じなのです。ところが、そこで行きづまって、ぶつかって、はね返って元のところへ還ってくる。ただ、還ってくるのではなく、一転して還って来る。つまり、我身という事実を虚心平気に生死することのできる人となる。これが浄土の教えであります。

金剛の志願

さて、「勧衆偈」の偈文に先立つ九つの文字と、偈文の最初の二行八句についてお話をしましたが、随分ごたごたしたようですので、その辺の整理をしながら、さきへ進んでいきます。偈文に先立って「先ず大衆を勧む、願を発して三宝に帰し」と書いてあります。この「先勧大衆発願帰三宝」という九字が、近くは「勧衆偈」全体の性格を決定すると同時に、『観無量寿経疏』全体の精神をも現わしている、といえると思う。それで「勧衆偈」の内容は、大きく分けて三つになると思います。

その第一の部分は「道俗時衆等、各発無上心、生死甚難厭、仏法復難欣、共発金剛志、横超断四流、願入弥陀界、帰依合掌礼」という二行八句であります。これが第一段ということになる。それは、さきの九字に照応していえば「願を発し」という、「発願」ということである。それを内容的に押えて言えば、「発願せしめ」ということであり、同時に「発願し」ということでもある。それが一つである。ともかく、この二行八句は「発願」ということです。

そうすると次の「世尊我一心」から始まって、最後の一行四句を除いた「広開浄土門」というところまでを第二段ということができます。それは先の九字に照らし合わせていうならば「帰三宝」でしょう。だから、やはりこれも「三宝に帰せしむ」と同時に「三宝に帰す」と、二度読むことによって意味が明らかになる。

そして一番最後の「願以此功徳、平等施一切、同発菩提心、往生安楽国」というのは「廻向」です。ですから要約していうと願生、帰命、廻向ということになる。これだけの内容をもって「勧衆偈」は造られているわけです。つまり、先にお話をした「教人信」という相をもった公なる信心、その公なる信心の具体性が、願生、帰命、廻向という三つの内容をもって現わされている、ということができるのであります。

その最初が「発願」、願いを発すということです。実はこの「発願」というところに、人間における求道心の歩みというものが示されている。そのことが二行八句の偈文のなかに語られている。その菩提心の歩みを押えていうと、「各発」という言葉と「共発」という言葉、すなわち「各」と「共」という二つの言葉が、その歩みを表わしているわけです。「共」というのは、みんな一緒にという意味ではない。共業というような意味での「共」です。つまり、運命を同じくするというような意味ですね。だから「共」というのは「公」という意味です。「各」はそれに対していうならば「私」ということでしょう。「私」と「公」です。この「各」と「共」という言葉をもって、人間における求道心そのものの歩みが、課題的に展開しているのだといえます。求道心が歩むというところに「発願」という意味があるのです。願いを発したというだけではなく、発された願いが発した人間そのものを道とする。発した人間が自ら発した菩提心によって歩む人間となる。そういうところに仏道が成り立つ、これが大事なことです。

さて前にいいましたように一応は三つというのですが、むしろ三展開というかたちで読むことができる。その三展開という読み方は、先ず最初は文字通り、

道俗時衆等、各々無上の心を発せ、生死甚だ厭い難く、仏法復た欣い難し、共に金剛の志を発して、横に四流を超断せよ。願じて弥陀界に入りて、帰依し合掌して礼したてまつれ。(『全集九』三頁)

と読んで、この通りに頷いてゆくのが、当面の求道の心を発す人間の相である。これは特別のこと

ではないのです。「各々無上の心を発せ」という。なぜ発さなければならないのか、なぜ無上菩提心というものを発さなくてはならないのか、無上道心が発るのはなぜか、というと「生死甚だ厭い難く、仏法復た欣い難し」ということがあるからである。これが無上道心の発ってくる理由なのでしょう。

ところが、そういう無上道心を発すことができるのは、深い自負心があるからでもあるわけです。いかに「生死甚だ厭い難く、仏法復た欣い難い」としても、遂にはわたしの発した無上道心で、それを解決することができるという、実は見えざる深い自負心、我執というものが隠されているわけなのです。だから「生死甚難厭、仏法復難欣」ということが「各発無上心」の理由になっていくわけです。おのおのが無上の心を発す、その発すべき理由はどこにあるかというと、「生死甚だ厭い難し」である。それだからこそ自分を鞭打って発さなくてはならないということになる。しかしながら、そうした各発無上心の出発点は、日常生活のただ中にあるのでしょう。日常生活を離れたどこかにあるのではなくて、日常生活のただ中にある。日常生活のなかに解決しない問題があるという、その苦悩が仏道に志を発さすのですから、出発点はそこ以外にはないわけなのです。

しかし、その「無上道心を各発す」ることを可能にしているものは何かといえば、無上道心を発すことによって、生死を解脱し、仏道を成就することができるであろうという、意識の深層にあるひとつの予測なのでしょう。その予想は顕在するような予測ではない、にもかかわらずそれが、先ず「各々無上心を発せ」と読ましめる出発点なのであります。ところが、ひとたび無上道心が発る。

発ったとたんに無上道心は、それ自体の働きとして、自己を凝視する眼となる。明晰なる眼となる。これが、無上道心の働きであります。発したのは、一応わたしからであるが、その発された無上道心は、かえってわたし自身を見る眼になる。かつて一度も見たことのないわたし自身を、誤魔化すことなく見せしめる、そういう眼となって働くのです。現実が菩提心を発さしめたのだけれども、ひとたび発った菩提心は逆に現実を見る眼となる。こういった運動を持つわけです。そこに、すでに充分領解していたはずの「生死甚だ厭い難く、仏法復た欣い難し」という現実が、実は夢想だにしたことのない現実だったということに気付かざるをえなくなるのでありましょう。だいたい、生死が厭い易く、仏法が欣い易いのだったら、誰も無上道心なんか発さないはずです。発さなくても解決していけるのですからね。しかし、無上道心を発す。無上道心というと、とてつもなく大きなことのようですけれど、もっと身近なことでいえば、人生の課題を解決してゆこう、突破してゆこう、と思い立つことなのでしょう。なぜそのような決意をするのかというと、容易に解決できないということを知っているからなのでしょう。その実感が自らを鞭打って、無上道心を発さすわけです。ところが、ひとたび発すと、その発した無上道心は逆に発した存在自身を凝視する眼となる。「生死甚だ厭い難く、仏法復た欣い難し」という現実そのものが、その眼から見返された時には、未だかつて見たこともない現実となる。「恩愛はなはだたちがたく、生死はなはだつきがたし」といわれるような無尽の深みを露呈することとなる。ここに求道心それ自体の働きがあるのでありまます。「メデウサの首」というのがありますが、見たら恐しいから眼を離そうと思っても、一度見たらもう眼を離すことができなくなる。無上道心は自分が発したのです、生死の問題も解決できるという予測のもとに発したのでしょう。しかし、発したとたんにそれは自己凝視の眼となって、自我の言うことを聞かなくなる。自我の言うことを聞かずして、自我そのものを見る眼となるのです。しかし、同時にまたその無上道心が、「生死甚だ厭い難く、仏法復た欣い難し」という現実の無尽性を凝視することによって、こんどは逆にその眼となった無上道心そのものが現実に対して無意識的に抱いていた観念性というものを破っていくことになるのです。各発の無上道心そのものが包んでいた、その観念性が破られていくわけなのです。そこに大きな問題がある。無上道心そのものが、現実を尽し切れないものであることを知る。端的にいえば、現実が無上道心を批判するようになるのです。そういう意味で交互に批判すると同時に、見つめられている現実は、改めて無上道心を批判してくるわけです。各発の無上道心では自身の現実は尽し切れない、と、現実が無上道心そのものを批判するようになる。見つめた眼が、見られたものによって、逆に問い返されてくるわけです。こういう運動が起こるわけです。

しかし、そのような運動のなかで無上道心が批判されると言いましたが、厳密にいうと無上道心それ自体を批判するわけにはいかない。無上道心そのものを批判するのではなく、無上道心のうちに隠れている何かを批判するのです。何かとは、つまり「各」という事実、それを批判するのです。「各」ということは各人の能力の上に立つということなのでしょう。もっと徹底して言えばエゴです。無上道心のなかに隠れているエゴイズム、それを公開の現実が批判するわけです。そこに「各々無上の心を発せども」と、「ども」ということになるのでありましょう。「各々無上の心を発せども、生死甚だ厭い難く、仏法復た欣い難し」と、尽し切ることのできない現実の無尽性を見つめざるをえない、と同時にまた、見つめられた現実から無上道心のうちに隠れておった各発の心、エゴイズムが批判されてくるのです。無上道心のエゴイズム、無上道心という相で被っていた自我心です。つまり「定散自利各別」という、その自利各別の無上道心というものが露わにされたとき、その現実の前に各別の無上道心そのものが挫折せざるをえないこととなる。親鸞がいわれるように、「三恒河沙の諸仏の、出世のみもとにありしとき、大菩提心おこせども、自力かなはで流転せり」というわけです。「自力かなはで流転せ」しめたのはいったい何かというと、菩提心が弱かったからではない。どんなに菩提心が強靱なものであっても、自力かなはで流転するのである。なぜかといえば、大菩提心が「各」だからで、わたしの発した菩提心だからです。そこに、その菩提心の廻転、菩提心の転換というものが成されなくてはならない。これは決して図式的な話ではない、菩提心そのものが自ら要求する菩提心の課題なのです。

だから前にも言いましたように「発せども」だめだからやめるというわけにはいかない。菩提心そのもののなかに知らずして隠されていた「各」という自我関心が暴露されることによって、菩提心はますます自己を明らかにするのです。これが大事なことです。なにか、聖道の菩提心はもう終った、と、だからやめてしまって浄土の菩提心が発って来るのだと、こんなふうに言おうとしますが、それは図式にすぎないのでしょう。そうではない、菩提心は終わるものではないのです。菩提心は生涯を貫くものです。ただ菩提心が現実を見つめることによって、逆に現実が菩提心のなかに隠れている夾雑物を見破っていくわけです。「各」という夾雑物です。そうすることによって菩提心は、真に菩提心を成就するのです。菩提心を成就しなければ自己が成就しないのです。そこでこの文に従えば、「発せども、生死甚だ厭い難く、仏法復た欣い難し、共に金剛の志を発して、横に四流を超断する」という道が開かれるのです。それを廻心というのです。菩提心それ自体の廻転である。廻心とは菩提心それ自身が自己に要求した転換です。

自我の影を宿した菩提心をもってしては解決できないのがわが身の現実である。なぜならば、わが身の現実は私することを許さないからです。この私有することを許さない現実を、真に成就するものはいったい何かと、菩提心が菩提心自身を問うてゆくわけです。問うていくことによって「共発」という世界を見開く。「共発の金剛志」、これを「共に金剛の志を発して」と読みますけれど、性格を明確にするためには「共発の金剛志」と読むべきです。おのおの発す、あるいは共に発す、と、こういうのではなしに、「各発」・「共発」です。

無上心も金剛志も、そのもの自体としては同じです。菩提心ということで言えば「上求菩提、下化衆生」の心であるし、願生ということで言えば「願往生浄土」の心です。ところが、その菩提心が、金剛と譬えられる志願にならなくてはならない。菩提心が菩提心そのものの本来的な姿を全顕しなくてはならないのです。完全に明澄性を回復しなくてはならない。そうでないと人生を尽すことができないからです。

金剛とはいったい何かというと、金剛石、ダイヤモンドです。親鸞が金剛という言葉を使われるのは善導に依るものなのです。善導の解釈によれば、金剛とは不壊ということです。壊れないという働きをもつことです。壊れないということはいったいどんなことかといいますと、どのような現実のなかにあっても消えてゆかない。源信は「菩提心不可壊の法薬」といって、

譬えば金剛は百千劫に於て、水中に処して爛壊せず、また変異なきが如く、（『真聖全一』七九二頁）

と言われる。ではなにをもって金剛の譬えに応ずるのかと言えば、「金剛とは無漏の体なり」と善導の『定善義』のなかに出ています。無漏、つまり煩悩のけがれがないということが、金剛に譬えられるゆえんなのです。

煩悩具足の現実を解決するものは煩悩からは出てこない。それはもう当然なことですけれど、煩悩具足の現実を真に解決するのは、無漏を体とする心である。煩悩具足の凡夫、生死罪濁の群萠を真に成就せしむるものは、煩悩の影をも留めない心です。それを「金剛志」というのでありましょう。源信は、

生死の中、諸々の煩悩業に処するに、断滅すること能はず、また損減することなし。（同前）

と述べています。このように煩悩の影をも留めない心というものは、具体的には不壊という働きをもつ。壊れないといいますけれど、これは叩いても壊れないということではありません。壊れないということは、言葉を換えていうと「柔軟」ということです。金剛心ということと柔軟心ということとは同じことなのです。これは大事なことです。硬いというからといって頑張っていることではな

い。頑張っているかぎり壊れる。むしろ頑健なものほど壊れやすいのです。金剛志は体を押さえていうならば無漏である。煩悩のけがれがない。煩悩のけがれがないということを、もっと具体的に言えば、どんな煩悩のなかにでも身を置くことができるということでしょう。それを、浄土の大菩提心というのです。親鸞は菩提心の無漏なる本質に純粋に領いて、浄土の大菩提心と言われたのでありましょう。

浄土の大菩提心というのは、浄土にある菩提心ではない。穢土のただ中にあって、穢土の煩悩にすっかり染まりきっても、染まりきることを自己としつつ、染汚の現実を解決していくような心です。それを『大無量寿経』の物語に則して言えば「法蔵菩薩」というのです。法蔵は無漏です。無漏だからして、「欲覚、瞋覚、害覚を生ぜず、欲想、瞋想、害想を起さず」と、こう言うのでしょう。「生ぜず」とか「起さず」ということは、そういう事実のただ中にあるということを表わしている。煩悩具足である全存在を支えて、どのような煩悩の事実をも拒むことなく、その煩悩をすっかり引き受けて、やがて引き受けた煩悩の全体を転じて阿弥陀の世界を開く、これが法蔵菩薩の志願であり、いわゆる金剛志であります。ですから金剛の志願は不壊である。しかし、壊れないということは、かたくなになるのではなく、実は柔軟ということである。しかしまた、柔軟ということは柔弱ではありません。「水は方円の器に従う」というように、柔軟ということは水に譬えられるようなことです。また水は方円の器に従う、と同時に清濁をも選ばないものです。濁っても水ですし、澄んでも水です。濁ったからといって水でなくなるというのではなく、澄んだからといって水晶になるということもない。濁っても水だし、澄んでも水だ。波うっても水だし、静かでも水だ。丸い器に入れても水だし、四角の器に入れても水だ。そういうものですね。清濁、動静、方円、どんなものも拒まない。それは、法蔵菩薩の志願が「十方衆生」と呼びかけて、そこに何ものをも拒まないということと同じである。しかし、拒まないけれども、拒まないというかたちで、十方衆生を摂して自体となし、転じて阿弥陀の世界を成就してゆく、そういう志願を金剛志というのであります。

親鸞は、この「共発金剛志」ということを「本願力廻向の信心」と言われたわけです。『歎異抄』でいえば「如来よりたまはりたる信心」ということです。つまり、各発の菩提心は、その各発性を内側に破って、「如来よりたまはりたる信心」にまで徹到してゆかなくてはならない。いかなくてはならないというのは、そういう努力ではなくて、生命と一つの願いだからです。それが「金剛志」です。

ここで、親鸞は菩提心を「各発」・「共発」ということで押えたのですが、端的にいえば、各と共、この二つで菩提心の性格、というよりも歩みを頷いていったわけです。「各」とは私的だということです。「共」とは公だということです。公の菩提心、公の願生心において成就するものが、ほかならぬわたし自身の人生である。私的な関心によって見られているものは何かというと、それは自我の世界、自我の妄想する虚構の世界である。その虚構の世界を破って自己自身の事実へ還帰する運動が、菩提心の自己運動なのです。

そういうことが特に『教行信証』の「信巻」に、

道俗時衆等、各々の無上心を発せども、生死甚だ厭い難く、仏法復た忻い難し、共に金剛の志を発して、横に四流を超断せよ。正しく金剛心を受け、一念に相応して後、果として涅槃を得む者（ヒト）。（『全集一』一三一頁）

といった「者」というところに明らかにされていると思います。「発せども、果として涅槃を得る者」すばらしい表現ですね。「発せども生死甚だ厭い難し」と述べ、「共に金剛の志を発して横に四流を超断せよ」と言うて、そこから一気に飛んで「正しく金剛心を受けて、相応一念の後、果として涅槃を得るひと」となる。「各発」における発せどもという悲しみをくぐって、「共発」なる金剛の志に頷くことにより、そこに、涅槃を得る「者《ひと》」となる。これが往生人であると「信巻」で明らかに頷かれているのです。

ところがこの「各発」から「共発」へという運動は、単なる移行ではなく転廻である。これが大事なことです。そのことを具体的に指し示しているのが、善導の「序分義」の欣浄縁の解釈です。前にも申しましたように「発せ」が「発せども」になって「共発」の世界が開けた。ところがそれで終ったのではなくて、それによって実は「発せ」という世界へ本当に帰ってくる。いうならば「共発」といっても、「本願力廻向の信心」というても、具体的には「我が信念」である。「我一心」とならないような「本願力廻向」の信心というものは無い。私から発った信心、実は発ったと妄想する菩提心は、やがて現実のなかからその自我性が批判される。批判されることによって、その菩提心そのもの、求道心そのものが、共発の世界、つまり如来よりたまわりたる世界に廻転する。廻転された事実は、いったいどこに成就するのか。ほかならぬわたし自身の上に成就するのです。私から発ったものが批判されて、そして、わたしの上に新たに成就する。そういう意味では教理学としての規定を混乱さすことになるかもしれないが「共発の金剛志」の具体的表現は「各発」の菩提心以外にない、という一点があるわけです。それが「我一心」、「我が信念」であります。

「如来よりたまはりたる信心」とは「我が信念」として成就する信心です。天親でいうならば「世尊我一心」と、こういう一心です。「世尊」とこう呼んで、「我」とはっきり言い切る「一心」です。それは、親鸞で言うならば「愚身の信心」です。「親鸞におきては」といって「かくの如し」と言い切れる信心です。他に代わってもらう依頼心でもなければ、共同で肩を組んでというような協調の心でもない。「共発の金剛心」の具体的な事実こそ、実は「各発」の事実だ。一人々々の信心とは、絶対に一人々々のしのぎなのです。この一点が大事なことなのでしょう。そこにはじめて「如来よりたまはりたる信心」において「親鸞一人」として自立することができるのであります。

横超断四流

そういう願生心の成就、信心の成就の事実を善導は、「横超断四流、願入弥陀界」と言うたのでしょう。横超断四流ということが、信心の事実です。「横に四流を超断して、弥陀界に願入する」。

これが「共発金剛志」の成就した具体的な事実です。信心が成就したということには内容があるわけです。身に覚えのあることである。どのように身に覚えがあるかといえば「横に四流を超断する」という事実が、身に具体的に成就していくことです。

親鸞が善導の真意に従って読んだ『和讃』に、

金剛堅固の信心の　さだまるときをまちえてぞ
弥陀の心光摂護して　ながく生死をへだてける。（『全集二』一一五頁）

とありますが、その長く生死をへだてるという事実が「横超断四流」でしょう。「弥陀の心光摂護して」ということを「横」という言葉で現わすのでしょう。横は他力です。そして「ながく生死をへだてける」、これが「超断」ということです。横に四流を超断するのであります。そこで親鸞は、この横超という言葉をもって「横超他力」という表現を見出してきたわけです。「他力」は曇鸞であり、「横超」は善導です。善導・曇鸞によって阿弥陀の本願力を押さえたわけです。

「横超他力」という言葉のもとはご承知でしょうが『大無量寿経』です。『大無量寿経』の下巻の始めの部分は、阿難に対して説かれます。それは、本願成就の教が説かれ、そして往生人の相が「三輩段」として説かれ、さらに「東方偈」から無量寿仏の世界と、そこに生まれる菩薩方の徳といったことが讃嘆され、説き明かされていきます。そこで一応は阿難を対告衆としての説教が終わるわけです。そこで改めて「仏告弥勒菩薩」と、釈尊は弥勒を呼び出します。今までは阿難尊者の名を呼びつつ、いわゆる如来浄土の因果、衆生往生の因果を説いてきたわけですが、それを説き終えて、改めて次の仏に成るべき補処の菩薩である弥勒菩薩を呼び出す。そして弥勒に説き出された教説の最初が往生の意義ということです。そこに、

必ず超絶して去ることを得て、安養国に往生して、横に五悪趣を截り、悪趣自然に閉ず、道に昇るに窮極無し、往き易くして人無し、其の国逆違せず、自然の牽く所なり。（『真聖全一』三一頁）

と説かれております。

「横超断四流」ということは、これがもとになって、でてくる言葉であります。またこれが、親鸞のいわゆる二雙四重の教相判釈のもとになる言葉でもあります。横超とは本願他力であり、横出とは他力中の自力だ、竪超とは聖道の大乗であり、実教であり、竪出とは聖道の権方便の教だと、こういう親鸞の独自の二雙四重の教相判釈といわれるものが生まれてくる本になっておるわけです。

「信巻」の末巻といわれている部分を一貫しているのも、この「横超断四流」の領きであると言うてもよい。その最初のところに親鸞が、その言葉に従って解釈しておられるのが「横超の一心」の釈です。

一心は即ち清浄報土の真因也。金剛の真心を獲得すれば、横に五趣八難の道を超え必ず現生に十種の益を獲。（『全集一』一三八頁）

という。この現生十種の益というのが最初の横超釈です。さらに改めて横超断四流の釈はありますけれども、一番端的なのは最初に出てくるこの釈でしょう。「金剛の一心」が清浄報土の真実の因

である。だから、金剛の真心を獲得すると横に五趣八難の道を超え、必ず現生に十種の益を獲る、と言うている、これでしょう。

この現生十種の益は『浄土文類聚鈔』では「亦獲現生無量徳」というのですから、「現生に無量の徳を獲る」とでています。それを「十種の益」と押さえたのです。十というのは仏教では満数を意味しますから、その十種の益というのも、「入正定聚の益」ということに摂まるものなのでしょうが、「横に五趣八難の道を超えて、必ず現生に十種の益を獲る」と、こういうふうに言っています。

ここに八難という言葉が出てくる。八難ということの意味は皆さん知っておられるでしょうが、八難ということは『教行信証』を見ても、その他の親鸞の書かれた物にも、他に出てこないようです。あとは五悪趣とか、六趣四生とかはでてくるが、八難という言葉はでてこない。ところが、ここで「五趣八難の道」と言われることは意味深いと思います。八難というなかで地獄、餓鬼、畜生、これは三悪趣でありますが、あとのが面白いと思うのです。一つは長寿天です。長生きできるということ、長寿天というのは、そこへ行くと死なないのですよ。そういう世界があるのかどうか知らないけれど、とにかく死なない。そういう死んでも命があるような世界に生きている人々は、仏法を聞くことが容易でない。逆にいうと、有限であるということが実は有難いのでしょう。有限であるということにおいて、仏法に遇うことができるのです。有限でないなら仏法に遇う必要もないわけです。だからそういう意味では、長寿天というのは、長寿と名の付くような天国で、そこにいる天人は仏法に遇い難いのです。徒らに人類文化の向上の無限性を夢見ている、いわゆる文化人のようなものかも知れませんね。

また北拘盧洲という世界、これは須弥山の北側にある世界といわれている。われわれのいる世界は南側の国だそうですが、その反対の北側に北拘盧洲という国がある。ここは暑からず寒からず、いつでも思うとおりに雨も降れば陽もさすという所だそうです。そういう所に生きている人々は仏法が聞き難いという。そうすると平和の国も考えものです。昭和元禄なんていわれる平和ということは何かというと、自分を見ないで一生が終わってゆくということなのです。そういう意味では北拘盧洲に住んでおる人は仏法が聞き難いという意味はわかります。

それから、世智弁聡というのがあります。世智弁聡というのはあまり世の中のことに才智が長けておると、仏法が聞き難いというのです。世の中の事にあまり間に合わない人が仏法にはいいのです。いわゆる合理主義者は仏法に縁遠い、だからそういう意味では、この頃は世智弁聡だから仏法がはやらないのかもわからないですね。巧みに生きのびる術を心得ている人には、仏法は響かないのかもしれません。この世智弁聡の話の時にいつも出てくるのが、周利槃特の話です。僅か一句の経文もおぼえることのできなかった周利槃特に対して釈尊が、箒一本与えて説法するわけでしょう。箒一本で塵を払っているうちに、本当に煩悩の塵を払って悟りを開いたといいますね。これは世智弁聡の逆を説いているわけでしょう。

それから仏前仏後といいます。前の仏が入滅して、後の仏の生まれない、仏と仏の中間に生まれた人間は仏法が聞けない。そうに違いないが、いったいそれがどういうことかと考えることもできます。無仏の時を生きるということです。もう一つ聾盲瘖瘂《ろうもうおんあ》といわれたことです。これは身体の不自由な方を指すようにうけとられますが、そのような意味ではなく、精神的な意味で理解すべきでしょう。つまり、仏法に目が開かれず、仏法を聞き難い存在であります。ということは、仏法の聞き難い時代に生を受けて、仏法が聞けるということは大変なことなのです。仏法の聞き難い時代に生きているという、そのことが、遇々仏法を聞く身になったということの感動の深さになるわけです。

そういう意味では「五趣八難の道を超える」と、このように親鸞が言うとき、何をみつめていたかということが思われます。何か具体的な現実を見つめていたのだと思います。ただ言葉の綾で言っていたのではないでしょう。わたしには当時の人々がどういう姿で生き、何を求めておったかということが考えられるのです。

ちょっと横道へそれるようですが、『現世利益和讃』というのを親鸞は作りました。浄土真宗は現世利益は説かないというふうに、考えていますし、現世利益ということを口に出すと、何か下品になったような心持ちになるのではないでしょうか。だから現世利益という言葉を使うことさえ下品なことのように思うのですが、品が下がると考えているようなところに今日の宗派としての浄土真宗はあるのです。品が下がって困るようなところに浄土真宗がある。言うならば、今の浄土真宗は貴族化されているわけです。ところが一番品の下がったところでひとびとはみんな問題の解決を求めているのではないですか。そうした現実から目をふさいで品の下がることを恐れて口をふさいでいるのでしょう。それでは浄土真宗が本当に民衆の大地に浸透しないのも無理ないですよ。貴族の仏教ですからね。そうしたところに錯覚がおこるのです。親鸞の浄土真宗は具体的に民衆の仏教だったのです。ところが今日の浄土真宗は貴族の仏教になっている。聖道の仏教以上に貴族の仏教です。貴族中の貴族でしょう。どんな貧乏寺でも貴族中の貴族です。いわば斜陽の貴族です。これは生まれ変わらなくては駄目なくらい大きな問題ではないでしょうか。七百年以前へ帰って、もう一度出直して来なくてはならないくらい大きな問題があると思います。

そういう意味では親鸞があの当時の現実社会のなかで『現世利益和讃』と、はっきり言葉にして出している意味は大きいと思います。「山家の伝教大師」と言うて伝教大師の鎮護国家の三部経というものをはっきりうち出しています。鎮護国家の三部経というのは、中心は『法華経』ですからね。その『法華経』を中心として説いた伝教の精神というものに直参しながら、なぜ伝教の精神が鎮護国家をなしえたかと、問いつめながら、そこで、あえて南無阿弥陀仏を「誦文」だと言いきってます。おそれを知らぬ大胆さです。真宗には誦文はない、お祈りではないと口を開けば言いますけれど、その全体に自信がない。誦文や祈禱を求める庶民をおそれている。あえて誦文というような言葉、自らの浄土真宗の本質を、下手をすれば誤るかもわからない表現をあえて使って、民衆の心根に領いて語っている親鸞に、われわれは本当に触れているでしょうか。あの『現世利益和讃』には「南無阿弥陀仏をとのうればこの世の利益きはもなし」というような言葉が、なんのうしろめたさも感じないで使われています。

こういうところに五趣八難の道を超えてという、この八難というようなことが、単なる言葉としてではなく、むしろ親鸞には、はっきりと見定められていたのでしょう。つまり、五趣が八難として、仏法に無縁な方向に向かっていくことの悲しさを知り尽くしていたのであり、従って、この五趣八難の道を超える庶民の仏教として、浄土真宗が頷かれていたのでしょう。苦悩している人々が何を求めておるのかをはっきりと見取っていたのです。ですから民衆の求めておるものと、すれ違ったら答えにならないのです。だけれども求めにただ応ずるのではない。ただアメンボねぶらすのだったら答えにならない、これが真宗の課題なのでしょう。浄土真宗と、そして多くの宗教との違いはどこにあるかと言うと、庶民の求めていることでいえば上下はない、平等です。やはり病気は治りたい、金は欲しいのです。それを馬鹿にしたら、人間は生きていない。けれども求めておるからといって、ただ求める如きものを与えただけでは答えにならないという人間の問題を明らかにする。縁に遇うてはいろいろのものを求める庶民の心を大切にしながら、大きなものを与えてゆく。求めておる心そのものがひっくり返るほど大きなものを与えてゆくというのが浄土真宗です。そういうことが実は、こういう言葉のなかに裏打ちされているのではないでしょうか。そういうものを見落してはならないと思います。横超というようなことをいうから、何かとてつもなく変わったものが与えられるように思いますけれどもそうではない。もし与えるというなら、本当の人間を与えるのでしょう。

人間であることのめざめを与えるのでしょう。

話は横道へそれましたが、「横超断四流」というところには、五趣八難の道を超えて、必ず現生に十種の益を獲ると言い切っています。それから「横超断四流」について詳しい解釈をされていますね。いちどそこだけ読んでみます。

横超断四流と言ふは、横超は、横は竪超竪出に対す。(『全集一』一四一頁)

横というのは竪超竪出に対す、この「竪」は「たて」です。たてというのは人間の力量に依るということです。その竪超、つまり人間の能力に従った方向に歩んで、人間を超えてゆくという道、あるいは人間の能力に従って、一歩一歩人生を解決してゆこうという道です。その竪超竪出に対して横という。また横超の超はなにかというと、「迂に対し廻に対する」。廻り道ということに対して超というわけです。そういうふうにして、竪超、たてざまに超えてゆこうとする竪超の道とは「大乗真実の教」である。一歩々々とたてざまに出るという竪出の道とは、「大乗権方便の教」である。「二乗、三乗迂廻の教」である。二乗教、三乗教として教えられるような廻り道をしてゆく積善行だと、こういうふうに言うて、二雙四重の教判を立てて、

横超とは即ち願成就一実円満の真教、真宗是れなり。(同　前)

横超とは即ち願成就一実円満の真教、真宗是れなり。(同　前)

とはっきり言い切っています。「横超とは願成就の一実円満の真教」だといっています。一実つまり、このこと一つとして具体的に円満成就するまことの教え、即ち真実の宗、真宗是れであると言うわけです。

また横出がある。

横出とは即ち三輩、九品、定散の教、化土、懈慢、迂廻の善なり。（『全集一』一四一頁）

ということである。本願に乗じながら、なおかつ自力の修善に励んでゆくようなあり方を横出と、こう言うわけです。

その次に、

大願清浄の報土には、品位、階次を言はず、一念須臾の傾に、速に疾く無上正真道を超証す、故に横超というなり。（同　前）

と、こう言います。横超とは何か、二雙四重という解釈のところを括弧に入れて言うならば、「大願清浄の報土には、品位、階次をいわず」ということである。大願つまり、阿弥陀の本願に酬報した真実の報土というものは、人間の差別を超えた平等の世界だというのです。その平等の世界へ生まれる心が横超の心である。だから横超の心は、一念須臾の頃に速やかに疾く無上正真道を超証するのだ、超え証るのだと、こう言い切られます。速やかに、疾く、超え、証る、と、こういう言葉を重ねてます。速、疾、超、という性格をもった証りなのです。証りであることには変わりない。浄土真宗だからといって証りでないということはない。しかし、その証りは人間の努力を待つ内在的なものではない。そのことが速、疾、超と三つの言葉で押さえられている。それを大願清浄の報土に一念須臾の頃に生ずる、という信心の事実として押さえるわけです。

このように、横超ということを押さえておいて「断」の意味を明らかにする。「横超断」の「断」をまた別に解釈して、

断と言うは、往相の一心を発起するが故に生として当に受くべき生無く、趣として更に到るべき趣なし。已に六趣四生の因亡じ果滅す、故に即ち頓に三有の生死を断絶す。故に断といふなり。（『全集一』一四二頁）

これほどはっきりした解釈は親鸞の書のなかにも、他にあまりないのではないですか。断とはいったいいかなることか、断というのは完全な断絶である。だから、断という言葉のなかに誤魔化しがあったら、宗教にはなりません。断のなかにまだ何やら残っていたら、根切れがしない。根切れしないかぎり宗教にならないのです。だから親鸞は断という言葉の解釈のところでは歯に衣をきせないで言い切るのです。

断ということは、「往相の一心を発起するが故に、生として当に受くべき生無」し、この生が終わりだ。もうこの生の後にまた別の生を受けることがない。「生として当に受くべき生なく、趣として更に到るべき趣なし」。このわれわれの現実の境涯のあとに、またどこかの境涯へ行くのではないと言い切るわけです。「生として当に受くべき生無く、趣として更に到るべき趣なし、已に六趣四生の因亡じ果滅す」、こう言います。已に六道、つまり地獄・餓鬼・畜生・修羅・人間・天上という六道の差別の世界へ生まれるところの因も、胎・卵・湿・化という差別をもって生まれて生

きていくような差別の生の因も亡じ、果も滅してしまう。往相の一念において、すでにして六趣四生の因亡じ果滅す、故に即、たちまちに、三有の生死、迷いの世界を断絶する。だから断というのだと言い切っています。すなわち横超とは「一念須臾の頃、速やかに疾く無上正真道を超証する」ことである。その横超の事実はどのようなことか、それが断という事実です。その断ということは迷いの因も迷いの果も断絶することです。ところで、迷いの因を截り迷いの果を截るとは、具体的にどういうことになるかというと、今生を限りとして再び迷いの世界に流転することがないという、わたし自身になる、これが横超断であります。

また親鸞は、横超・断・四流と三つに分けて、その意味を明瞭にしています。そして四流というのは四暴流であると、こう言っています。四暴流とは欲暴流・有暴流・見暴流・無明暴流です。これにつきまして、いろいろ難しい解釈もあるのですが、ここでは詳しく触れているわけにもいきませんので、大雑把なお話しかできません。

欲暴流というのは、欲界・色界・無色界の三界のうち欲界において起こすところの貪・瞋・慢というような煩悩を言うのです。欲界に人間を繋いでおくという意味で、欲界繋の煩悩ともいいます。食いたいとか、腹がたつとか、すぐ鼻を高くする、そんなかたちで一番単純ではっきりしている煩悩です。

有暴流というのも、やっぱり貪とか瞋とか慢というような煩悩です。ところが起こす場所が違うので、色界・無色界に起こってくる煩悩です。欲界はよくわかりますが、色界とはどんなものでしようか。色界というのは、たとえば芸術の世界のようなものかもわからないですね。芸術の世界でもやっぱり貪欲があるでしょう、瞋恚もあるでしょう。慢など殊に激しいのかわからない。無色界というと、もう一つ高いといいますが、もう一つ抽象化された世界、思想界というようなものとはそんなものかもわからないですね。やはりそこにも執着があります。怒りもあるでしょう。だから無色界の執着が欲界に姿をとるとイデオロギーということになるのではないですか。そのあたりよくわかりませんが、そうなるようです。思想というものはやはり理知によって築き上げられてきたものですから、それが現実にぶつかったときには欲界に入ってくるのでしょう。イデオロギーというのは現実の原理になります。そうするとただ腹をたてている人間が、腹を立てた時に腹をたてるべき理由を見つけて腹を立てる、というのがイデオロギーということになるのではないですか。

そうすると、欲界に起こってくる煩悩、色界・無色界に起こってくる煩悩、それから三界を貫いて起こるところの一つの大きな煩悩があるのです。それは何かというと見という煩悩であります。見というのは邪見、我見という見で、思想です。平易に言うと、思想的な迷いです。思想的な迷いというと何でもないことのようですけど、思想的な迷いが一番恐しいのです。人間にとっては思想的な混乱の方が肉体的な迷いよりも深いのです。なぜかといえば、人間は「考える葦」だからです。犬や猫なら迷いを思想化することはない。ところが人間は迷いを思想化して、さらに迷う。従って、それは「考える葦」である人間にとっては、単純に後天的というわけにはいかない。そういう意味では人間と生まれて、ものがわかるようになった、禁断の木の実を盗んで楽園を追放されたところから起こってくる煩悩を見暴流というのです。見という煩悩は、欲界・色界・無色界を問わず、人間であることにおいて起こる煩悩なのでしょう。だから、その見、いわゆる分別起の煩悩はどうして断ち切るかというと、見諦、見道という、いわゆる道理、つまり四聖諦の道理、因縁所生法、空という道理、その道理にめざめることによってはじめて破られるような煩悩です。これは見道所断といいます。無明暴流というのは、愚痴といわれる煩悩で、いわば煩悩の根本なのでしょう。凡夫の体をなしているような煩悩です。たとえば『和讃』に、

　無明煩悩しげくして　塵数のごとく遍満す
　　愛憎違順することは　高峰岳山にことならず。（『全集二』一六二頁）

と言われるように、貪愛瞋憎のもとになっている煩悩で、「無明の大夜」とか「無明の闇」とも言われます。ということで、大雑把に図示すると、こんなことになるのではないかと思います。

四流（煩悩）	欲暴流	欲界の貪瞋等	倶生起	
	有暴流	色・無色界の貪瞋等		
	見暴流		分別起	
	無明暴流		根本	

ところが、仏教では倶生起の煩悩、つまり生まれながらの煩悩よりも、後天的な煩悩である分別起の煩悩を課題にします。「煩悩菩提体無二」というように、先天的煩悩は後天的煩悩の断絶によって、煩悩が菩提の体に転ずることができる。ただ煩悩を無くするというのではないのです。「不

断煩悩得涅槃」といいますし、「生死即涅槃」、「煩悩即菩提」とも言います。ともかくそうすると、見暴流は分別起の煩悩、欲・有暴流は倶生起の煩悩であって、本を押さえて無明暴流、いうならば人間の煩悩というものを総括しているわけです。「四流とは四暴流なり」と一言で言っただけですが、実はそれで煩悩を総括しているわけです。総括的だといいますが、あとはいくら精密にしても、だいたいはこれだけでいいのです。

ところが、親鸞はこれだけですましていない。いわゆる四流を超断せよというのですから、断ずる四流は煩悩なのです。ところが煩悩だというが、それはただ煩悩だというのではない。「生老病死なり」といっています。四流は四暴流だ、そしてまた生老病死だと、こう言っています。

生老病死と押さえるのは何かというと、われわれは生死は迷いだと言いますけれど、そんなことが単純に言えますか。生死は迷いではないでしょう。迷いであるか、迷いでないかわからないですよ。生まれたことが迷いですか。死ぬことが迷いですか。ところが生死を迷いだと言わすものがあるのでしょう。生死は迷いでもなければ、悟りでもない。生老病死を押さえたとき、これをただちに迷いということはできない。これは事実です。生命の事実です。その生命の事実が、実は四暴流というかたちになってくるところに問題があるのです。十二因縁がそうでしょう。生老病死という四苦を押えておいて、根源は何か、病むことがわたしを苦しめるはずはない、生まれたことがわたしを苦しめるはずはない、そして生きていくことがわたしを苦しめるはずはない、苦しめてやろうとして病気がやってくるはずはないのです。ビールスの加減で僕はのどが痛いですけど、ビールスがのどに影響するからであって、ビールスが僕をいじめようと思ってはいないでしょう。いじめられているだけです。こちらがいじめられていると思うから腹がたつのです。そのもの自体はいじめも、どうもしていないのです。「病むときには病むがよろしく候」というような言葉が出てくるのは、それを押さえるわけでしょう。

生老病死はわたしを苦しめているのでもなんでもない。苦しめるのでもなければ、楽しますものでもないのです。生は楽しますといいますが、生そのものは楽しくも何でもありません。そういう意味では生老病死は事実です。一点も手を加えることのできない事実です。人間の分別の手の加わらない事実、本当に純粋無垢な事実です。そして平等な事実です。

上は大聖世尊より、下は悪逆の提婆にいたるまで、のがれ難きは無常なり。（『真聖全三』四五五頁）

と蓮如は言いますが、これは適確な表現ですね。釈尊にそむいた悪逆提婆も、そして悟った釈尊も平等だ、生老病死は平等だというのです。ところが、それが四暴流となって人間を苦しめる。人間の努力では断ずることができない。横さまに断じなくてはならない。そういう課題を背負った生命の事実を生きているわけです。

往生道の成就

横超断四流ということを、これほどまでに詳しく親鸞が解釈しているのはなぜか。特に六趣四生の因亡じ果滅するが故に、もう再び迷うことがないのだと言い切ったところ、そこに横超ということで他力という言葉の具体性が示されてくる、他力の意味がはっきりしてくるのです。横超他力で阿弥陀の本願を押えていく。言うてみれば、他力というのは曇鸞が本願を言いあてた言葉です。横超というのは、善導の言葉が言いあてた本願です。特に「他力」については「行巻」で解釈し、「横超」については特に「信巻」で明らかにしているのです。ともかく、親鸞が「横超断四流」について、このように詳しい解釈をほどこされたのはなぜかというと、そこに往生道の成就があるわけです。言葉で往生道の成就と言えば何でもないことのようですが、往生道の成就というところに、実は断といわれるような絶対の否定があるのです。人間における絶対否定をくぐって生老病死の世界へ帰らなくてはならない、という問題があるわけです。生老病死からどこかへ行くのではなくて、生老病死の事実に手を加えることも、あるいはつくり直すこともできない人間が、生老病死の事実に正直に帰るには、人間が一転しなくてはならないという大きな課題がある。文字通り「考える葦」である人間が、生命の事実に帰るには、そういう断という事実をくぐらねばならないわけです。そういうことをもとへ返してゆくと、この弥勒菩薩に対して語られた経文になるのでしょう。

必得（超絶去往）生安養国、横截五悪趣、悪趣自然閉。（『真聖全一』三一頁）

この経文を曾我量深先生が黒板に書かれて、先生が独特の読み方をされたことがあります。普通ならこうでしょう。「必ず超絶して去《すっ》ることを得て、安養国に往生す、横さまに五悪趣を截《き》り、悪趣自然に閉ず」。このように読むのが普通ですし、そのとおりです。ところが曾我先生は「必得超絶去往」まで書いて、そして「生安養国」と書かれた。これは大変な読み方だと思います。こう書かれたのを見たときにびっくりしました。なぜかと言うと、一回かっこでくくってみましょう。すると「必ず安養国に生ずることを得る」、誰が、わたしがですね。わたしが必ず安養国に生ずることを得る人間となる。往生人となる、というところに実はこのかっこで囲んだ問題があるのです。超・絶・去・往と四つの字で表わされるような断絶がある。絶対の否定、哲学的な表現をとれば絶対否定があるわけです。絶対の否定をくぐって、実は絶対の現実のところへ帰ってくるのです。

だから必ず安養国に生まれることを得るということは一体どのようなことかというと、生命の事実へ帰ることです。生命の正直な事実に頷く身となることです。超・絶・去・往という否定をくぐって、生老病死は平等に必ず安養国に生ずることを得る生命として、今日を生きているということになる。そのかぎり往生道を生きない人間は一人もないのでしょう。ところが往生道に気付く人間が無いわけです。「易往而無人」というわけです。なぜかといえば、超絶去往ということが聞けないからです。わざわざ曾我量深先生がここで超・絶・去・往という四つの字を独立して表わされたことにより、次の生という字が生きて来たのです。「必得生」、つまり安養国に生ずるような生命を生きているのだ、生命は平等に安養国に生ずるように生きているのだということです。必ずとは自然です。必ずは必然ですが、普通いうところの必然ではない。必ずというのは自然ということです。自然とは自ずから然らしむるということです。これは親鸞の独自の自然法爾の領解でしょう。

そうすると、「必得生安養国」、読みかえますと、自然に安養国に生まるることを得るような生命を、生きておるのが生老病死という、私の手によって染まらない、わたしが手で染めない生命の事実です。それは温かい事実ですし、平等な事実です。生命あるもの全てに与えられている事実です。そこへ帰れというのが阿弥陀の本願でしょう。必ず安養国に生ずることを得る人間となれ、という呼びかけです。この呼びかけを聞くところに、超・絶・去・往という人間の絶対否定があるわけです。絶対否定において頷けた世界は、絶対現実です。絶対現実とは何か、難しいことではない。絶対現実というものは、これほどはっきりしたものはない、生命ということです。親鸞が「身」という、あの身です。この「身」が絶対現実です。わたし達は「身」において生きているのです。

ところが身に一度も触れたことがない。自我に触れておるのでしょう。自我で解釈した身にはいつも触れておるけれども、身にふれたことがない。ところが生きている事実は、自我の解釈を超えて身の事実として生きているわけです。そして身は清濁合わせ持って、腹がたつことがやってきても、それを生命とするし、嫌な事も自らの生命とする。そして、喜ぶべき事も、とくにえりごのみして長いあいだ保存しておくということもない。全部平等に引き受けて、平等に消化して、そして死ぬまで生きていきます。そういうのが生命の事実です。実に正直なものです。その正直な身の事実にいつも反逆しているのは自我でしょう。その自我が一転しなくてはならない。一転して、どこかへ行くのではない。自我の一転するところに、与えられている生命の事実へ帰ってゆく、そこに安んずるということ、「安心立命」ということがあるのです。こういう世界です。

ここに横超断四流という言葉に対する親鸞の感動があるのでしょう。超・絶・去・往という絶対の否定をくぐって帰ってみたら、それは与えられた生命だった。平易な言葉でいえば、俺の生命だと思っていたものが、気付いてみたらお与えの生命だった。与えられ、戴いた生命だった。足の下に踏みつけていた生命は、実は戴いた生命だった。戴いた生命を生きて、戴いた生命の終わるときまで生きてゆくのが、生命そのものの正直な姿だというのです。往生とはこういうことを言うのでしょう。特別な生き方をすることではない、生命の正直さに帰ることです。それが「必得超絶去往」というところにあるわけです。

そういう生命の事実に帰った頷きが「横さまに五悪趣を截り、悪趣自然に閉ず」といわれるように、必という、自然という言葉に対応して、悪がおのづからに閉ずるわけです。悪趣がおのづからに閉ずるというのは、邪魔が無くなるということではなく、文字通り邪魔としている心が消えるということです。邪魔としている心が転ずることです。親鸞が「念仏者は無碍の一道」と言われた、無碍の一道というのは邪魔なものが無くなるのではない。いわゆる病気が無くなるとか、腹が立たなくなるということではない。邪魔にしておる自分が見えるということです。邪魔だと言っているわたしが見えてくる。そのわたしが見えてくる世界において悪趣自然に閉ずるのです。往生道とは何か、悪趣が自然に閉ずる道である。悪趣自然に閉ずる道とは何か、邪魔にしているわたしが見えてくるような世界であります。

そこに無碍の一道、天神地祇も敬伏し、魔界外道も障碍することがない、罪悪も業報を感ずることなく、諸善も及ぶことなしという人生が開ける。こう言うと、何か胸張って威張って歩いているように思われるけど、逆です。邪魔なものが見えてくるのです。邪魔にしておるわたしが見えてく

るのです。それを往生道という。邪魔にしているわたしが見えるからして、実は邪魔にする心が転じて、

罪障功徳の体となる　氷と水のごとくにて
氷おほきに水おほし　さはりおほきに徳おほし。（『全集二』九六頁）

こういうふうに讃嘆する世界が開けてくる。これが往生道です。

そういう意味では、「横超断四流、願入弥陀界」という言葉で表わされているのは、一言でいうと往生道の成就ということです。この往生道の成就が、横超断四流の断という言葉で押さえられてくる。もとの経文へ返せば「必得超絶去、往生安養国」と教えられているわけです。そこに五悪趣を自然に閉じていく道が開ける。清沢満之先生は、

我、他力の救済を念ずるときは、我が世に処するの道開け、我、他力の救済を忘るるときは、我が世に処するの道閉づ。（『清沢満之全集六』五八頁）

と、こう言っておられる。救済を念ずるときは、我が世に処する道開け、悪趣自然に閉ず。こういう世界が無碍の一道といわれるものでしょう。だから「罪障功徳の体となる」、転悪成善という言葉も同じことを現わしているわけです。ですから親鸞は善導の『和讃』で、

煩悩具足と信知して　本願力に乗ずれば
すなはち穢身すてはてて　法性常楽証せしむ。（『全集二』一一三頁）

と、うたっています。「煩悩具足と信知して」というのは、我身がわかることでしょう。先ほど言

った邪魔にしている自分がわかるということです。煩悩具足と信知してみたら、足で蹴とばしておったものが実は戴いたものだった。「本願力に乗ずれば即ち穢身すてはてて法性常楽証せしむ」、これが、往生道の成就ということでしょう。それを「横さまに四流を超断して願じて弥陀界に入れ」、「願入弥陀界」という言葉で明されたわけです。

そうしますと発願ということで、「道俗時衆等」と呼びかけて、「各発無上心」というところから出発して、共発の金剛志ということが明らかになる。明らかになることを通して、やがて往生道の成就まで明確にしておられるわけです。だからして道俗時衆等よ、ともどもに帰依合掌して礼したてまつらずにはおられないではないか、というのが最初の一段です。こう領解できるのでありましょう。

帰三宝

あとは随分長いようですが、中身は今までのところほど大きな問題はないでしょう。

世尊我れ心を一にして、尽十方法性真如海（乃至）。今二尊の教に乗じて広く浄土の門を開く。（『全集九』三頁）

これが第二段です。最初の話にもどして言うと、帰三宝です。この文から連想されるのは、「世尊我一心」という言葉でしょう。これは『浄土論』です。その『浄土論』の「願生偈」の方は、

世尊我一心　帰命尽十方　無碍光如来。（『真聖全一』二六九頁）

と書いてあります。ところが「勧衆偈」の方は「世尊我一心、帰命尽十方」までは一緒ですが、「無碍光如来」が無いのです。これだけの違いです。これだけの違いというのは変な言い方ですが、「世尊我一心、帰命尽十方無碍光如来」、いうならば世尊我一心という「心」です。世尊我一心という「信」と帰命尽十方無碍光如来という「行」とを表白したのが、天親の『浄土論』「願生偈」の最初でしょう。そうすると、ここでも「世尊我一心」は変わらないです。世尊と呼びかけ、我が成就するような「一心」、本当に自大と邪見とを超えたような本当の独立者、本当の主体性が確立するような「一心」です。それを真実信心、本願の信心といいます。そして「世尊我一心」は、さきの発願と言うたところの菩提心の展開を受けて「世尊我一心」と善導が言うておるわけです。そうすると、なぜ「帰命尽十方」で切ったかということです。「無碍光如来」と続けてよさそうなものでしょう。実はこれからあとに長く続くところの全部が「帰命尽十方」で切ったあとの「無碍光如来」の中身なのです。それをこれだけの言葉で言い直したわけです。

ですけれども、なぜ、こんなことを言わなくてはならなかったかと言えば、天親の場合には、天親の自督の言葉といわれるように『大無量寿経』に相応して、「世尊我一心、帰命尽十方無碍光如来、願生安楽国」と、こう表白したわけです。ところが善導の場合は『観無量寿経』です。とくにこれは『観無量寿経』の解釈ですから、そこには相手があるわけでしょう。相手は聖道の諸師です。『観無量寿経』を解釈する浄影寺慧遠とか、天台大師智顗、嘉祥大師吉蔵といったような、そうそうたる学者方です。そういう人々が『観無量寿経』を解釈しているなかで、実は一つの問題としては、そういう人々と共通する世界において「尽十方無碍光如来」の世界を明らかにしていかなくてはならないというのが、善導の歴史的任務です。「古今楷定」ということはそういう任務でしょう。『観無量寿経』は決して諸仏の浄土を説いている経典ではない、南無阿弥陀仏を説いているのだということを明らかにするのが『観無量寿経』についての善導の立場ですから、そのために「尽十方」で切ってしまって、無碍光如来という言葉の中身に一代仏教全部を摂めてしまったわけです。無碍光如来とは何か、文字通り無碍光如来であって、一代仏教を包みきるものだということを言葉にして明らかにしなくてはならない。それがこういう言葉になってきたわけです。だから出発点が「法性真如海」から始まるでしょう。「法性真如海」から始まらない仏教は無い。「法性真如」ということが仏教の根本です。そうすると「尽十方無碍光如来」ということは何かというと、仏教学というような立場から言うならば「法性真如海」から始まって、そして凡夫の救いまで尽していくのが「無碍光如来」の事実なのです。そういうことを押さえていこうとするわけです。ですから詳説されているのは全部「無碍光如来」の事実です。

もう一つ言うと、一代仏教を摂し尽して浄土教が起こってくる意味というものを、善導はこれだけの讃歌に托して明らかにしているのだ、ということもいえるのでしょう。そうすると言葉の説明を一々やってゆけば面倒ですけれども、そう大して難かしいことではないわけです。

「法性真如海」というのは、法性真如の道理です。その法性真如の道理から生まれてくるものが報仏・化仏です。その報化等の諸仏にそれぞれの菩薩方がついているわけでしょう。それぞれの菩薩方には、また無数の眷属が従っている。これが仏教通義の説です。そして、その無数の眷属というものは荘厳身と変化身とをもっている。荘厳身というのは自利身です。変化身というのは化他身です。つまり自利利他の姿です。押さえて言うならば、「世尊我一心に、尽十方法性真如海、報化等の諸仏と一一の菩薩身、眷属等の無量なると、荘厳及び変化に帰命したてまつる」と、一辺こう読んでみるとはっきりするでしょう。それが一つです。いうてみれば法・報・応の三身というてもいいですね。法・報・応の三身ということを言い直すわけです。言い直すとそれは菩薩から仏への五十二段の階段となる。

菩薩の五十二段の段階は、十信・十住・十行・十廻向・十地、それから等覚・妙覚といわれます。この十信というのは、信位の凡夫といいますから凡夫地です。これは、自利というもののみに重点をおくところの修道の段階だといいます。十住という修道の段階も十行の修道の段階も自利に重点をおく。十廻向は廻向という言葉がありますように利他ということを中心とするというのだが、この十住・十行・十廻向という三十の段階での修道のときの姿は煩悩に対しては伏悪といわれるように、煩悩を伏しておるわけです。断ずるわけではない。押さえている段階です。だから煩悩とたたかっている段階です。煩悩とたたかって自利を満足し、煩悩とたたかって利他を成就していこうとする。菩薩の必死の修道の姿です。ところが十地という段階と弥勒に等しいという最後地、その等覚の位、この段階はもう伏悪ではなくて煩悩を断ずる世界です。そうして妙覚は仏果です。そして、この十信、十住、十行、十廻向という四十の段階のところに、一大阿僧祇劫という長い修業の時期があるわけです。それから十地の初地、いわゆる初地不退転といわれる初地から七地の段階のところまでに、また一大阿僧祇劫という長い修道がある。七地のところで一段落するわけです。一段落した途端に、もとの木阿弥に帰るということがあるのです。七地沈空の難といいますが、「上に求むべき菩提もなく、下に度すべき衆生もない」という、空に著するということがある。それを突破する。何によって突破するかというと、見仏ということで突破する。突破して、また等覚という仏の直前の位までの間に一大阿僧祇劫という時があるわけです。だからそれを三大阿僧祇劫といいます。これだけで終わりかというと、そうではない。等覚から妙覚までに百大劫という修業の時がある。こうして菩薩の五十二段の修道を三祇百大劫という時をもって現わしているわけです。

これは何を語っているかというと、長さではないのです。そんなものを計ることはできません。一劫といっても、それは無量という訳があるのですから、これを百積もうが千積もうが無量の何倍かなのですから計れません。するとこれは深さでしょう。無尽の仏道の深さです。と同時に無尽の煩悩の深さです。煩悩とのたたかいの無限さを示すわけです。そしてたたかいぬいた菩薩が最後に気付くものは仏への掛け橋が無いということです。菩薩から仏への橋が無いという、絶対の断絶にぶつかるわけです。そこに金剛喩定という問題がでてくるわけです。もう仏から与えられる定に入らないと、どうにもならないのです。こういうことを一つ念頭においてもらうと、この話はわかりやすいのです。

そうすると、そこで知られてくることは、十信の位から妙覚の位の仏に到るまで、求道という視点に立って明らかにされた人間の全存在が説かれているということです。そうみてくれば次の「十地三賢界」という、これは問題はないでしょう。修道的人間を尽しているわけです。

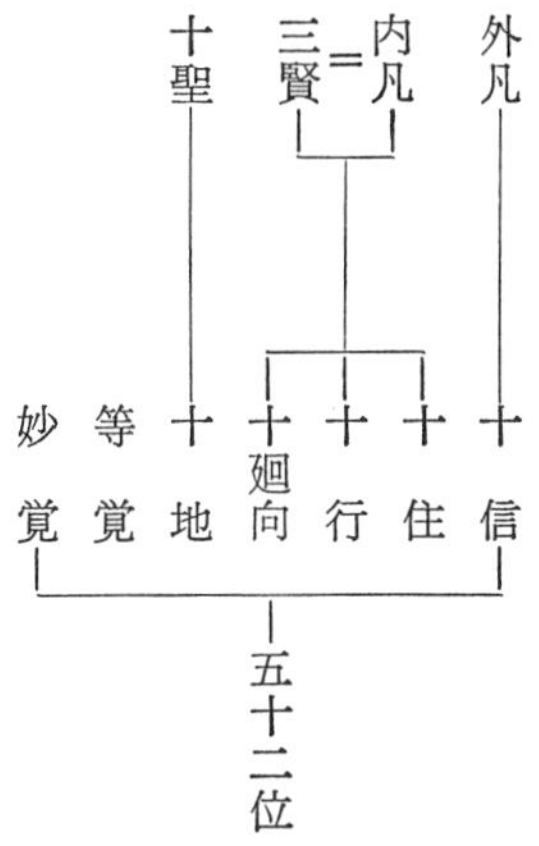

仏法は厳密ですね。賢者と聖者と区別するのです。だからその十住、十行、十廻向の三段階にいるところの賢者、そして初地から妙覚に到るところの聖者、これが三賢十聖です。「十地三賢」の菩薩方と一つ一つ押さえていくわけです。

「時劫の満と未満と」というのは、修道効果です。三祇百大劫、いわゆる修道の劫が完全に満ちた人にも、まだ満ちていない人にも、というわけです。

「智行の円と未円と」この智行というのは、智は六波羅蜜のなかの般若です。行は布施・持戒・忍辱・精進・禅定という五波羅蜜をいうのです。そうすると「智行の円と未円」というのは、その六波羅蜜の修道が完全円満に成就している人と、まだ成就していない未成就の人と、というわけです。そうすると「時劫の満と未満と、智行の円と未円」ということで、時間と内容とで菩薩道における修の位を押さえたわけです。だから修道の時間、三祇百大劫を完全に修道し尽したものと、未だ尽していないもの、またその内容としての六波羅蜜の行が完全に成就しているものと、未だ成就していないものと、というわけです。

「正使の尽と未尽と、習気の亡と未亡と」、正使というのは、正しく使える、仕事するということです。煩悩の正体を正使というのです。煩悩の働いておる体を正使というのです。そうすると「正使の尽と未尽」というのは、煩悩の本体を断じ尽したものと、まだ断じ尽しておらないものと、ということです。

「習気の亡と未亡と」という。習気というのは正使に対する言葉で、余習気分といって、丁度匂い袋のようなものでしょう。女の人は良い香りのするものをつけていますね。それをつけるのを忘れて引き出しの中にほうり込んできても匂います。本物の匂い袋は引き出しのなかにあるのだけれど、その匂いの薫じた帯じめは、匂い袋をつけていなくても匂うでしょう。煩悩の正使は断じ尽しても煩悩の習気は残るのです。だから「正使の尽と未尽と、習気の亡と未亡と」というのは、正使、つまり煩悩の本体を断じ尽したものも、あるいはまだ断じ尽していないものも、さらに言うならば、煩悩は断じ尽したようであるけれども、その余習がまだ残っているものも、それがすっかり無くなっておるものも、という意味です。煩悩を正使と習気という言葉で押さえているのです。そうすると、これは修という言葉に対していうならば、断です。先のは修道という言葉で押さえておりますし、今度は煩悩を断ずるということで押さえてあるわけです。

その次は何かというと「功用と無功用と、証智と未証智と」と、みんな対句になっております。功用というのは作心のある位です。未証浄信の菩薩といいますが、未証浄信というのは、浄信を未だ証っていない、完全に証っていないということです。だから仏道を修行し、人々を化益しているけれども、化益しているという思いが残っている。仏道を行じているという思いが残っている。これを未証浄信というのです。それに対して、その思いが消えた、作心が消えた、私がやっているという思いが消えた、任運無功用にやっているという位がある。その任運無功用にやっている位を『論註』では「上地」の菩薩、「浄信」の菩薩といいます。ということは、初地から七地までは未証浄信の菩薩です。七地の沈空の難を突破して八地から十地までは上地、浄信の菩薩です。功用と無功用というのは、そういう作心、自利利他の行に作心がある菩薩も、既にその作心をこえて任運無功用に行じている菩薩も、ということです。これは外の用きでいっているわけです。それを内側でいうとどうなるかというと、本当に智慧の眼が開けたものも、未だ本当に悟りの智慧が開けないものもということです。内側で言うと智慧、外側で言うと作用です。そうするとここの内外ということで押さえたものを言葉をかえて、修・断でいうならば、内部で押さえるものは菩薩の徳についていったわけです。

それから「妙覚と及び等覚と正受金剛心、相応一念の後の果徳涅槃者に帰命したてまつる」というのは、それから後の問題でありまして、妙覚と言うのは仏果です。等覚というのは因位の、仏になるべく最後地の菩薩です。その等覚をもう一つ押さえて「正受金剛心、相応一念の後の、果徳涅槃者」というのは、等覚から妙覚というところに、百大劫の修道というものがある。それはどういうことで突破できるかというと、金剛喩定という定に入らなくてはならない。菩薩の最後地から仏果を証すというところに金剛と喩えられるような三昧がある、その三昧に入らなくてはならない。動乱し動転することのない定に入らなくてはならない。その金剛と喩えられるような定は、相応一念といわれるように、主客未分の世界です。見るものと見られるものとの相対の超えられた世界、悟る智慧と悟れる真理とが一如になった境地、それが相応一念です。正受金剛心と言うのは、その金剛喩定に入ったところの心、それを正受という、正受というのは定ということです。そうすると正受金剛心というのは、定であるところの金剛、逆にいえば金剛という名で表わされるところの定によって開けてきた心です。それを内容的に言うと、相応一念で、理智不二といわれるように、悟るべき智慧とその悟られるべき真如とが一つである。悟ると悟られると言う言葉が無くなってくる世界です。その正受金剛心、相応一念の後の果の功徳として涅槃を得るもの、その「後」というのは、一念のそれからあとにという意味ではなくて、「後」は仏教学でいうところの同時後です。そのときということです。相応一念のそのときというのを相応一念の後という言葉で表わしたわけです。「果徳涅槃者」、これが妙覚と及び等覚と言ったものです。これは実は位です。

そうすると修・断・徳・位と言う四つのことで、実は十信の凡夫から仏までの全部を尽しているのです。ここに無碍光如来の身体的、実践的内容というものが精密に語られているわけです。いわば、人間の全存在が修道性という一点で押さえ切れるという事こそ、無碍光如来の働きにおけるできごとなのです。

これで一段落して、さらに言葉を付け加えて、「我等ことごとく三仏菩提尊に帰命したてまつる」、詳しいですね。「我等ことごとく三仏菩提尊」というのは、法・報・応の三身に帰命したてまつるということです。「無碍の神通力をもって冥加」、冥加は加備力、眼に見えない相をもって自分に力を加えるという、冥加してわたしを摂受してほしいと、ここに「乞加」ということがあるのです。いわゆる仏道を成就することは、わたしの成就であるけれども、それは私を超えたできごとである。従って仏の力による以外にないということがあるわけです。

「我等ことごとく三仏菩提尊に帰命したてまつる。願くは無碍の神通力をもって、冥加して（我々を）摂受したまへ」と願いをたてる。さらに「我等ことごとく三乗等の賢聖、仏の大悲心を学して、長時に退すること無き者に帰命したてまつる」という。先のところで言っているのは、大乗の菩薩のことです。十信から妙覚までは大乗の菩薩のことです。ここで言うところの「三乗等の賢聖、仏の大悲心を学して、長時に退すること無き者に帰命したてまつる」というのは、小乗の修道者のことを言っているのです。

ところが善導は決してその小乗の修道者を大乗の修道者と同じように見ているのではない。小乗の修道者ではあるけれども、その三乗等の賢聖というのは、廻小向大の修道者、小乗の心を廻転して大乗に向かいつつあるところの修道者ということなのです。だから「我等ことごとく三乗等の賢聖」というのは、声聞、縁覚と菩薩だけれども、その菩薩というのは先に言った菩薩とイコールで結ばれるのではなくて、いわゆるその二乗の世界をこえて大乗の世界へと廻転していく人々を指すのです。それをどこで表わすかというと、「仏の大悲心を学ぶ」ということで表わすのです。小乗の修道者、小乗の聖者方が仏の大悲心を学んだとき、大乗の菩薩になるわけでしょう。そういう人々に我等は帰命したてまつるのである、というわけです。実に詳しいですね。小乗の菩薩方と言わず、小乗から大乗へと志が向いた人々として選んでいます。そして長時に退すること無き者、その小乗から大乗へという道に不退転の人々に帰命したてまつる。請い願わくばわれわれを遙かに加備して、念々に諸仏を見たてまつることができる身にして戴きたいと思う。これで第二段が終わるわけです。

そして、ここからまた一つ問題が展開しまして、翻ってみると、ということでしょう。

「我等は愚痴の身にして、曠劫よりこのかた流転」してきた身であるにもかかわらず、いま釈迦仏の遺教である浄土の教、なかんずく『観無量寿経』という教えに遇うことができた、その『観無量寿経』というのは、内に弥陀の本願を説き、外に極楽の要門である定散の二善というものを説いている、この教えに遇うことができた。だからその教えにしたがって定散の心を等しく廻向してというわけです。これは、一応は定散の心を廻向して、ですが、押さえていうならば定散の心を廻心して、ということです。定散の心を廻心して、遙かに無生法忍を得る身にならねばならない。ここ

ども、

まで帰三宝の内容が詳しく示されてきているのです。その次も帰三宝のなかに入れておきますけれ

我菩薩蔵頓教一乗海に依て、偈を説きて三宝に帰す。仏心と相応せり。十方恒沙の仏、六通もて我を照知したまへ。今二尊の教に乗じて広く浄土の門を開く。（『全集九』四頁）

という四行八句は少し感覚が違うでしょう。『浄土論』の「我作論説偈、願見弥陀仏」にも似てますが、天親が「我れ修多羅、真実功徳相に依て、願偈総持を説き、仏教と相応せん」と言っています。それに応じて「我れ菩薩蔵の頓教なる一乗海により偈を説きて三宝に帰し、仏心と相応せり」と、こういう言葉で、善導は天親と同じ精神を述べたのです。

「世尊我一心」と言うた精神が、ここまで中身を押さえてきて『観経』に遇うた、浄土の教えに遇うたという感動をもって、その浄土の教えに相応するような偈をここに説き終わるのだという、そういう感動です。それによって「十方恒沙の仏、六通をもって我を照知したまへ」という言葉は、跋文の、一々にこの経典を解釈するときに諸仏方が証誠して下さったという、それに相応するわけです。

六神通の力をもって我を摂取したまえり。今や我は、釈迦・弥陀二尊の教えに乗じて、広く浄土の門を開こうとするのだ、という自分の、その歴史的な任務を披瀝しているわけです。

願くは此の功徳を以て、平等に一切に施し、同じく菩提心を発して安楽国に往生せん。（同　前）

これは、「我作論説偈、願見弥陀仏、普共諸衆生、往生安楽国」という『浄土論』「願生偈」の

最後のところに相応するわけでしょう。

また「我一心」「我依修多羅」「我作論説偈」という三つの我、特に大事な三つの我が、この「勧衆偈」においても押さえられているわけです。そうするとこの「勧衆偈」は無造作に作ったのではなくて、その背後には天親の「願生偈」があるわけです。天親の「願生偈」は本願に相応する偈文です。本願に相応する偈頌だとすると自分の書く「勧衆偈」というものは、それこそ仏意に相応する釈偈である。だから仏教と同じく扱う論釈なのだ。こういう精神はこの序文、つまり一番最初におかれた偈文と、一番最後にある跋文との照応によって、はっきりしてくるわけです。そうしておきまして内容へと展開していくわけであります。

第二章　視座の確認

——七門料簡——

此ノ『観経』一部之内ニ、先作ツクテ二七門ノ一料簡レウセムヲ。然後ノチ依テレ文ニ釈シテレ義ヲ。第一ニハ先ツ標ヘウシ二序題シヨタイヲ一、第二ニハ次ニ釈シ二其ノ名ヲ一、第三ニ依テレ文ニ釈シテレ義ヲ、并ナラヒニ弁ヘムス二宗旨ノ不同、教之大小ヲ一。第四正マサシク顕ハス二説‐人ノ差別ヲ一。第五ニ料三簡ス定散ノ二善、通別ニ有コトヲ二異イ一。第六ニ和ワ三会エノ経‐論ノ相‐違キ一、広ク施ノ二問答ヲ一釈三去コス疑情キシヤウヲ一。第七ニ料下簡ス韋提聞キテ二仏ノ正説ヲ一得ルレ益ヲ分斉サイヲ上。（『全集九』四頁）

読経の姿勢

これは古来「七門料簡」と言われています。「七門料簡」については先の「七つの課題」のところでも触れましたが、順序ですので一応要点を押えておきます。さてこの「七門料簡」とは『観無量寿経疏』の「玄義分」全体を七つに分けまして、その七つに分けた事柄がどういうことを問題にするかということの大略を前に述べておこうというわけです。いわば目次のようなものです。しかし目次のようなものですけれど、単なる目次ではないのであって、その目次が「玄義分」全体の組織というものを既に語っているわけです。そういうところにわれわれの書く目次とは違う意味があるわけです。

それはどういう組織かといいますと、七つに分けますが、その七つに分けたもののなかでまたそれが大きく二つに分けられるわけです。その大きく二つに分けるというのは「玄義分」そのもののなかの玄義、つまり、そのなかにこれだけは押えておかなければならないということ、それを置きまして、その次にあらためて経文の文章に従いながら、「玄義分」全体の問題点を押えていくというのです。その二つに分かれていることがさらに内容を決定していくというか、規定していくわけです。その二つに分かれるなかで、特に玄義のなかでまず最初に置かれるのが、総説です。その総説するところが第一番目「序題門」というところです。開巻第一番に、「玄義分」とは何を明らかにするのか、どういう課題を背負っているのか、ということを総説する、それが最初の「序題門」です。さらに総説には違いないけれども、今度は『観無量寿経』そのものに則して『観無量寿経』を総説する。この「序題門」という総説の意味は『観無量寿経』全体をどういう眼で見開いていくか、そしてどういうふうな位置において、どういう課題を背負うているのか、ということを見通す総説です。ですから「序題門」というのは『観無量寿経』の総説であると同時に、善導自身の『観経』に対する態度を明らかにするという意味の総説です。これが大事なのです。

これを置いておいて、さらに『観無量寿経』そのものに即して経典の総説を語っている。何で語るかといえば、経題です。経題そのものによって『観無量寿経』の内容を語る、題に内容を語らせるわけです。それがその次に出てくる「釈名門」です。『仏説無量寿観経』という呼び方をしますが、『仏説無量寿観経』という経の題名を解釈することによって、『観無量寿経』の内容を明らかにするわけです。題で内容を語らすわけです。題で内容を語らすということは題によって内容を見通すことです。これだけが「玄義分」のなかの玄談です。こんどはそれをはっきりさせておいた上で文章に従って明らかにしていく、それがまたいくつかに分かれるのです。第一に何がこの経には説かれているのかということを明らかにするわけです。『観無量寿経』という経典にはどういう教法が説かれているかということを明らかにするのが、「宗教門」です。教の宗旨、つまり、大乗の経典であるか小乗の経典であるか、何を宗とする経典であるか、どこに所属する経典であるか、『観経』の所説の教法は何かということを明らかにするわけです。「宗教門」というのは宗教学ということではありません、宗旨と教法の位置を明らかにすること、つまり、宗と教との位置を決定するということです。

その次にこれは大事なことですけど、この経はだれが説いたかということが明かされているのです。『観経』は釈尊が説いたということに決まっているというけれども、釈尊が説いたということを決定するということは大事なことなのです。これは善導にとって決定的な問題なのです。だれでも仏教というのは釈尊が説いたということを知っているのですが、仏陀が説いたという決定がないわけでしょう。善導とその当時の『観経』を解説した諸師方との決定的な違いがここにあるといえます。仏陀が説いた経典をいただくことによって仏弟子が頷くのだという、自己を見出す姿勢を善導はとっているのです。ですから善導はだれが説いたかということを明らかにするわけです。従って、何が説かれているのか、だれが説いたのかということで、総説的な一グループがそこに見出されるわけです。

観経の眼目

次にある「定散門」「和会門」「得益門」の三門が実は経典の内容に従って、そのなかに説かれている問題点をとりあげるのです。その第一は「定散門」といわれるように、説かれている事柄の中心の問題です。定善、散善ということが『観無量寿経』の中心問題ですから、その説かれていることの中心的な定善、散善ということの意味をまず最初に決定しておくわけです。その次には「経論和会門」といいますが、「経論和会門」とは善導の『観無量寿経疏』が書かれる一つの決定的な動機となる事柄について『観無量寿経』を中心にして聖道の諸師と、そして善導とが往生浄土の道と聖道の仏教とを峻別するという大きな事柄があります。それは何かというと、経というのは『観無量寿経』です。「論」というのは天親の『浄土論』に説かれている、ある問題、もう一つは無着が書いた『摂大乗論』を弟の天親が釈した『摂大乗論釈論』です。その釈論の方ですが、問題が『摂大乗論』から出ていますので『摂大乗論』にしておきます。

その『観無量寿経』と、そして『摂大乗論』ないし『浄土論』に出ている、ある問題が矛盾するのではないかという論議があるわけです。それは「二乗種不生」というような問題です。声聞・縁覚という二乗のものは浄土に生まれられないというけれど、浄土には二乗である声聞も縁覚もみんないるではないか、といった問題です。そのような浄土はいったいどういう意味をもつかという問題です。『浄土論』の方には「二乗種不生」と書いてある、だのに浄土を説いている経典の方には、二乗も凡夫もいる、凡夫がいる浄土はつまらないのではないかという論議です。こうした問題を解決するのです。『摂大乗論』の問題は「別時意」という大きな問題です。『観無量寿経』が下品下生の「十悪五逆、具諸不善」というような人間が、十声念仏したら往生できたというけれども、それは嘘だ、嘘ではないかも知れないが「百円貯金しなさい、そのうち家が建ちますよ」という貯金の話みたいなものだというのです。今の事実ではないけれども、別の時に成就するということである。しかし、最初から別時というたらみんな逃げてしまうから、別時ということを内に隠して、釈尊があえて念仏で往生できると、こういうふうに説いたのだということで、実際には念仏では往生できないけれども念仏が足がかりとなって、仏道を志ざして、そして往生ができるというのが本筋なのである。けれどもあえて、その念仏で往生できると説いて、念仏を通して仏道へ導いて、それから修道の道にいそしませようとしたのが別時の説法だというわけです。『摂大乗論』のなかに、いわゆる釈尊は衆生を仏道に導く方法が四つあるということが示されている。その四つのなかに今言った「別時意」というかたちで説法するということがありまして、その『摂大乗論』の論議をもって『観無量寿経』の下下品の教えを解釈しようとしたのが聖道の諸師方だったのです。

だからその問題に答えなければならないということで、『浄土論』や『摂大乗論』の論議と『観無量寿経』の教説とを和会する。「和」は和合です、両方の問題を一つにして解釈する。会は会通です、領解するわけです。そこにはどういう誤りがあるのか、あるいはそれを解決するにはどういう点が明らかにならなくてはならないのかと、「経」と「論」との、意志の疎通をはかろうというわけです。「経」と「論」との矛盾を解決して、そして「経」と「論」とが決して矛盾しないということを明らかにするという、中心的な課題があるわけです。その課題を明らかにするのが「経論和会門」です。略して「和会門」といいます。これは善導が『観無量寿経疏』を書く一つの時代的な課題です。時代の課題が同時に浄土教を独立さすか、あるいは浄土教を壊滅に落とし入れるかの決定的な課題でもあるわけです。

そして最後に「得益門」というていますが、これは、『観無量寿経』の中心的人物はご承知のように韋提希夫人ですから、韋提希夫人はどこで無生法忍という悟りを得たか、その得た位置をきめようというのです。そんなことはどこでもいいのではないかというかも知れませんが、どこでもいいというわけにいかない。この位置をどこで決めるかによって浄土教の独立が成り立つか、あるいは、浄土教が聖道門の寓《ぐう》宗に終わるかがきまってくるのです。そうでしょう。どこで悟るかがはっきりしないと問題ははっきりしないわけです。どこで悟っても仏法は一緒だというのでしたら、他人ごとであって自分がおらないのですからね。だとすると韋提希はいったいどこで阿弥陀仏を拝み、どこで無限の力用に触れ、そしてどこで有限の自己に気付いたかということです。そういうことを決定する大切な課題であるわけです。以上のような意味では、文に依って解釈するなかの総説に当るのが「宗教門」と「説人門」です。そうすると、この「定散門」と「和会門」と、そして「得益門」とは、総説に対して言うならば各説です。

『観無量寿経』の諸問題といいますけど大きく言えば「七門料簡」という、これだけで尽きるのでしょう。七門の料簡といいますけど、七門で十分なのです。こういうことを明快にできるということは大変なことですね。まず自分の姿勢をきめることが同時に経典の位置をきめてしまうわけです。自分が経典をどう読むかということを明らかにすることが、経典とは何かということを明らかにすることと一つなのです。それが「序題門」です。そして次に『仏説無量寿観経』という経題を通して、経典の内容を語らせようとするのです。それが「釈名門」です。それだけ決定しておけばこの『観無量寿経疏』というのは何を明らかにするのかわかってきますから、そこでまず明らかにしなければならないのは、この教の宗は何であり、この教はいかなる仏教に属するかということです。そしてこの教は誰が説いたかという決定が大事です。この一つの事が決ってきますと、この説かれている内容の中心問題は定散・和会・得益の三門に納まるというわけです。この七門の料簡ですでにして善導自身の『観無量寿経』の領解が明晰に打ち出されているわけです。

特に善導がこの『観無量寿経疏』に力を入れておられるわけが、これを読んだだけでよくわかるのです。やはり一生をかけてやろうとすることですから、ずいぶん長い、そしていろいろな問題が出てくる。そうした事柄に対して、整然とそれを明らかにしていこうとする時、ミイラ取りがミイラになるということがありますから、何を、いかに、どのようにということを自分に決定していくということが大事なことなのです。これが最初に七門を料簡すると自分でいうことの意味なのです。「此の『観経』一部の内に、先ず七門を作りて料簡せん。然して後、文に依て義を釈すべし」だから、「玄義分」というのは七門料簡して、まず『観無量寿経』をいかに明らかにするか、何を明らかにするかというふうに決定しておく、その決定を成したうえで、「序分義」から後に、文によって個々の一文一文に従いながら『観無量寿経』を明らかにしていこうと、こういうふうに自分の姿勢を正しているわけです。これが、「七門料簡」です。

第三章　『観経』の位置決定

——序題門——

第一《ニ》先《ツ》標《ヘウスト》二序《シヨ》-題《タイフ》一者《ハ》、竊《ヒソカニ》-以《オモンミレハ》真-如広-大《ナリ》。五乗《モ》不《ス》レ測《ハカラ》二其《ソノ》辺《ヲ》一。法性深-高《ナリ》。十聖莫《モナシ》三窮《キワムルコト》二其際《ノキワヲ》一。真如《ノ》之躰-量《ハ》、量《ノ》性《ナリ》。不《ス》レ出二蠢蠢《ムクメキムクメク》《ノ》之心《ヲ》一。法性《ノ》無辺《ナルカ》、辺《ノ》-躰《ナリ》。則元-来《チモトヨリコノカタ》不《ス》レ動《トウセ》。無塵《チンノ》法界凡聖斉《ヒトシク》円《マトカニ》、両垢《クノ》如如則普該《チクカネタリ》二於含識《カムヲ》一。恒沙《ノ》功-徳寂-用《シヤクユウ》湛《タン》-然《ナリ》。但《タヽ》以《テ》二垢《ク》-障《ノ》覆《オホフコト》深《ヲ》一、浄躰無《シ》レ由《ヨシ》二顕照《スルニ》一。故《ニ》使《ム》大-悲隠《カクメヲ》レ於二西-化一驚《オトロキ反》入《リ》二火宅之門《ニ》一、灑《ソヽイテ》二甘露《ヲ》-潤《ウルオシ》二於群萠《マウヲ》一、輝《カヽヤカノ》二智炬《コヲ》《キヤウ反》《トモシヒ反》一則朗《チホカラカニス》二重昏《コムヲ》《クラキ反》於永《キヤウ反》夜《ニ》一。三檀等備《タンヒトシクソナヘ》四-摂斉《ヒトシク》収《オサム》。開《シメ》示長劫之苦因《クインヲ》一、悟《コ》入《セシム》永生之楽果《ニ》一。不《ス》レ謂《イハ》二群迷《クンメイノ》性隔《カク》、楽欲《ケウヨクノ》不同《ヲ》一、雖《モ》レ無《ト》二一実之機《ノキ》一等有《クレハ》二五乗之用《ノ》一、致《イタス》《キヤク》レ使《シムルコトヲ》下布《シキ》三慈雲《シウンヲ》於二三-界《ニ》一、注《ソヽカ》中法雨《ウヲ》於大悲《ニ》上。莫《ナシ》レ不《スト云コト》下等《シク》洽《ウルオノ》二塵《チン》労《ラウヲ》一普沾《クウルヲサミ》中未聞之益《ノ》上。菩提《ノ》種子藉《ヨテ》レ此《コレニ》以抽《テヌキテ》レ心《ヲ》、正覚之芽《ノケ》念念因《ニヨテ》レ茲《コレニ》増《ソウ》-長《ス》。依《テ》レ心起《ニオコス》二於勝行《ヲ》一、門餘《アマレリ》二八万四千《ニ》一、漸《セン反》・頓《トム反》則各《チオノ〳〵》称《カナヘリ》二所-宜《ニ》一、随《フ》レ縁者《ハ》則皆蒙《チナカウフル》二解脱《ヲ》一。然衆生障《ニサワリ》-重取《ノトル》レ悟《サトリヲ》之者難《ノカタシ》レ明《ラメ》。雖《トモ》レ可《ヘシト》二教-益多門《ナル》一、凡《ホン》-惑《ワク》無《シ》レ由《ヨシ》二遍攬《クトルニ》一。遇《タマ〳〵》因《ヨテ》下韋《キ》提致《イタメ》レ請《ヲ》、我今楽《レイマ》三欲《スルニ》往二生《セムト》安-楽《ニ》一、唯願《タヽシクハ》如来教《ヘニ》二我思-惟《ヲ》一教《玉ヘト云ニ》中我正受《ヲ》上、然娑婆化主因《ヨルカ》二其《ノ》請《ニ》一故《ニ》、即広開《チクキ》二浄土之要門《ヲ》一、安楽能人顕《シヤウシ玉》二彰別《ヘチ》意之弘願《イヲ》一。其要門者即此『観経』定散二門是也《コレナリ》。定即息《ハチトヽメテオモヒヲ》レ慮以凝《テコラス》レ心《ヲ》。散即廃《ハチハイメ》レ悪以修《テ》レ善《ヲ》。迴《エメ反》二斯《コノ》二行《ヲ》一求《ク》二願往生《スル》一也《ヲナリ》。言《イフ》二弘願《トハ》一者、如《キハ》二『大経』《ニ》一説《カ》一、一切善悪凡夫得《ノルコト》レ生者《ハ》、莫《シ》レ不《サルコト》下皆乗《ナシヨウノ》二阿弥

陀仏《ノ》大願業力《ニ》為《セ》増上縁《ト》也。又。仏《ノ》密意《ミチイ》弘《ク》深《ニメ》教門《ニテハ》難《シ》暁《サトリ》。三賢・十聖《モ》弗《アラス》測《ハカテ》所《トコロニ》闚《ウカヽウ》、況《イハムヤ》我《レ》信外《ノ》軽《キヤウ反》毛《モウナリ》、敢《アヘテ》知《シラムヤ》旨趣《シシユヲ》。仰《アオイテ》惟《オモンミレハ》釈迦《ハ》此方《ノニメ》発遣《ハケンシ》、弥陀《ハ》即《チ》彼国《ノヨリ》来迎《ス》、彼《コニハ》喚《ヨハヒ》此《ニ》遣《ヤル》、豈容《アニヘケム》不《ル》去《ユカ》也《ヤ》。唯《タヽ》可《シ》勤心《ネムコロニ》奉《ツカヘテ》法《ニ》畢《ヒツ》命《ヲ》為《ノ》期《コト》、捨《ステ》此穢《ノエ》身《ヲ》即《チ》証《ス》彼法性《ノ》之常楽《ヲ》。此即《レチ》略《リヤクシテ》標《ヘウシ》序題《シヨタイヲ》竟《ヌ》。

（『全集九』五頁）

広大なる仏性

第一に先づ序題を標すとは、（同　前）

と自分で書き出しまして、『観経疏』とくにこの「玄義分」で語ろうとする大綱というものを、まず明らかにしようと言って、

竊に以みれば真如広大なり。五乗も其の辺を測らず。法性深高なり。十聖も其の際を窮むることなし。（同　前）

ということころから始めています。スケールが違いますね。浄土教の話だから浄土教から始めようというのではなく、「真如法性」から問題が展開するのです。「真如法性」という言葉はいろんな意味がありますが、特に善導は、いわゆる龍樹系の学問をやった人なのです。そういうような仏教の学問では「真如法性」というのは単なる道理というようなことではない。それは仏性ということとイコールで結ばれるような積極的意味があるのです。ですから、この「序題門」でこう書き出すことの背後には「一切衆生、悉有仏性」という、あの大乗の旗印というものが既に背景として押えられているわけです。

これは師匠の道綽が、やはり一切の衆生はことごとく仏性あり、というのに、なぜいまごろ迷っているのかという問題を立てて論を進めていますね。それと同じで「一切衆生、悉有仏性」という、そういう意味での仏性という具体的な真実、そういうものをここで押えているわけです。しかしその仏性、換言すれば「真如法性」とは無辺深高なるものであるという、性格を最初に明らかにしています。「竊以真如広大」、その広大とはいかなることかといえば五乗、つまり人・天・声聞・縁覚・菩薩、その五乗も辺を測り知ることはできない。その「真如法性」を深高ということで押えていうならば、十聖、つまり十地の菩薩といえども、その際を窮めることはできないというのです。いわば人間的な意識、人間的な関心でもって尽くすことのできないものを仏性というのだ、というわけです。

これは大事なことなのです。仏教では常識かも知れませんけれども、その常識をまずこう押えたということが大事なのです。なぜかというと、そういう「真如法性」ということを「一切衆生、悉有仏性」と、こう言った時に、そういうものが人間に内在しておるもののように思ってしまうということがあるわけです。それが仏教の実践のなかに大きな過ちを犯すことになるのです。仏性が人間に内在しておる、いうてみれば、その仏性が人間の内にあって埃《ほこり》みたいな煩悩で覆われているという意識構造で人間を考えようとしたわけです。これが出発点の大きな過ちなのでしょう。だから仏教の実践とは塵をはらって、仏性という玉を明らかにしようという方向になってきたわけでしょう。ところが仏性とはそういうものではないということの決定が大事なのです。仏性というたら何か、それは人間より大きなものだということです。人間にある何かではなくして、人間というかたちでの関心の、いかなるものよりも大きい。大きいという言葉でいえば大きい、深いという言葉でいえば深い、高いという言葉でいえば高いのです。人間的関心のなかで押えられるものではない。むしろ人間的関心が本当に平身低頭、五体投地するところに開かれてくるようなものです。そういうことを善導は、『観無量寿経』という、当時においては取るにたらないとされていた仏教の傍系の経典を明らかにする時に当って、問題はどこにあるかというたら、仏教の本質問題にあるというのです。仏性をどう見るか、仏性ということにどういう関わりかたをして、仏教は学ばれて来たのかという、そのところに立って『観無量寿経』という経典を見開いてこなくてはならない。そういうことが「真如法性」から問題が展開してくる意義なのです。ただ大きな法螺《ほら》を吹いているのではなくして、そういう大きな用意があるわけです。だから五乗といえども、人間は勿論のこと、天人も声聞も縁覚も十地の菩薩も、仏と等しいと言われる最高位の菩薩といえども、仏性を測ることはできないのだと、こういう決定をするわけです。

仏性の体——隋縁にして不変

では、そういう仏性、「真如法性」は観念か、空々漠々とした、思いもつかないものなのかというとそうではない。仏性の位置を五乗、十聖も測ることが不可能だと押えておきながら、仏性そのものの具体的な事実を明らかにする時には、実は非常に綿密に精密にそれを押えていこうとするのです。このあたりに善導の学問の深さと具体性がうかがわれるわけです。

真如の躰量は量の性なり。蠢蠢之心を出でず。法性の無辺なるが辺の躰なり。則ち元よりこのかた動ぜず。（『全集九』五頁）

これは、仏性の体を語っているのですが、どうしてこのように厄介な読み方をしたのですかね。普通はこう読んでいいのでしょう。「真如の躰量、量性蠢々之心を出でず、法性無辺、辺躰元より来たって不動なり」こう読むのが普通の読み方ですね。普通の読み方といってもわからないけれども、わからないのは無理ないのです。われわれに漢文の力がないからです。これは、漢文に重字の法則という、重ね言葉で意味を押えていくという法則がある。ここでいえば「躰量量性」「無辺辺躰」という表現方法です。その重字の法則というものに従って解釈していきますと、真如の体の量、この量の性は即ち蠢々、つまり、そこらで蠢《うごめ》いている虫けらの心にまで遍満していて、その仏性が遍満しておらないというものは、この地上にはどこにもいないと、こういうことを言うているわけです。

そうすると「法性無辺辺躰則ち元より来たって不動なり」ということは、「法性無辺」の辺と「辺躰」の辺とは重字ですから、その意味は「真如法性」ということは無辺だという、その無辺だということとの相、在り方、つまり体は、無辺だからというてみんな異なるかというと、元より不動であって本体は少しも変わらない。すべてのもののところで姿を変えて、変えながら本体は変わらない、というのです。前者の方は、「真如法性」というのは広大無辺だというが、無辺だということは、ただ空漠としてつかみどころもないということではなく、上は仏から下は虫けらの心に至るまで仏性が遍満しているという意味だ、と、こういうわけです。そういう意味では前者の「真如の躰量は量の性なり。蠢々の心を出でず」という方は随縁の義というていいます。あとの方の「無辺辺躰則ち元よりこのかた動ぜず」、この方は不変の義です。

「真如法性」は縁に従っていかなる相もとる、けっして限定がない。しかし、無限定ということは、ただ無限定というのではなくして、無限定というのはいかなる姿のところにも遍在しうるということです。したがって縁に従って虫けらの姿をとって、虫けらの本性となる。縁に従って人間の姿をとって人間の本性となる、そして仏という姿をとって、仏の本性、仏性となる。だからそういう意味では、「一切衆生悉有仏性」という意味は、ただわたしのなかに仏性が内在しているというのではなく、わたしの本性と成っているということです。わたしを超えたものがわたしの本性となっている。それが随縁の義ということです。だから、わたしを超えたものがわたしと成っておるのだから、それは人間の姿をとったからというて、いわゆる本性が変わるのではない。本性は不変なのです。不変にして随縁だというのです。こういうことは有限なもののなかでは言えないことでしょう。有限というものは、可変的であって不変だということは矛盾です。ところが真如、仏性はいわゆる縁に従がって変じていく、変じていく全体が不変である。さらにいえば、いかなる姿をとっても変わらないからして、どんな姿もとりうるのだということです。それが仏性というものです。つまりこういう具体性において仏性の体を押えているわけです。

そこでこの親鸞の加点本の読み方は、おそらく今いった意味あいを文章を通して読み取ったのでしょう。「真如の躰量は、量の性なり」とこう言った時に、「真如法性」の本体は何かといったら、単に無限ということではなく、有量だというのです。ただ量もない、無際限ということではなく、真如の本体は有量なのだと、その有量の性とはいったい何かというたら、「蠢々の心を出でず」ですから、虫けらの心にまで本性として用いている、と、言おうとするのでしょう。

その次は「法性の無辺なるが辺の躰なり。則ち元よりこのかた動ぜず」と読んだところには、これはもう文章になっていますね。法性の無辺なるが、その辺の体であるが、その辺の体を押えてみると元来不動である。こういうふうに親鸞は意味を言葉そのもののうえにおいて、重字の法というような漢文法に従わないで、意味を先に押えながら読もうとしたのでしょう。

「真如法性」というものは、本来無辺際のものである、本来広大なるものである、ということは、ただ辺際が無いということではなくして、上は仏から下は虫けらの心にまで、いつでも、どこにでも、どんな姿にでも変わっていけるものだ。では変わっていくから本性まで変わるかといえば、変わっていけるからこそ、その本性は常に不変なのだと、こういうわけです。

これは非常に大事なことだと思うのです。仏教を考える時、あるいは仏教における人間観ということを考える時に、人間を差別で見ないということですね。いうならば人間における諸現象をもって、本体まで決めるという独断がないということです。現象を通して随縁という事実を見るということです。泥棒する者は昔から泥棒だと、先祖伝来昔から泥棒の血が流れているのではないかというう、そういう独断がないわけです。

これは、やがて善導の「九品唯凡」という思想の根源になっているわけです。九品の差別というのは全部遇縁の問題だというのでしょう。ところが、多くの仏教学者もこういうことを知っているわけです。知っていながらなおかつ、凡夫の生まれる浄土はつまらんとか、聖者の生まれる浄土は高いとか言っているのは、その現象をもって差別しているわけでしょう。ちゃんと本体は学問として知っておりながら、現実においては差別しているという問題がでてくるわけです。

ところが本当に仏教の道理がわかっておれば、現象のなかで現象に引きずり回されるはずがないのです。その引きずり回されるはずのない事実が『観無量寿経』に説かれている事柄でしょう。だから『観無量寿経』におけるいろいろな問題に対して、仏教学の本筋において、だれでも知っていることを確認することを通して、実は『観経』という経典を読む時にそれを忘れるという過ちを諸師方が犯している、ということを善導は見通しているわけです。事実を見る目が澄んでいるのですね。このようにして善導は体を明快に押えたわけです。つまり、一言でいえば不変の性にして随縁の義を持っている、それが真如だというわけです。

仏性の相―存在の平等性

次にそういう「真如法性」、即ち仏性とはどういう相をとっているかというと、

無塵の法界凡聖斉しく円《まど》かに、両垢の如如則ち普く含識を該《かね》たり。(『全集九』五頁)

といっています。この無塵の法界ということですが、仏教では真如とか、法性とか、法界とか、一

如とかいう言葉は、イコールで結んでいい言葉でしょう。時には区別しなくてはならぬこともありますが、この場合はイコールと見ていいでしょう。そうすると、無塵の法界、いかなる煩悩にも覆われることのない、真に無垢なる法界、どんなに塵にまみれても、なおかつ無垢であるような真如ですね。無塵の真如は、凡夫の心のなかにも、聖者の心のなかにも、凡夫という姿をとっても、聖者という姿をとっても、等しく円満に成就しておるというわけです。真如が凡夫になったらもう役に立たなくなった。真如が聖者の姿をとったら特別すばらしくなったというものではないのです。真如は凡聖の姿において、一貫して等しく円かである、円満成就しておる、というのです。それが真如の相《はたらき》であります。

それをもう一つ押えて、「両垢の如如則ち普く含識を該たり。」と、両垢というのは二つの垢、垢とは煩悩です。仏教で在纏の真如、出纏の真如という言葉があります。在纏の真如というのは、煩悩に覆われているところの真如ですから、凡夫ということです。出纏の真如というのは、煩悩の汚れを払った真如ということで聖者ということです。聖者・凡夫ということを体で押えて、出纏の真如、在纏の真如というのです。真如ということで人間を見る時に、在纏・出纏と、こういう言葉でいいます。

あるいは、両垢ということで言えば、無垢真如・有垢真如といいます。垢の払われたところの真如、煩悩の垢に覆われたところの真如、こういう表現です。だから真如というものは凡夫にあっても、聖者にあっても等しく円かである。もうひとつ具体的に押えていうと、煩悩に覆われても汚れがない、煩悩を払ったからといっても特別なものにならない、真如は常に平等である、というわけです。これは仏教の人間観、人間に対する絶対の信頼です。だからあくまでも、有り様ということからすれば、在纏とか、出纏とかいうたり、無垢とか、有垢というたりしているけれども、全部随縁ということです。ですけれども随縁として人間を押えるのはどうでもいいということではなくして、随縁として押えることによって、人間の尊厳を不変ということで頷くわけです。徒らに可変的でないということです。

仏と成るような存在としてあるということです。それが観念的に言いますと、凡夫とは迷った仏だということになるのですけれども、観念にならないでそれを事実として押えるならば、どんな姿をとっている人間も仏と成るべく迷っているということです。いうならば、仏と成るべく悪戦苦闘しているということを見抜くわけです。見抜くと同時にそういうことを通して人間の信頼ということも成就してくる。そういうことが真如、あるいは仏性というものの相というかたちで、在纏の真如、出纏の真如という言葉として押えられてきたのです。

そして今度はそういう真如、体としては随縁であると同時に不変であり、相としては在纏であろうが出纏であろうが常に汚れなく円満成就するものである。とすると、では用らきはどうなるのか、

恒沙の功徳寂用湛然なり（『全集九』五頁）

これが用らきです。用らきは、その真如によって恒沙の功徳、つまり人間の生活、人間の在り方、生きとし生けるものの在り方のすべてが功徳の宝海となるものだというのです。けれども、功徳の

宝海となる、即ち、あらゆる用らきを成しうるということは、騒々しく用らくということではなく、用らきを成しつつ、成すそのままに寂用湛然として水のごときものだというわけです。これが用らきです。だからどんな功徳にもなる、どんな用らきも成すけれども、用らきを成す全体が水のごときものだというのですね。だから「寂用湛然」というわけです。『浄土論註』なんかはよくこういう表現を取ります。「動にして静を侵さず、静にして動に乱れず」といいます。そういうものが、仏性ということで押えられた人間の姿なのでしょう。

こういうかたちで真如ということが明らかにされ、仏性ということが明らかにされ、その仏性を体・相・用という三つのことで明快にしてきたわけです。そこで、『観無量寿経』を解釈する巻頭に、これを置いたということは、ただ背景に仏教があるのではなく、『観無量寿経』の主題はこれだということです。『観無量寿経』はこの事実を語っているのだと、この事実が『観無量寿経』の序分に出てくる御家騒動なのだ、御家騒動を外にして、真如というものはどこにもない、これが善導の姿勢なのです。

呼応する仏性

そういうところから出発して、次には、

但垢障の覆ふこと深を以て、浄躰顕照するに由無し。故に大悲西化を隠して、驚きて火宅の門に入り、甘露を灑いて群萌を潤し、智炬を輝かして則ち重昬を永夜に朗かならしむ。三檀等しく備へ四摂斉しく収む。長劫の苦因を開示して、永生の楽果に悟入せしむ。群迷の性隔、楽欲の不同を謂わず、一実の機無と雖も等く五乗の用有れば、慈雲を三界に布き法雨を大悲に注が使ることを致す。等しく塵労を洽おして普く未聞の益を沾をさずと云こと莫し。菩提の種子此に藉て以て心を抽て、正覚の芽念念に茲に因て増長す。心に依て勝行を起す、門八万四千に余れり、漸・頓則ち各所宜に称へり、縁に随ふ者は則ち皆な解脱を蒙ふる。(『全集九』五頁)

ここまでですが、先に仏性ということを明らかにしましたから、今度はまず最初に何を明らかにしていかなくてはならないのかというと、仏性開覚ということです。仏性はすべてのものに遍満しているし、すべてのもののうえに功徳円満しているのであり、聖者でも凡夫でも、その差別によって変化のあるものではない。縁に随うものである、と、こう押えておいて、しかしながらその仏性が、本当に仏性にめざめ、仏性が開覚されるということには、大きな問題があるわけです。仏性がひとりで芽をはやすというわけにはいかないという問題があるのです。

それはどういうことかといえば、そういう仏性が明らかになるためには大きな助縁、強縁がいる。つまり、仏陀の出世ということがある。釈尊のご出世ということがなければまったく話にならない問題なのです。それを、ここで明瞭にするわけです。「但垢障の覆ふこと深を以て、浄体顕照するに由無し。」助縁が無ければその仏性が照り輝くように明らかに姿を現わすという方途がない、ありようが無いというわけです。だから人間の現実を見そなわして、「故に大悲西化を隠して驚きて火宅の門に入り」という。これには一つの故事がありますね。仏陀釈尊はこの世にご出世になる以前には無生浄土という所におられて、説法教化をなさっておいでになったということが、『涅槃経』に説かれています。その無生浄土の説法を捨てて、そして火宅の世界へご出世になられた、と、こういうことをいうわけです。すべての衆生は、煩悩に覆われて、浄体顕照するによし無い現実を生きている。この火宅、即ち娑婆世界の現実を見そなわして、西方無生浄土における説法をやめて、直ちに火宅の門に入り給うたのである。そこでなさったことは何かというと、あとは全部譬喩をもって示していますが、甘露の雨を降らすがごとくに法を説き、そして群萠の心を潤し、智慧の炬を輝して、重昏を永夜に朗かにし、無明の暗夜を破られたのであるということです。

ただここで一つ、善導が特に注意していることは、「故に」ということです。善導は「故」とか「由」とかいう字を非常に多く使われます。特に「かるが故に大悲西化を隠して驚きて火宅の門に入り、甘露を灑いで群萌を潤し、智炬を輝して則ち重昏を永夜に朗かにす」の「かるが故に」ということは、仏の出世は何故にあったかということが問われてあるわけです。仏の出世を要請したのは誰かということです。仏の出世を要請したのは実は凡夫です。ということはただおとぎ話ということではなくして、先の問題に連関しているのです。どういう連関かというと、仏性は仏にも凡夫にも共通だと言うたでしょう。仏性は仏の上にも凡夫の上にも平等に円満していると言いました。いうならば、凡夫にも、煩悩に覆われた苦悩の仏性が、開覚した仏の仏性と感応しているということです。煩悩に覆われた苦悩の仏性が呼んだのです。何を呼んだかといいますと、めざめた仏性を呼んだのです。めざめた仏性と感応し、めざめた仏性をして、覆われた仏性の所へ出世せしめる如く呼んだのです。こういう深い精神の感応、仏性の感応ということが「故」という言葉で押えられているわけです。

これは一つの深い感応道交ですね。仏の出世と、凡夫の迷いとは無関係ではない。凡夫の迷いこそ仏の出世を要請するものなのです。要請するとは苦悩が解脱を要請するのです。もし仏性ということにおいて人間が見られなかったなら、苦悩ということも問題にならんわけです。苦悩が人間の問題となり、苦悩が求道の縁となるのは、苦悩が解脱を要請するからなのです。それがめざめた仏性である覚者仏陀の誕生を求め、釈尊出世本懐になるわけでしょう。「驚きて火宅の門に入り、甘露を灑いで群萌を潤し、智炬を輝して則ち重昏を永夜に朗かならしむ」というわけです。

その方法は何かといえば、「三檀等備、四摂斉収」。三檀、四摂というのは布施のことですね。三檀ですから三つあります。一つは法施、法を説くこと。二つには財施、経済的困難を救うこと。三つには無畏施、不安からの解放です。その布施の行をもって、衆生と関わりをもつ。四摂は布施・愛語・利行・同時の四つです。布施の行と、愛語、本当に大悲の言葉をもって語るという、その言葉における摂化の方法。利行、真に利益のある行を行ぜよと進めること、修道を進めること。同時に凡夫と同体になること、この四摂ということが、仏が衆生を救う方法です。だから三檀、四摂でもって、人間と感応するわけです。

そして「長劫の苦因を開示して、永生の楽果に悟入せしむ」。仏教の救いとは、長劫の苦を救うて、永生の楽を与える、とは書いてありません。長劫の苦の因を開示する、開き示すのです。そして、永生の楽を与えると言わないで、永生の楽果に悟り入らしむと言うのです。仏教の救済は何かと言うたら開示・悟入だと言うわけです。

不請の法

その次は、

群迷の性隔、楽欲の不同を謂はず、一実の機無しと雖も等く五乗の用有れば、慈雲を三界に布き、法雨大悲を注が使むることをいたす。（『全集九』六頁）

これから以降は『観無量寿経』の序分のなかの「化前序」の精神に従うわけです。「群迷の性隔、楽欲の不同を謂ず」というのは群生の迷いの性にそれぞれ隔たりがある、隔たりがあるからして群生が願うていること、群生が欲することも、また各別である。しかし仏陀は、群生の迷いの性の隔たりであるとか、その要求の不同ということを問題にするのではなく、実は根源の苦因を開示するということが課題なのである、と言うわけです。

ではその群生は一実の機であるのかというと、一実の機ではない。そういう意味では一乗の教えを直ちに頷くようなすぐれた機類ではない。しかしながら五乗の用らきをもっておるというわけです。一乗の機というわけにはいかないけれども、人間の言葉に従えば、人間の言葉を通して仏道に入ることのできる用らきを持っている。天人の思想をもって語れば天人の思想によって仏道に入ることができる。だから声聞・縁覚・菩薩の言葉をもってしても事は同じであるわけです。五乗の用らき、その用らきに応じて釈尊は「慈雲を三界に布き、法雨大悲を注がしむることをいたす」と、こう読んでいますが、これは対句にしておるからなので、意味は、大悲の心をもって慈雲を三界に布き、そして法雨を注ぐ、と、こういうわけでしょう。雲と雨に喩えたわけですね。

そして、「等しく塵労を洽して普く未聞の益を沾さずということ莫し」ということなのですから、仏陀の説法は煩悩に覆われたものにとっては未聞の益なのです。まったく初めてのことなのですね。ここに未聞とありますけれど、『大無量寿経』では「不請の法」といいます。人間の意識が呼んでいる問題ではなくて、むしろ仏かねて知ろしめして、説かれていることなのです。仏かねて知ろしめして説かれる法は、人間にとっては驚きを以て聞かれることです。

それは、具体的にどんなかたちでてくるかといいますと、韋提希夫人のように、釈尊が目の前に出て来られたら、「我宿我罪」と釈尊を拒否するかたちで、本音を吐かなければならないという相を取るわけですね。煩悩に覆われたすべてのものをうるおして、普く未聞の益をうるおさないということはない。いわゆる慈雲、法雨、雲と雨とによって「菩提の種子此に藉《よ》りて以て心を抽きて」と、今度はこれを種に喩えたのです。菩提の種子というのは仏性のことですね、覆われていた仏性はこの法雨によってようやくにして心を抽いて、菩提心という姿をとったというわけです。煩悩に覆われておった菩提の種子、仏性が、仏陀釈尊の大悲の説法の雨にうるおされて、菩提心という姿をとったというのです。その菩提心は釈尊の養育によって、念々に増上してゆく。正覚を成就するところの芽になる菩提心、その菩提心によって優れた仏道というものが行ぜられてくるのである。

そこに「門八万四千に余れり」という多くの法門が開かれてくる。つまり漸教があり頓教があるが、それはすべてその人その人の機縁に適うものである。だから縁に随うものはみな解脱を被ることができる。これまでが『観無量寿経』の序分のなかの「化前序」の精神に随って説いているのです。ところがその「化前序」の次に出てくるのが『観無量寿経』独自の序である「発起序」です。このように順々に展開してくるわけです。

韋提希の選択・釈尊の選択

然に衆生障り重して悟りを取るの者明らめ難し。教益多門なるべしと雖ども、凡惑《ぼんわく》遍く攬《と》るに由無し。遇《たま》たま韋提請をいたして、我今安楽に往生せむと楽欲するに、唯し願くは如来我に思惟を教へ我に正受を教へたまへと云に因て。(『全集九』六頁)

と、ここまでが「発起序」の精神に基づいて説いているわけです。たったこれだけで、あとから長長とでてくる「発起序」を摂めているのです。だから仏性とは、釈尊の説法をまって菩提心となった、その菩提心はやがて教えによってしだいに増長して、そして勝行を行ずることとなった、従ってその勝行は八万四千の門として広く公開され、縁に随って行ずるならば解脱を被るものであるというのです。

しかし、「衆生障り重くして、悟りを取るの者明らめ難し」と、教えの利益は多く八万四千の門をもち、八万四千の門のあるかぎりにおいて八万四千の利益があるにちがいない。しかし、凡夫つまり煩悩に覆われた凡惑は遍くその教えによりて悟りを得るという所以が無いというのです。悟りを得る方法が無いということに気付いたのが韋提希夫人であり、たまたま韋提希夫人が釈尊の大悲のもとで願いを起して「我今安楽に往生せんと願う、唯願わくは如来我に思惟と正受を教えたまへ」と言うた。実は、これが『観経』の発起されてくる所以だというわけです。

しかしここで注意しておかなければならないのは、「発起序」のなかで特にここに引いてあるのは一ケ所だけだということです。つまり、「発起序」の六縁のうち「欣浄縁」だけです。「欣浄縁」のなかでも、いわゆる韋提別選ということが引かれてあるだけです。禁父縁・禁母縁・厭苦縁・欣浄縁・散善顕行縁・定善示観縁というふうに六縁が進んでいく。その欣浄縁のところの経説のなかで、特に韋提希自身が苦悩を厭い、やがて浄土を求める、その浄土を求める韋提希に釈尊は口で答えずに、お姿の光を台《うてな》にして、そこに十方の浄土を見せたという象徴的な事柄があります。そのなかから、韋提希自身が、阿弥陀仏国を選び取ったということがあります。つまり韋提希の別選ということがあります。また韋提希自身が釈尊が見せてくださった十方諸仏の国のなかから阿弥陀仏の浄土を別選し、そして、ただ阿弥陀仏の浄土へ生まれたいと願う、といって別選しただけではなく、そこへ生まれる方法を教えてくれと、韋提希が請うたわけです。阿弥陀仏の世界へ生まれたいという願いと同時に生まれる方法、阿弥陀の世界を観受する方法を教えてくれというた。つまり「別選所求」・「別請去行」ということですね。その韋提希の別選だけがここに出ているということは、これからあと『観無量寿経』を見ていくうえに大事なことになっていくわけです。

それはやがて親鸞が『愚禿鈔』のなかで「選択」ということをいわれますが、『大経』『観経』『小経』のなかに、それぞれ「選択」ということがあるというています。これが大事なことなのです。宗教というのは「選択」だというていいのでしょう。パスカルは賭というていますし、キェルケゴールは選択というていますね。あれかこれかというわけですから、「選択」ということを潜らない宗教はないのです。一つの決定です。その選択ということの内容がどんな内容をもっているかによって、宗教がどんな宗教であるかが決まるわけです。それを親鸞は『大無量寿経』においては法蔵菩薩の選択があり、世自在王仏の選択がある、と「選択」を厳密に押えています。『観経』においては、釈尊の選択がある、韋提希の選択があるといいますね、その韋提希の選択というのは別選です。この序分全体のなかで特に韋提希自身が「我今」と言うて、自分自身を押えて、阿弥陀仏の浄土へ生まれたいと願う。そして「教我思惟、教我正受」という。我という主体的な選びです。ここに我と名告っているところに選択という意味があるわけです。その選択のところをもって、『観経』の序分の眼目として善導は押えたのです。

「化前序」において釈尊の出世とその一代仏教というものの精神を明らかにしておいて、この「発起序」のところでは、韋提希の主体的選び、それこそ実は『観無量寿経』の開かれてくる意味だと、韋提希のところで押えます。これは親鸞自身が『教行信証』のなかで「韋提別選の正意によって」というかたちで、このことを注目しています。韋提希別選の正意によって釈尊は、『観無量寿経』を説かざるをえなくなったのだ、と、韋提希別選の正意がなかったならば仏教というても、いわゆる一代仏教というかたち以外の何等のかたちもとりえなかっただろう、もし取りえなかったならば、仏性論というものも観念のなかへ転落していく以外になにもなかっただろうということです。苦悩の群生は、そのような仏教の隆盛のなかで捨てられていっただろうということです。

たまたま韋提希が今までの仏教は何ら役に立たないと気付いて、我に与えていただかねばならない仏教は何かと、我が教えられる仏教は何かと、ということの選択をした。その選択に応えて実は釈尊が改めて仏教を説きなおさなければならなくなったということですね。今までの一代仏教という話ではなくなって、一人の救われる仏教をこれから説かなくてはならないという決定が成された、いわゆる韋提の選択によって釈尊の選択が始まったということです。

救主と教主

だから釈尊の選択は、

然に娑婆の化主其の請によるが故に、即ち広く浄土の要門を開き、安楽の能人別意の弘願を顕彰したもう。其の要門とは即ち此の『観経』の定散二門是れなり。定は即ち慮《おもひ》を息《とど》めて以って心を凝《こら》す。散は即ち悪を廃して善を修す。斯の二行を廻して往生を求願するなり。弘願といふは、『大経』に説が如きは、一切善悪の凡夫生るること得る者は、皆な阿弥陀仏の大願業力に乗じて増上縁と為《せ》ざることなし。（『全集九』六頁）

これだけ全部が「正宗分」です。その韋提希のたまたまの請を聞くということによって、娑婆の化主であるところの釈尊が押えられているわけです。つまり無生浄土におられる釈尊ではなく、娑婆のなかの泥にまみれておられる釈尊ですね。その娑婆の化主である釈尊が何を説くのかといえば、広く浄土の要門を明らかにした。広く浄土の要門を開いたというのは、人間の一切の行為を浄土の要門として開いたということです。

諸善万行ことごとく　至心発願せるゆへに
往生浄土の方便の　善とならぬはなかりけり。（『全集二』四〇頁）

と親鸞は歌っておりますが、そうでなければ人間の救いはないのです。遇縁の存在である人間の救いは、人間のいかなる行為も浄土往生の善とならないものは一つもないということでなくてはありえない。その道を定散二善というかたちをもって説いたわけです。これは釈尊の大事業です。人間の行為を全部摂してその全部が宗教的実践の要門となる、宗教心を明らかにする道となる。つまり人間の行為の一点一角も人間自身を救う行為でないものはない。このことを明確にするのが『観経』でしょう。善導が「要門」とおっしゃるのはそういうことです。だから釈尊はあくまでも娑婆の化主です。

ここではっきりさせておきたいことは二尊二教ということです。人間はけっして釈尊に救っていただくのではなく、釈尊に教えられるのです。釈尊に救われるのであるならば、浄土教というのは奇妙な教えになってしまうでしょう。そうではないのです。善知識に救われるのではなく、善知識によって「往け」と教えられるのです。善知識の教えによって独立できるわけです。だから釈尊はあくまでも娑婆の化主であって、人間のすべての行為を宗教的実践として位置づけるのです。それによってどういうことが開かれるかというと、定善・散善ということです。定散とは「定は即ち慮を息めて以って心を凝す。散は即ち悪を廃して善を修す。」このなかに全部尽くされているのでしょう。

そうすると人間の行為というものはこの二行につきる。だからこの「二行を廻して、往生を求願せよ」と勧めるわけです。いうてみれば人間の一切の行為を宗教の世界、浄土に往生する方向へと振り向ける、これが釈尊の使命です。そういう意味では、釈尊が明らかにしようとすることは、教えを明らかにするのであり、その教えによって教えられる人間はどうなるかといえば、教えられる人間のなかに開かれてくることが、阿弥陀の本願へのめざめなのです。だからそういう意味では阿弥陀の本願へのめざめを釈尊は人間に教えるわけです。だからわれわれの救いはどこにあるかといえば、阿弥陀の本願へのめざめが救いなのです。一口でいえば信心が救いなのです。信心とは何かといえば、釈尊の言葉に対する信心というよりも、釈尊の言葉によって独立者になった自分自身の根源に対する信心です。阿弥陀の本願に信順するということは、自分自身が独立者となるということと一つなのです。

だからここでは娑婆の化主は釈尊である。釈尊は浄土の要門を広開する、安楽の能人は阿弥陀である。阿弥陀は別意の本願、弘願を顕彰するのだというわけです。もし言葉を付け加えるなら釈尊がわれわれを育てることによって、育てられたわれわれの内に開かれあらわになってくることが、実は阿弥陀の本願なのです。その阿弥陀の本願に乗托して生きているわたくし自身が釈尊の説法を待って明らかになってくる。だから二尊二教です。釈尊はあくまでも地上の教主であって救主ではないのです。

乗彼願力

その意味で『観無量寿経』という経典は、教主釈尊が、その釈尊出世の教意を明らかに説いたものです。だから人間の一切の行為が『観無量寿経』のなかに尽くされている。ではその別意の弘願、我々の救いの本体である弘願はどこに明らかになっているかというと、やはり『観経』に明らかになっておるのです。しかし『観経』に表向きに明らかになっておるというわけではなくして、「弘願と言ふは『大経』に説くが如きは」というてある。もし『観経』に説いてなくて、『大経』にだけ弘願が説いてあるという話なら、「如」の字はいらないでしょう。「如」という字があるというのは、『大経』に説くが如き弘願が『観経』にはこのように示されている、ということがあるのでしょう。『大経』に、その経典の宗致として本来説かれている阿弥陀の本願が、浄土の要門を説く『観無量寿経』のなかには、こういうふうな相で現われているというわけです。

では「『大経』に説くが如きは」とは、どうなっていることなのかというと「一切善悪の凡夫生るること得る者は、皆阿弥陀仏の大願業力に乗じて増上縁とせざることなし」というふうに、本願が『観経』のなかで明らかになっているというわけです。『観経』には本願が説かれていないのではなく、実は『観経』全部が本願を説いているわけです。ところがその本願が説いてあるということは、本願をいわゆる本願というかたちで説いているのではなくして「要門」というかたちを取る教えのなかに本願が説かれている。どう説かれているのかといえば、その本願は、一切善悪の凡夫が、阿弥陀の浄土に生まれんとするならば、まさしく阿弥陀仏の大願業力に乗じて、その阿弥陀仏の大願業力を増上縁として生きる人間になる、と、説かれているというのです。

ここに「皆な阿弥陀仏の大願業力に乗じて増上縁とせざるはなし」とあります。この言葉は『浄土論註』の意によって用いられたのですね。『浄土論註』では「覈求其本」ということがあり、そして「他利利他」ということが示されてきて、そして「諸行は皆な阿弥陀如来の本願力に縁るが故なり」となっています。ここでは「縁」という字を書いていますが、もう一つあります。道綽の『安楽集』上巻のなかの『大無量寿経』の本願の文に、「十方人天、我が国に生まれんと思わんものはみな阿弥陀如来の大願業力を以って、増上縁となさざるはなし」と言ってあります。ここでは「以って」といいます。ここに一つの歩みを見ることができます。曇鸞から道綽へ、道綽から善導へと歩いている。どう歩いているかといえば、曇鸞は本願と人間との関係を「縁」という言葉ではっきりさせた。道綽は「以って」といわれる。「以って」とは所以ですね。人間存在の所以は、という、「以《よる》」という字です。それを善導は「乗ずる」という字で表わされたのです。親鸞はこの善導の「乗ずる」というところから、信心ということを決定してくるのです。つまり信心というのは何か、「乗彼願力」だと、こういう具合に二種深信の領解というものを「乗」という一字に見つけてくるわけです。

こういうふうに『観経』を通してはっきりしてくる阿弥陀の救済ということは、阿弥陀仏の大願業力に乗じて生きるということです。乗じて生きるという姿が「設我得仏、十方衆生、若不生者、不取正覚」といわれますが、そういう法が人間の上にどう具体的になるのかといえば、阿弥陀の本願に乗じて生きる自身、という事実へのめざめとして具体的になる。だから人間の実存を潜って初めて『大無量寿経』の法が人間の救いとなるわけです。ですから特に「乗」という一字で本願の性格を決定したのです。阿弥陀の本願に乗じて生きる自身、それが、やがて二種深信のところにくると、親鸞が受け止めたように、決定して自身を深信する、決定して乗彼願力を深信する、と「乗」の一字で阿弥陀の本願の性格を押えることになる。そのもとはここにあるのです。

そうしますと『観経』という経典の正宗分は、釈尊が韋提希のたまたまの請を待って、その請によって改めて娑婆の化主としての任務を果たすべく『観経』を説かなくてはならなかったということです。それは「広く浄土の要門を開く」というのが釈尊の任務であり、その広く浄土の要門を開いた教えに触れることによって人間は、阿弥陀の本願に乗ずる存在としての自己にめざめることになる、と、これが『観経』に説かれている二尊二教の意味だと善導は押えるのであります。

二尊一致

序分と正宗分とで二尊二教という性格を明らかに押えてきまして、最後の流通分ですが、流通分では何をしようとするのかといいますと、眼目は二尊一致ということです。二尊二教ということが明らかになって、初めて二尊一致ということがいえるのです。釈尊と阿弥陀が混乱してしまいますと、われわれの救いも混乱してしまうのです。釈尊は教主であり、阿弥陀は救主であります。釈尊は教えるのであり、その教えによってわれわれは阿弥陀の本願により救われるのである。これが正宗分の眼目でしょう。それを通して釈尊の教えと阿弥陀の救いとがわたくしの信仰のなかで一つになるのです。そのことを通さないで二尊一致ということになると、善知識だのみというような混乱を起こすのです。

信心は明晰な心であり、感情でごまかされない心です。だから明晰なものを潜って初めて一つになる。教えに遇うたことが自分に遇うことであるという一つの事実によって、教えのなかに一生を尽くすことができる。二尊一致というのはここからでてくるのです。流通分の眼目はその精神を明らかにしているのでしょう。その流通分によって、

又、仏の密意弘深にして教門にては暁り難し。三賢、十聖も測て闚う所に非ず、況や我れ信外の軽毛なり、敢て旨趣を知らむや。(『全集九』七頁)

と述べていますが、これが実に大切なことなのです。善導は、三賢・十聖という智慧の位の高い菩薩であっても、測って仏の密意を知ることはできない、況や自分は信外の軽毛であるから、十信の

位にも入ることはできない。吹けば飛ぶような人間であるから、あえて旨趣を知らんやと言うています。宗教といいましても、われわれはへたをしますと仏教を勉強していることにより釈尊より偉くなるのです。十地の菩薩より偉くなってみたり、世親より偉くなってみたりするのです。それがいわば『観無量寿経』に対する諸師の誤りなのでしょう。『浄土論』をもって『観無量寿経』の仏説を誤りだとするのでしょう。『摂大乗論』の説をもって『観無量寿経』の方がまちがっているとするのでしょう。それに対して善導は、どんなに『浄土論』が勝れていても菩薩の説であって、菩薩は仏弟子である。あなた方は仏弟子が尊くてお釈迦様の方は尊くないと言うのですか、という論法です。

仏弟子というのは仏の教えを聞いて、かくの如くわたしは頷いたという領解を述べるだけである。領解を読んだ人間が領解の方が正しくて、教えの方が誤りだというのでは、自分が仏より偉いということと同じではないか、というまちがいが起るわけです。これは何も昔の人がまちがっただけというのではなしに、現代のわれわれも時々この誤りを犯すわけでしょう。実はそれが、「三賢・十聖も測って闚う所に非ず、況や我信外の転毛なり、敢て旨趣を知らんや」ということであります。釈尊の甚深のお心をおし測ることはできない、ただわかることは自分の上に注がれている如来大悲の事実だけであるということで、「仰で惟んみれば釈迦は此の方にして発遣し、弥陀は即ち彼の国より来迎したまへり」となるのです。

仰で惟んみれば釈迦は此の方にして発遣し、弥陀は即ち彼の国より来迎す、彼こに喚ひ此に遣る、豈去かざるべけんや。唯ねんごろに法に奉へて畢命を期となして、此の穢身を捨てて、即ち彼の法性の常楽を証すべし。此れ即ち略して序題を標しおわんぬ。（『全集九』七頁）

悟りを開いておらないわたくしが覚者の心を知り尽くすということはできない。できないというその頭の下ったところに聞こえてくる教えが仏教なのです。知ることができると頭の上ったところで聞こえてくる教えは教理でしょう。できないという自分の分限の自覚のところに響いてくるのが、仰いで惟んみれば、釈迦は往けと勧めておいでになる。その往けという勧めに応じて阿弥陀の彼岸の世界から来たれという声が聞こえてくる。そして、そのことが自分の身において一つになる、それを信心というのです。教えが往けと聞こえ、阿弥陀の本願が来たれと聞こえておる事実を信心というのです。その信心のところで二尊が一つになり、教えと信心が一つになるのです。信ずる前に教えと信心が一つになって、信ずるのだったら混乱ということになります。そうではなしに、その頭の下ったところに聞こえてくる教えが、まことに不思議にしてわたくしを独立さすわけでしょう。歩けるということが救いなのですから、引っぱっていってくださいというのは救いではない。「歩きなさい」というかたちで教えが響いてくる、その時初めて歩く自分の前に開けてくるのは広い世界でしょう。阿弥陀の世界を生きるわたくしの人生が開けてくるのです。

だからそこには「仰いで惟んみれば釈迦は此の方にして発遣し、弥陀は彼の国より来迎す」、と、ここには「仁者決定して此の道を尋ねて行け」、「汝一心正念にして直に来れ」という、あの二河譬が思われているわけでしょう。それから「彼に喚ばい此に遣わす、豈去かざるべけんや」ということになる。既にこの道があるのではないか、どうして躊躇しておられようか、という勇猛の心、それが信心です。

信心というのは座りこむ心ではなく、信心こそ立ち上る心です。信心こそ自分の足で立って歩かざるをえないような自分に成る。いうならば本当に積極的な人間になるというのが信心です。信心によって初めて人間は積極的な人間になるのです。いわゆる後を振り向いて後悔する人間ではなくして、前を向いて前進して生命の終るところまで歩く人間に成るというのが信心です。「豈去かざるべけんや」という、その深い感動をもって歩き出せる、そういう事実を二尊一致というのです。

『観無量寿経』の流通分にはどういうことが説かれているのかというと、次第に説きすすめられて来た釈尊の説法が終りになって、改めて、

汝よくこの語をたもて、この語をたもてというは無量寿仏の名をたもてとなり。（『真聖全一』六六頁）

と、おっしゃったという話が説いてあるというだけではなくして、ここに説いてあるのは信心の具体的事実なのです。人間的な家庭の動乱に会うて、二進も三進もいかないような絶望から出発して、絶望を越えて自分の足で歩ける人間になるまで、導いているのが『観経』の説法ですね。その説法を通して流通分のところへくると、一人一人が自分の足で歩けるようになる、いわゆる信心が成就するというのであります。

だから「豈去かざるべけんや、唯勤心《ねんごろ》に法に奉へて畢命を期と為して、此の穢身を捨てて彼の法

性の常楽を証すべし」といっているのです。だから自分の生命のある限りは、勤心をもってこの教えに奉事して、この穢身の終るまで生きていこうというわけです。生命の終った時は、終ったところに人間の生涯の成就がある、だから終るまで自分は歩く、終りはわたくしの生の完成、法性の常楽を証する身だといわれるのが『観経』の流通分の精神なのでしょう。

「此れ即ち略して序題を標し竟ぬ」、こういうことが『観無量寿経』という経典の全体の要略だと言うているわけです。しかし、そこでいうていることが大変なことだということはわかるでしょう。『観経』の全部を語るだけではなしに、襟を正さずにはおられないほどに『観経』の厳しさを教えてくれる。『観経』とは何かといえば、出発点は泥まみれの人間のいがみ合いである。そのいがみ合いを出発点として、一人一人の人間が自分の業を背負って、自分で歩ける人間に成る、死ぬまで歩ける人間に成る、途中で自己を放棄しない人間に成るということが『観経』には説かれてあるのだというのですね。なぜそのようなことがいえるのかというと、その背後には仏教の人間観である仏性という問題が一環して貫かれているからなのです。一代仏教の根源から説き出して『観経』の流通分の信心成就までを、これだけの「序題門」で説いてしまう、これが善導の姿勢です。この「序題門」が明快になれば、なぜ善導が『観経』に生命をかけたかがわかるし、この『観経疏』の一番最後に「一字一句不可加減」というような大胆なことがいえた精神ということもわかってきます。

「来迎」について

もう一つ問題があります。それは流通分の教えに従って『観無量寿経』の結論を述べた一段に、

仰いで惟んみれば釈迦は此の方にして発遣し、弥陀は即ち彼の国より来迎す。（『全集九』七頁）

と言うています。そこに「来迎」という言葉があります。われわれが浄土思想を考える時に来迎思想ということがありますね。特に親鸞は、臨終の来迎をたのまないと言うていますでしょう。その来迎という言葉は善導あたりではしばしば出てくるわけです。法然もよく使用されますが、親鸞にきて初めて、臨終をまたない、来迎をたのまないと、いわゆる現生不退、現生正定聚ということをはっきり言い切られたのです。ところが善導や法然にこの来迎思想が出てくるが、それはどういうわけかという疑問が起ってくるわけです。そういう疑問を解くのがこの一段のところに出ている言葉です。

「仰いで惟んみれば釈迦は此の方にして発遣し、弥陀は即ち彼の国より来迎す」と言うているでしょう。善導が二河譬で説くところの発遣と招喚、いわゆる「往け」という釈尊の教えと、「来たれ」という阿弥陀の本願ですね。この二河白道の事柄が、そのままここに出ているのであり、来迎という言葉で語られて、その来迎は続いて、「彼に喚び此に遣る」と、こういうふうに招喚という言葉にすぐ移り変わりますね。そうするとわれわれはここで注意しなければならないことは、善導、さらには法然が来迎という言葉を使われる時に、いわゆる臨終来迎を期するということではなくて、来迎という言葉は、むしろ象徴的な意味を現わしていると領解すべきである。何を象徴しているの

かといえば、阿弥陀の本願を象徴している。本願の招喚ということを来迎という言葉で象徴している。これは大事なことです。浄土教というのは理知的な宗教ではないのですから、理知による分別で領くのではなくて、招喚というような事実が来迎と象徴されるような世界に、具体的な宗教感情というものがあるわけです。だから宗教感情を否定して親鸞が「臨終まつことなし、来迎たのむことなし」といわれて現生不退ということを理屈で論証したのではなくして、その来迎ということのもっている宗教感情というものが失なわれて、あるいは、功利的なもので汚されて不純なものになっていった浄土教というものを親鸞は否定していくわけです。だから来迎という言葉を使っているからして、善導はまだ不十分だと考えるのは誤りでしょう。そうではなくして善導においては明確に来迎という言葉を使っておいて、直ちにその来迎は、「彼に喚び此に遣る」というように招喚という言葉に置き変えておられます。

そうすると来迎という言葉のもっている意味は死ぬ時に怖くなって阿弥陀様の手と自分の手とを紐で繋いだというようなことではないわけです。むしろその来迎という言葉で精神的な招喚の事実を象徴的なかたちで語っている、深い精神の出来事です。いわゆる招喚という阿弥陀の本願に遇うというようなことは、精神の一番深いところに起こってくる出来事でしょう。その深いところに起こってくる出来事を理知に訴えますと哲学的な思弁に転落する。その深い精神的な出来事がそのまま宗教感情で受け止められていくというところに浄土教の深い感情があるのです。このことは大切なことですので付け加えておきます。

第四章　『経題』の名義

——釈名門——

第二《ニ》次《ニ》釈《セ》レ名者《ヲハ》、『経』《ニ》言《ハク》。「仏説無量寿観経一巻」《ト》。言《イハ》レ「仏」者《ハ》、乃《チ》是《レ》西国《ノ》正音《オンナリ》。此土《ニハイフ》名《ク》レ覚《ト》。自《シ》覚・覚他《タ》・覚行《ク》窮満《ツ》、名《ケテ》之《ツ》為《ス》レ仏。言《イフ》二自《シ》覚一者《トハ》、簡《ケン》二異《イス》凡夫一《ニ》。此《キハメ》由《レヨルカ》三声聞《ハ》狭《ケフ》劣《レツニシテ》唯《タ、》能《ヨク》自利《シリニシテ》闕《カケテ》無《ナキニ》二利他《ノ》大悲一故《ニ》。言《フ》二覚他一者《トハ》、簡《ニ》二異《ス》二乗一《ニ》。此《レハ》由《テ》下菩薩有《ハアルカ》レ智故《ニ》能自利《シリシ》、有レ悲一故《ニヨク》能利他《ス》、常《ニ》能悲《ヒ》智雙《チナラヒ》行不《ノサルニ》レ著《チヤクセ》中有無《ウムニ》上也《ナリ》。言《フ》二覚行窮満一者《トハ》簡二異《ス》菩薩一。此由《レハル》下如来智《ハ》行已窮《ステニキハマリ》、時劫已満《ニテ》、出中過《セルニ》三位《キヲ》上故名《ニケテ》為《ス》レ仏《ト》。言《ハ》レ「説」者《トハ》、口音陳唱《クオンニチンシヤウス》。故名《ニケテ》為《ス》レ説《ト》。又如来対《タイノ》レ機説《ニコト》レ法《ヲ》多種不同《ナリ》、漸《セム》・頓《トム》随《テヨロシキニ》レ宜。隠《オン》彰《シヤウ》有《リ》レ異。或《ハ》六根通説《ノタマフ》。相好《モ》亦然《シカナリ》。応《シ》レ念《ニ》随《ア》レ縁《ニ》皆蒙《ナカフル》二証益《ヲ》一也。言《フ》二「無量寿」《ト》一者《ハ》、乃《チ》是此地漢《レコノチノカン》音《オンナリ》。言《フ》二南無阿弥陀仏一者《トハ》、又是《レ》西国《ノ》正音《ナリ》。又南者《トハ》是《レ》帰、無者《モトハ》是《レ》命、阿者《トハ》是無《モ》、弥者《トハ》是《レ》量、陀者《トハ》是《レ》寿、仏者《トハ》是覚《ナリ》。故言《ユフ》二帰命無量寿覚《ト》一。此乃《コレチ》梵漢《ホントカント》相対《タイノ》其《ノ》義如レ此。今言《フ》二無量寿一者《トハ》是法、覚《ト》者《ハ》是人《ニン》、人《ニン》法並《ナラヘテ》彰《アラハス》故名《ニク》二阿弥陀仏《ト》一。又言《フ》二人法一者《トハ》是《レ》所観之境《ノキヤウナリ》。即有《チリ》二其《ノ》二《ツ》一。一者《ニハ》依報、二者《ハ》正報《ナリ》。就《ツイテ》二依報中《ノニ》一即有《チリ》二其《ノ》三一。一者《ハ》地下荘厳、即《チ》一切《ノ》宝幢光明互《ノタカヒニ》相暎発《ヒエイホチ》等是《コレナリ》。二者《ハ》地上《ノ》荘厳、即《チ》一切《ノ》宝地《チ》・池《チ》林《リン》・宝楼《ロウ》・宮閣《カク》等是《ナリ》。三者虚空荘厳、即一切《ノ》変化宝宮《ノ》・華網《クエマウ》・宝雲《ウム》・化鳥・風光《ノ》動《トウ》発《スル》声楽等是《カクトウコレナリ》。如《ク》レ前《サキノ》雖《モ》レ有《ト》二三種《ノ》差別一、皆是《ナレ》弥陀浄国《ノ》無漏《ロ》真実之《ノ》勝相《ナリ》。此《レ》即惣《チソウシテ》結《ケチ》二成《スル》依報《ノ》荘厳一也。又言二依報一者、従二日観一下至二華座観一已来、惣明二依報一。就二此依報中一、即有レ通有レ別。言レ別者華座一観是其別依、唯属二弥陀仏一也。餘上六観是其通依。即属二法界之凡聖一。但使下得レ生者共同受用上。故言レ通也。又就二此六中一、即有レ真有レ仮。言レ仮者即日想・水想・氷想等是。其仮依、由二是此界中相似可見境相一故。言二真依一者、即従二瑠璃地一下至二宝楼観一已来是、其真依。由二是彼国真実無漏可見境相一故。二就二正報中一、亦有二其二一。一者、主荘厳、即阿弥陀仏是。二者、聖衆荘厳、即現在レ彼衆及十方法界同生者是。又就二此正報中一、亦有レ通有レ別。言レ別者、即阿弥陀仏是也。即此別中、亦有レ真有レ仮。言二仮正報一者、即第八像観是也。観音・勢至等亦如レ是。此由二衆生障重染惑処深一、仏恐下乍想二真容一無中由顕現上故、使下仮立二真像一以住二心想一同二彼仏一以証上レ境。故言二仮正報一也。言二真正報一者、即第九真身観是也。此由二前仮正漸(マヽ)以息二於乱想一、心眼得レ開、粗見二彼方清浄二報種種荘厳一、以除二昏惑一。由レ除二障一故、得レ見二彼真実之境相一也。言二通正報一者、即観音・聖衆等已下是也。向来所レ言通別・真仮者、正明二依正二報一也。言二「観」一者照也。常以二浄信心手一、以持二智慧之輝一、照二彼弥陀正依等事一。言二「経」一者経也。経能持二緯一得レ成二疋丈一、有二其丈用一。経能持二法一、理事相応、定散随レ機義不二零落一。能令二修趣一之者、必藉二教行之縁因一、乗二願一往生、証二彼無為之法楽一。既生二彼国一、更無レ所レ畏。長時起二行一果極二菩提一。法身常住、比若二虚空一。能招二此益一故、曰為レ「経」。言二「一巻」一者、此『観経』一部、雖三言二両会正説一、惣成二斯一一。故名二一巻一。故言二「仏説無量寿観経一巻」一。此即釈二其名義一竟。(『全集九』七頁)

『無量寿観経』と『観無量寿経』

本文に入る前に一言触れておきますが、善導は経題を『仏説無量寿観経』としていますね。普通われわれが読んでいる経典は『仏説観無量寿経』です。『観経』には二つも三つもありません。また『大経』のように翻訳の相違というものもない。ところが善導は『仏説無量寿観経』と書いています。親鸞も『教行信証』の「化身土巻」で仏身・仏土、化身・化身土ということを明らかにする場合に、やはり「無量寿仏観経の説の如し」といわれます。『愚禿鈔』でもそうですね。もちろん『観無量寿経』ともいいます。どちらでもいいようですけれども、あえてこの「釈名門」、いわゆる文字通り経題を解釈しようとする時に、「仏説観無量寿経一巻」といわないで「仏説無量寿観経一巻」と観の字を下に置いた。そこには善導自身の意図があると思うのです。

それはどういうことかというと、「観」ということが当時の仏教界において、仏教における実践を代表する言葉だったわけでしょう。ことに中国にあっては観・止観ということは、南北朝から隋、唐という時代の歴史をみてもわかりますように、いわゆる道教と仏教が常に勢力を争う時代です。儒教よりも道教が中国人の精神の糧になろうとするような時代でしょう。だから当時の皇帝がどちらにつくかによって、仏教の方を弾圧してみたり、道教の方を弾圧してみたりいろいろ変わりますね。ではなぜ道教と仏教が争うのかといえば、おそらく「観」ということなのでしょう。道教の方でも「観」ということをいうのです。だから中国製の「観」とインド製の「観」との争いなのです。道教の虚無思想と中国に土着していた観法というものとが一緒になって、空観という道教における実践が全盛をきわめた時代です。だから『観無量寿経』という経典が、決して善導、道綽といった人達にだけではなく、当時の仏教界を代表する浄影寺慧遠とか天台大師であるとか、あるいは嘉祥寺吉蔵とか、当時の学者がほとんど、この『観無量寿経』に注目しました。それは「観」という一字があるからです。

そうすると善導がしなくてはならない古今楷定という仕事は、まさしく「観」を明らかにしなくてはならないということです。「観」の誤ちを正して、「観」を明らかにしなくてはならなかったのです。どういう「観」を善導は明らかにするのかというとき、『観無量寿経』とこう読んだのでは、二つの誤ちを犯すということが感じられたのでしょう。

その一つは何かというと、無量寿ということについてです。これも道教の方での重要な考え方の一つとしてあるのです。たとえば仙経というのがありますね。あの曇鸞が『大集経』を研究しようと思って、自分の生命が短くてはとてもできないというので、わざわざ揚子江をわたって南へ降りて行き、あの南京に居た仙術の大家であった陶弘景に出会い、そして仙教を教えてもらって、長生不死の神法をえた、といいます。それが菩提流支三蔵に出会うて、長生不死の神法をえたというが、いったい何をえてきたのかといわれた。そして、仏教こそ長生不死の法だといって、浄土教を与えられたということがあります。親鸞もそのことを非常に感動して讃嘆していますね。『正信偈』に「梵焼仙経帰楽邦」とあるように、そこに廻心の明快さと、その仙教を求めてまでして仏道を明らかにしようとした迷いの深さに触れているわけです。いうならば、よくぞ迷うて下さったという感じですね。もし曇鸞が無量寿ということを長生不死と同じことに思うて迷うということがなかったならば、われわれに本当の無量寿はわからなかっただろうという感動が親鸞にはあるわけです。とすると道教における観無量寿というものと選ぶということが大切なこととしてあります。いわば外道と選ぶということです。もう一つの選びは何かというと、「観無量寿」という時に、観ということが、聖道の諸師においては自観といわれますように「自性清浄仏性の観」という見方をし、『観無量寿経』を読んでいても、あれは一つの例で、結局何を指すのかというと、『観無量寿経』の究極的課題は、自己自身の本性を見い出すのであり、「自性清浄仏性観」というふうに、理念的な観法で『観無量寿経』を読もうとする姿勢をとるということがあるのです。善導はそれにも選ばなくてはならなかった。そういう課題を明らかにするのに『観無量寿経』という経典は、あくまで実業の凡夫である韋提希が、救いを仏法に求め、その韋提希を、仏陀釈尊が導くために説かれる教えであるという一点に立ったのが善導です。いわば仏教のなかにおける選びですね。『仏説無量寿観経』という、これだけの字のなかに、善導はこのような二つの選びをしなくてはならなかったわけです。一つは外教との選び、もう一つは仏教のなかにおける理念的な観法との選び、この二つの選びをしなくてはならなかったわけです。

そのときに善導は、この「観無量寿」ということの性格を「無量寿観」と逆にするだけではっきりさせたのです。浄土教における観は無量寿観という観でなくてはならない。これは、たとえば、『観無量寿経』の序分のなかに、韋提希夫人が光台現国のなかに阿弥陀仏の浄土を観るということがあります。そこにこういう言葉があります。経文は「仏力をもっての故に、彼の国土を観る」と言っていますね。仏の力をもって仏の世界を観たとあります。徹底していうならば、無量寿仏観であって、観るのはわたくし、観られるのは仏だというのではなくして、観るわたくしも阿弥陀仏の力によって観る、もう一ついえば、阿弥陀の力によって阿弥陀を観るという観法です。わたくしの力で努力して阿弥陀を観るというのではなくして、阿弥陀の力によってわたしをして阿弥陀を観ぜしめる、そういう観が「無量寿観」という言葉で押えられるのです。

それを親鸞は、もう一つ丁寧に、「無量寿仏観」といわれたわけです。だから「無量寿仏観」という一つの観の性格を語るわけでしょう。有限の力の努力の積み重ねをもって無限を観ずるのではなく、無限に出会うことによって、無限を知る。無限のなかに自己を見い出すことによって、初めて無限に遇うのである。そういう世界が『観無量寿経』の観という世界なのです。

ですから善導は『観無量寿経』という経題の題名を書いた時に、最初からすでに「仏説無量寿観経一巻」と言っています。仏が説かれるところの無量寿観を明らかにする経典、それがこの経典である。このことを先ず明快に押えようとされたわけです。

仏—無覚（凡夫）との選び

さて、それでは本文に入っていきます。善導は「釈名門」で経題を解釈しようとするわけですが、最初にその解釈に先だって、第二に次に名を釈せば経に言はく、『仏説無量寿観経一巻』（『全集九』七頁）と、こういうふうに言ってます。最初に「経に言はく」という言葉を置いている。これが非常に大事なのでしょう。われわれの意識というのは妙なもので、普通は題は中身に入っていないと思う。本文が中味なのだと思うのです。これは何でもないことのようですけれども、われわれの意識はそういうふうに動きますね。ところがそうではなくて、「仏説無量寿観経一巻」という『観無量寿経』の一番最初に書いてある一行がすでに経の言葉なのです。いうならば、経題それ自身でもって経の本意を語ってもらおうというわけです。ですから善導はその経題を通して『観無量寿経』という経一巻の本当の精神を語ってもらうことに耳を傾ける。その姿勢が「経に言はく」という姿勢です。こちらが、解釈していこうというのではなくて、教えを聞くという態度です。もう題からして教えであって、その題そのものの上に既に『観無量寿経』全体の教えを聞き取っていく。こういう姿勢をまず披瀝しているわけです。この時既に聖道の諸師の『観無量寿経』に対する解釈の姿勢を改めている。そういうことが最初に明らかになっているわけでしょう。

こういう姿勢を取るからして、「仏とは」とこう問い出した時にも、諸師方も仏の解釈はしているけれども、その仏の解釈と善導のそれとでは内容が変わってくるわけです。仏とは何か、仏陀だと。仏陀とは何か、というふうに解釈していくのではなくて、もう既に経の言葉として経自身が仏とは何かを明らかにしている。だから、それを聞いていくなかで、仏ということが明らかになってくるわけです。

それでまず、

仏というは乃ち是れ西国の正音なり。（『全集九』七頁）

と、当り前のことですけれども、インドの言葉であって、此の土では覚というと押えるわけです。そして、その仏を解釈するのに、自覚・覚他・覚行窮満という三つの段階を潜って、名づけてこれを仏となす、と言うていますね。しかしこれは自覚・覚他・覚行窮満という三つのことが、整わなければ仏といえないのだという解釈ではないのです。だいたい仏といえば、自覚という言葉で尽きるのでしょう、自覚という言葉で尽きていないのでしたら、仏という言葉の意味が成り立たない。しかし、この三つの展開をもつということは、仏ということを本当に徹底しようということなのです。ですけれども普通読んでゆきますと、自覚というのと、それからそのもう一つ上に覚他というものがあって、そのもう一つ上に覚行窮満があり、その一番上が仏様だと考えがちです。しかし本来は、既に自覚という一語のなかに覚行窮満は含まれて、自覚の内容になっているのです。それなのになぜ善導があえてそういうことをするのかというと、自覚という言葉で語られていることが、仏教の伝統のなかで、応々にして自我の意識による自己認識に変るからです。自我の意識による自己認識を自覚だと思い誤るという事実があるわけです。悟った人間ということがありますからね。実はそのことが仏教を混乱に落とし入れるのでしょう。そういう自我の意識による自己認識というものに選んで自覚ということを明らかにするのが、自覚・覚他・覚行窮満という三つの展開であり、その展開を通して、善導が仏の性格を明瞭にしようとするわけです。

ところがこの文章も普通読みますと、読みにくい文章ですね。「自覚というは、凡夫に簡異す」、自覚という時には、まず何よりも凡夫に選ぶということである。「此れ声聞は狭劣にして、唯能く自利にして、欠けて利他の大悲無きに由るが故に」ということで意味は通じないでしょう。凡夫に選ぶということをいいながら、「此れ」というところからは二乗の話をしているわけですからね。又、二乗の話をしているかと思うと、今度は「覚他というは二乗に簡異す」といっておいて、「これ菩薩は智有るが故によく自利し、悲有るが故によく利他す」と、今度は菩薩のことを話していますね。何か一句ずつ飛んでいます。これもやはり、漢文の特異な表現法でして漢文法がわかれば、そんなに難かしいことはないのかも知れません。これは古い表現方法で対闇伏虚性の法といって、隋唐時代の名文には多いのだそうです。

さて、仏という内容を中国の言葉で「自覚」といいましたね。これは明らかに「無覚」に選ぶということです。凡夫に選ぶということです。仏教で凡夫ということを性格づけると無覚ということです。夢みる存在ですね、めざめた存在を仏というのです。ですから凡夫という性格を無覚と押えた時、その凡夫という性格は仏までつながっている。しかもその最後の切断というものは、単に消えてなくなるのではなく、転成というかたちでなくなっていくわけです。

凡夫が仏になるということはどういうことかというと、別な人間になるのではなくして、凡夫がずっと一貫するのでしょう。凡夫がめざめという歩みを歩いていくのが、声聞・縁覚・菩薩という展開ですからね。だから声聞も縁覚も菩薩も、みんな一貫している事柄は凡夫なのです、無覚がだんだんめざめていく事柄ですからね。その最後には、無覚が覚に転ずるという「転」というところにおいて変るのです。しかし変身ではない。今まで大地を歩いていた人間が、仏になったとたんに空中を飛ぶようになったということではない。そういう奇跡ではないのです、そんな意味での一点の奇跡もない。ただ転成というかたちで成仏ということが成就するわけです。そうでなければ「念仏成仏これ真宗」ということはわからないことになる。凡夫が仏に成るというのに修行しない凡夫が仏に成る、何で仏に成るのかというと念仏で仏に成るというのでしょう。でも成った仏は修行した仏と位が違うというのでしたら、これはもう仏ではない。成仏というたら平等です。凡夫が念仏で、その平等なる仏にどうして成れるかといえば、平等に無覚だからですよ。だから無覚というところにおいては、たとえ最高の無覚も最低の無覚も、無覚という本性においては平等なのです。いわばその智慧第一の法然も、愚痴の法然房も一人の上でいうならば同じ法然なのです。位でいうなら弥勒といえどもその無覚という一点は払いのけることができずに残るものなのです。これを払いのけるのに五十六億七千万年かかるのです。仏と等しいといってもなおかつ、無覚という最後の覆いがとれない。その点においては人間は元の木阿弥にかえるという問題が深いところにあるわけです。どこでその無覚が切れるかといえば転成というところで切れる。

そのことを徹底した時に、凡夫が仏に成るという浄土真宗がはっきりしたのです。生命ある限り仏に成れない存在というものを見出した時に、凡夫の本性が無覚だということが逆に明瞭になった。凡夫でもやがてこの世で仏に成れるという夢を見ないというわけです。こういうことがやがて、

「臨終一念の夕、大般涅槃を超証す」る存在として転成の機を生涯の終りにもつ、そういうことは、凡夫が無覚と押えられるところで成り立つわけでしょう。

だから、まず仏ということを明らかにするのに、自覚とは何かと問うて、「自覚とは凡夫に簡異する」と、こういうのは無覚に選ぶということがあるわけなのです。

仏—観念的存在（二乗）との選び

ところでその次ですが、だいたい、第二にはとか、次に声聞に簡異す、というような言葉が入る方が普通わかりやすいのですが、漢文独自の表現法で語っていますので、今度は声聞に簡異する点を明らかにするわけです。それを「覚他」ということで押えていくわけです。

声聞は狭劣にして唯能く自利にして闕けて利他の大悲無きに由るが故に。覚他というは二乗に簡異す。（『全集九』七頁）

と、いわゆる二乗を特に声聞で代表させたわけです。先に、凡夫とは無覚だと申しましたが、二乗とはいったい何なのか、それはいわば現実遊離の生活者ということでしょう。現実遊離の生活者ということは、今日の言葉でいいますと、無限の広さと、無尽の深さを自己として生きている人間の現実から、観念の世界へ逃げているということでしょう。自利のみあるということは、現実遊離であり人間の抽象化であって、それが二乗の本質でしょう。だいたい人間は自利のみあるということはありえないことです。在り方として自利のみということはありえない。しかしながらあるかの如くにしていくわけです。そこには二乗という在り方に選ばなくてはならない仏を明らかにするときの問題点があるわけです。

それと、もう一つ押える点があります。仏教学で申しますならば、二乗の最高位は阿羅漢です。預流・一来・不還・阿羅漢とこういいます。阿羅漢は無学ですから、その意味では仏様も阿羅漢です。無学の位とは、もう学ぶべきものは全て学んでしまったということで、二乗の最高位も仏も同じ阿羅漢です。ところが、そこで選ばなければならないのは何かというと、阿羅漢というても中味が違うのです。現実を一歩も離れないでめざめたのと、現実を離れてめざめたという相を取ることとの違いです。だからわざわざ二乗に選んで仏を明らかにする時に、覚他ということをもって来なくてはならなかったわけです。凡夫に選んで自覚、二乗に選んで覚他とこういうふうに一つ一つ押えていきます。

仏—因位的存在（菩薩）との選び

では覚他でもう充分なのかというと、そうではない。今度は最も仏と近い在り方と選ばなくてはならないという問題がある。つまり、菩薩と選ぶわけです。

菩薩は智有るが故に能く自利し、悲有るが故に能く利他す、常に能く悲智双び行じて有無に著せざるに由りて也。（『全集九』八頁）

というていますね。菩薩とは何かというと、文字通り具体的な人間生活を営むことのできる存在です、具体的な人間であるからして一歩も足を大地から離さないで、その人間の成就を願って歩むという修道者、それが菩薩でしょう。だから菩薩というのは、「智有るが故に能く自利し、悲有るが故に能く利他す。」ということです。智慧がなければ自利ということは成就しないのです。

「智有るが故に能く自利し」とは仏教の言葉で言えば、根本智ということでしょう、根本智有るが故に能く自利す。われわれは遠慮深いですから、あまり自分のことばかり考えていては悪いのではないかと思うのは、智慧がない証拠ですよ。本当に自分が大事だということがはっきりすれば、自分のこと以外は考えられないわけです。ところが本当に自分のことを考えるということになると、その中身として、一切のことを考えないような自分は在りえなくなってくる。智慧がないものだから人に遠慮しながら、ぐずぐず言うわけです。ぐずぐず言うている全体がエゴイストなのでしょう。なぜそうなるのかといえば、根本智の欠如ということです。根本智などというと、何か大変なことのようですけれども、日常生活のなかにも人間の性格としてそういうものはでてくるのです。

「智有るが故によく自利し、悲有るが故に能く利他す」といいますが、「悲有るが故に能く利他す」というのは、根本智に対しては後得智です、実智に対しては権智です。だから実践とか、愛の実践とかいわれますが、愛とか慈悲ということは、智慧なくしては成り立たないのです。智慧あることによってのみ成り立つ。だから『論註』の主題になっていることですけれども、もし人間が慈悲なくして智慧だけあるというような在り方があるとするとどうなるのか、というと、必ず人間はエゴイストになる。いわゆる二乗地に堕するということです。ところで反対に、もし智慧がないところの愛というものがあるとするならば、その時には、愛見に堕するといいますね。愛見とは執着です。愛見の慈悲といいまして、愛は愛でも智慧のない愛は妄愛なのです。妄愛というものは愛の姿をとった執着なのでしょう。だから執着の変形なのです。これは自利利他の深義とも言いまして、『浄土論註』の主題でしょう。自利と利他とが円満成就するとは、いったいどうすればいいのかということを主題にするのが『浄土論註』でしょう。その主題をそのまま受けとめて、親鸞が『教行信証』を書いた時には、それを往相・還相の二廻向という言葉で自利・利他の成就の問題を考えていったのです。

そういう意味では、智慧有るが故に能く自利し、慈悲有るが故に能く利他すと。そして常に能く、智慧と慈悲とが双び行ぜられていくということによって、その在り方は有と無との執着を離れていくことができる。そういう在り方を菩薩というのだということなのです。

ところが仏というのは、その菩薩と、なおかつ選ぶのです。それはどういうふうに選ぶのかというと、菩薩と選ぶのは覚行窮満ということで選ぶ。仏も菩薩も共に「智有るが故に能く自利し、悲有るが故に能く利他す」るわけですが、なおかつ仏を菩薩に選ぶ一点は、完全性ですね。ということは逆にいうと仏以外に完全というものはないということです。どんな実践に立っていても、仏陀以外に完全なる成就というものがない。人間の成就というのは成仏だということは、逆に言うと仏以外に完全なものは無いという徹底があるわけです。そこには人間のうぬぼれ、最後のうぬぼれの一点までも消してしまうということが大切なのです。しかし、仏以外に完全なものはない、だから人間は駄目だということではありません。仏以外に完全なものはない、だから仏道の精進が無尽なのでしょう。「衆生無辺誓願度」云々と四弘誓願にあるように、菩薩の総願を四弘誓願といいますでしょう。四弘誓願というものはどうしてあれが無尽とか、無数とか、無量とかいう言葉で語られるのか。無量なる道をなぜ歩むのか。無尽なる世界をどうして開拓しようとするのか。というならば、仏以外に完全なるものはないというめざめが、生命ある限り仏への道を歩もうという決意に転ずる。これが仏教ですね。こういうところに、菩薩というものは駄目だというて仏と選ぶのではなくて、仏と菩薩の選びは、完全・成就・円満性という点にあるわけです。

その円満性ということをもう一つ徹底していうならば、如来ということです。此方から、つまり人間の努力によって彼方へという方向には円満性というのはないということです。だから菩薩がいかに仏道を行じていても、行じている全体のなかに円満性を見出すことはできない。そうすると円満性とは何かといえば、如来ということです。いわゆる一如から来たった存在、というところに初めて仏として完結するのです。

こういう選び方そのものが、実は善導の新発見ではないのです。こういうことは、浄影寺慧遠という学匠もそう言っておられますし、あるいは嘉祥寺吉蔵という学匠もそういうふうに言っておられます。いうてみれば通途の説です。しかし、そのような仏教学者の言っている言葉をとって、かえってその本質を押えるというところに善導の確認があるわけです。何を確認するかというと、ただの説明をするのではなくて、完全性ということをどこでみるかというと、実は如来というところで見出そうとするのが善導の精神です。

それでは、仏説とは何かといえば、人間釈迦が語っているのではないということです。いわゆる人間のなかで特別偉かった人間、いわゆる自我意識による自己確認のできた一人の人間が話をした説話ではない。教訓ではない。経典とは何かというと如来の説だというわけです。如来如実言です。そのために自覚・覚他・覚行窮満と、こう選んで、その覚行窮満ということで言おうとしたのは完全性、押えていうならば如来ということを明らかにするわけです。一如から来たったという一如の用らきとして、無覚なる人間存在に語りかけてくる言葉、それが如来如実言なのです。実は、仏説とは如来如実言であって、その如来如実言を不完全な人間の理知をもって解釈し、分別しようとることの全体が、そこでは否定されているわけです。これは善導が一貫して『観無量寿経』を領解する時に明確にした姿勢です。そういう意味では何でもないことのようでもあり、聖道の諸師と同じことを言っているようですけれども、そこには深く厳しい確認があるわけです。

こういう意味において完全性ということを、ここではあえて自覚・覚他・覚行窮満と言ったわけでしょう。そして、

覚行窮満というは菩薩に簡異す。(『全集九』八頁)

と言うて、

此れは如来は智行已に窮まり時劫已に満て三位を出過せるに由る。(同　前)

と、ここまで来ますと「如来は」という言葉に言い直されています。

此れは、如来は智行已に窮まり時劫已に満て三位を出過せるに由る故に名けて仏と為す。
（同 前）

つまり如来を名けて仏と為すというていますね。これは大事なことです。この三位というのは、凡夫と二乗と菩薩です。しかし、仏は智行已に窮まり智行已に満て三位を出過せるに由る故に名けて仏となす、と言わずに、わざわざここで「如来は」という言葉に置き換えますね。するとここで如来ということを明らかにするわけです。ここで如来の説ということが出てくるわけです。ただ仏説と言っただけではわからないことでしょう。どこがはっきりしないかというと、仏を人間と見るからでしょう。インドの人間という見方をするからですよ。現代の新しい仏教研究の基盤は何かといえば、西洋の思想に対するインドの思想は何かという姿勢です。そういう姿勢では仏典は読めないのです。そういうことになると一偉人の古典的文献としては経典も読めるかも知れないけれども、仏典は読めないのです。それが実は善導の正そうとした古今楷定の精神です。仏典とは何かというたら仏弟子にしか読めないということです。救いを求める者によってしか仏説は広開されないということです。それが今いうた如来を明らかにしようとしたことなのでしょう。

言葉となった仏の生命

そうすると如来というところから、如来如実言、といわれる如実言という意味をもった説とは何かということが次の問題になるわけです。

説と言うは、口音に陳唱す。故に名けて説と為す。又如来機に対して法を説くこと多種不同なり、漸頓宜しきに随ひて隠彰異有り。或いは六根通じて説きたもう。相好亦然なり。念に応じ縁に随ひて皆証益を蒙る也。（『全集九』八頁）

如来ということには非常に力を入れて説いたが、「説」の説明はじつに単純な説明だと思いますけれども、この単純さがまた大事なのですね。「説」というのは口で述べることだと書いてあるでしょう。「口音に陳唱する」というのですからね。説とはいったい何かというと、ここには三つのことが示されているのです。

まず口音、口の音で陳唱する。これは大事なことです。なぜ大事かというと、われわれは仏説を思想としてみる時には声を聞かないのです。何を見ているかというと文字を見ている。あの「如是我聞」と書いてある文字を読むからです。文字を読む時にわれわれの頭の構造はどうなるかというと、理解しようとすることになるわけですね。なんとはなしにいっているようですけれども、「説」とは、仏説という説であり、如来如実言、つまり言葉ですね。言葉とは口音に陳唱することなのです。金口説法というでしょう、釈尊の説法というのは金の口から出た話だといいます。だいたい、仏教で「黄金」ということは常住不変を象徴します。だからもし如来ということがはっきりしないで、仏ということが理解されますと、仏説とはどういうことになるかというと、古いインドで書かれた文献としての文字になってしまうのです。文字はしゃべりませんからね。しゃべらないものはどうしたらいいかというと、こちらの頭で考えるより他に方法がないのでしょう。言葉だけが人間の心と心の間で会話のできるものなのです。文字は決して会話はできません。文字を通して、そこに言葉が耳に聞えてこない限り会話は不可能なのです。

今日の時代がどうして対話不能の時代になったかといいますと、それは言葉を失ったからではないでしょうか。言葉をもって始まった人間の歴史のなかで、言葉を失った時代が今日なのでしょう。言葉のあるところに人間の苦悩があり、言葉のあるところに人間の救いがあるのである。言葉のなくなったところには問答無用の世界しかありません。そこには対話の場所もない、共通の広場がないのです。折角言葉をもって生きてきた人間が言葉を失ってしまったということですね。

ところが経典というのは永遠の言葉として語られておるものです。いつでも人間の苦悩をもって問いかけるならば、生きた言葉、現存の言葉として、実は歴史を超えて語りかけてくるようなものを如来の言葉、如来如実の言葉というのです。その如来の如実の言葉が仏でなく一インドの知識者のものということになってしまいますと、そこに説かれている「説」ということは決して口音陳唱ではなくて、文字ということになってしまう、死んだ言葉になってしまうのです。死んだ言葉になって、会話をしない言葉になってしまう。だから口音陳唱ということによって、そこに成り立つものは聞ということなのでしょう。

もう一つ、これと相対応するようなかたちで説かれているものは六根通説ということです。六根通説とは、「或は、六根通じて説きたもう、相好も亦然なり。」で、六根というのはご承知の眼・耳・鼻・舌・身・意という身体ですね、ここでは私の身体です。相好というのは、三十二相八十随形好という仏の身体です。「相好も亦然なり」とは、仏の言句の説法があり、そして、仏の身体が語っている。それでは六根通説ということは何を言おうとしているのかといえば、実は経典というのは仏の生命なのです。仏の血であり仏の肉なのです。ひからびたテープレコーダーから取って筆記した言葉ではないわけです。そうではなくて、仏の血であり仏の肉が実は歴史のなかを貫いてきた。苦悩の人間から苦悩の人間へと伝えられて来た生きた仏の生命なのです。だから「六根通説」であり、「相好も亦然なり」とこう押えたとき、そこに明らかになってきたものは「見」です。

浄土教の生命は何かといえば「見」です。「見仏得忍」と言います。特に『観経』の場合は、韋提希はどこで仏を拝んだかというとき、「見仏得忍」といいます。たとえば『浄土論』においても「願見弥陀仏、普共諸衆生、往生安楽国」というのが最後の言葉ですね。願わくば弥陀仏を見たてまつりたいというています。そうすると浄土教の生命は「聞」と「見」ということですね。それはただ浄土教の生命であるだけではなくして、宗教というものの終極的な在り方です。人間が人間として本当に身につけ、人間が人間であることの本当の在り方は何かというと、言葉をもっているということであると同時に、見るということができるということです。ただ物を観察するということだけではなくて、本当に心眼を開いて見るということができるということです。だから「聞」と「見」です。

口音に陳唱ということが「聞」ということの成就を語るのですし、六根通説ということは「見」ということの成就を現わしていることです。だから何を聞くのかというと、如来の如実の言葉、つまり真言を聞くのだというわけです。如実の言葉を聞くということは無量寿の言葉を聞くということです。それは親鸞の言葉に依っていうならば、

仏願の生起本末を聞きて疑心あることなし。(『全集一』一三八頁)

ということが聞ということですね。そして何を見るのかというたら仏身を見る。仏身を見るとは『観経』の経説を通していうならば、

仏身を観ずるを以ての故に亦仏心を見る、仏心とは大慈悲是なり。(『真聖全一』五七頁)

といわれますね。仏の身を観ずるということは仏の心を見るということです。仏の心を見るということは大慈悲を見るということです。大慈悲を見るということは、大慈悲を外に見るのではなくして、大慈悲の内にある自己自身にめざめるということであるということです。大慈悲を見るといっても、大慈悲など見えるはずないですよ。大慈悲はどこで見えるかというと、自分の生命において見えるわけでしょう。本願はどこで聞こえるかというと、私の生命の根源において聞こえる言葉ですし、そして阿弥陀の生命はどこで見れるのかといえば、摂取不捨というこのわたくしの身の事実の上に見えてくるのです。そうすると「説」という言葉のなかに「聞」と「見」という性格が明らかになってきて、如実言ということが明瞭になるわけです。

そしてその如実言ということの深い意味、具体的な意味、役割は何かというと「対機説法」ということでしょう。機に応じて説かれている、機に応じて説かれるというのは、どんな人間ももれないということです。人間が人間である限りもれることがない。釈尊が悟った時に「耳あるものは聞

け」といったと伝えられています。耳のある者は聞けということは、耳のない者はないということです。だからして説法が機に応じて説かれる、ということはどういうことかというと、耳なき者はないという信頼です。そういう如来の信頼が実はそのまま口音陳唱の世界と、六根通説の世界を開いてゆくということです。だから口音陳唱と六根通説ということは具体的には対機説法ということです。その機に応ずるということによって、万人が如来如実の御言の前に自己を各々に安立させてゆくということが可能になるということに外なりません。

そういう意味では口音陳唱、そして「如来は機に対して法を説くこと多種不同なり、漸頓宜しきに随いて隠彰異り有り」といいます。しかしそれは、いろんなことを説いているというのではなくて、実は機に応ずるということである。さらに、そのことは六根を通じて説く、相好もまた然なり、と、そう言うて性格を押えて、「念に応じ縁に随いて皆証益を蒙むるなり」ということで、如実言を聞き如実に如来の相を見るということにおいて、その人その人の本意に応じ縁に随って、その人その人が自己自身を成就してゆくことができる。そういうものを仏説というのだ。この人をはぶいてゆくといって、はぶくものがある限り仏説ではない、と、そういうことがここで明快にされてくるわけです。

生きて働く仏――本尊

その次は「無量寿」という三字を説くのですが、実は無量寿という三字のなかに『観無量寿経』

の経説の全部が説き尽くされているのです。「釈名門」ということで経題をこれから解釈するのだといって話を始めていますが、無量寿ということを解釈し出しますと『観経』に説かれている念仏三昧ということも説いているし、そして観仏三昧ということも説いている。しかもその観仏三昧ということのなかには、あの十三の観法の全部を精密に分けて性格づけて無量寿の内容にしている。いうならば善導にとって『観経』の中身は全部無量寿だというわけです。あの日想観、水想観、地想観という観法も浄土の相もみな無量寿の象徴だということです。こういうことを、また、二つの在り方をもって語っていくのです。その一つは、やがて善導の『観経疏』の主流になるところの念仏ということを、無量寿ということで説く。もう一つは観仏ということを無量寿という言葉のなかで説くということです。

無量寿と言ふは、乃ち是れ此の地の漢音なり。南無阿弥陀仏と言ふは、又是れ西国の正音なり。又南とは是れ帰、無とは是れ命、阿とは是れ無、弥とは是れ量、陀とは是れ寿、仏とは是れ覚なり。故に帰命無量寿覚と言う。此れ乃ち梵と漢と相対して其の義此の如し。今無量寿と言ふは是れ法、覚とは是れ人、人法並べて彰はす故に阿弥陀仏と名く。(『全集九』八頁)

読んだだけでは何をいうのかわかりません。善導は自分では分ったように「故に阿弥陀仏と名く」といっているが、何をいおうとしているのかわかりませんね。どこがわからないかというと、無量寿というのはこの地の漢音だ、中国の言葉である。と、それならば無量寿を翻転するには阿弥陀といえばいいのでしょう、逆にもとに返せば阿弥陀なのですからね。ところが無量寿という言葉は中国の言葉だといって、それを明らかにするとき「南無阿弥陀仏というは」という言葉になっています。これが問題ですね。一言でいえば無量寿というのは南無阿弥陀仏だというのです。これが実は「念仏三昧をもって宗となす」と善導がいわれる精神なのです。無量寿とは客体的な仏ではなく、生きて働くところの仏なのです。いわゆる現行仏なのでしょう。現行仏とは人間の現実生活のなかに生きて働いている仏のことをいうのです。いわゆる無量寿というのは静止的な仏ではなくして実動体としての仏である。実動体の仏とは、南無阿弥陀仏ということの他にないのです。だからして「無量寿というは」と、こう押えておいて、無量寿を明らかにするときに、生きて働く仏、即ち南無阿弥陀仏が無量寿だと端的に言い切ってしまう。これは善導の一貫している思想基盤、一貫している信念です。名号六字釈というものもこれと同じ姿勢で出てきます。

無量寿とは善導にとりましては決して説明のできる仏ではなくして、自分の生命のなかで確かめることのできる唯一の仏なのです。他の仏は説明ができるかもしれないけれども、無量寿だけは説明ができない。これが善導の姿勢です。では説明のできないものはわからないのかというと、わかる必要がないほど明瞭だということでしょう。何処にといったら、念仏として、南無阿弥陀仏としてわたくしの現実のまっただなかに生きて働いているという意味において、もう理解し説明をする必要がない。それが現行仏というのです。

これは現代でも不思議なことではないですか。一般には薬師如来を対象にして南無薬師如来と拝むのではないですか。大日如来に向って、南無大日如来という。ところが浄土宗、特にそれを徹底して明らかにした浄土真宗は本尊に向って南無阿弥陀仏といいますけれど、本尊が阿弥陀仏で、阿弥陀仏に対してこちらが南無阿弥陀仏と称えるのでしたら、丁度大日如来に対して南無大日如来と称えることと同じでしょう。しかし本尊は阿弥陀仏ではありません。阿弥陀仏でないと言えば語弊があるかも知れませんが、阿弥陀仏ですけれど無量寿なのです。南無阿弥陀仏の象徴的表現があの立像なのでしょう。

だから本来親鸞の御本尊は何かというたら、帰命無量寿如来です、南無不可思議光如来ですね。つまり南無阿弥陀仏です。南無阿弥陀仏に向って南無阿弥陀仏と拝んでいるわけです。いわば宗教的対象と宗教的実践とが一つになっている。これが実は純粋な宗教の極致を語るといわれる浄土真宗の在り方です。こういうことは独善ではなく、事実そういうかたちの宗教は他にないのです。宗教的対象がそのまま宗教的実践となるということは、他の宗教にはないことです。真宗の場合、宗教的実践は宗教的対象に対する何かの行為ではないのです。祈りの行為でもなければ、あるいは呪文でもない。そうではなくて、宗教的対象はそのまま宗教的実践の本尊であり、宗教的実践とはそのまま宗教的対象の表現であるというわけです。宗教的本尊の表現が宗教的実践であり、宗教的実践の対象は、単なる対象ではなくして、実はそのまま象徴である。実践の象徴が本尊であり、本尊の表現が実践そのものである。いわゆる生活と一枚の宗教といいますけれど、これほどに生活と一枚ということを言う必要もないほど具体的になっているわけです。

南無阿弥陀仏、それが本尊であり、南無阿弥陀仏、それが実践である、礼拝の対象がそのまま宗教行である。そういうことを本に返していうと善導のところで、すでに明確になっておるわけです。無量寿とは何か、それは南無阿弥陀仏だということです。蓮如も、

当流には木像よりゑざふ、絵像よりは名号といふなり。（『真聖全三』五四九頁）

といっています。これはいうまでもなく木で造った仏より絵に書いた仏、絵に書いた仏より名号の方が良いというわけではないのです。名号が本尊であるということです。名号とは生きて働くという仏なのでしょう。静止的な、お内仏のなかに飾ってあって、こちらが何か願いごとをしていくという仏ではない。われわれの願う心の根源にわれわれ自身を願うておるような仏、それを南無阿弥陀仏というのです。生きて働いているわけですね。

無量寿というのは単なる礼拝の対象としての仏ではない。無量寿は南無阿弥陀仏だといわれるのです。その南無阿弥陀仏ということをいうために、わざわざ厄介なことを善導はされたのです。つまり「南は是れ帰、無は是れ命」と善導はいいますが、「南無」が「帰命」だ、また「阿弥陀」が「無量寿」だということを知っておられたに違いない。ところが南が帰だなどということは、どんな字引を引いても出てきません。いわば無茶苦茶ですよ。善導は無学だからこのように言うたのではないのでしょう。そのことで何かを言おうとされたのでしょう。

善導は中国の人ですから、中国の人である限り「南無阿弥陀仏」というインドから渡ってきた言葉を中国の言葉のなかへはっきりと位置づけるということが大事だったのでしょう。それをするには一つの特殊なかたちをとりながら、それによって「帰命無量寿覚」という、われわれにとっては、

いま一つ身近な言葉ではありませんが、その方が中国の人にとっては、われわれにとって「有難う」という言葉の意味を考える必要のない程に、明快だったのでしょう。だが南無阿弥陀仏はやはり当時の中国人にとっては隔りのある言葉だったのだと思います。そうしますと、隔りのある南無阿弥陀仏ということの生命を、中国の言葉のなかに本当に受肉化する、ということは中国人の血のなかに南無阿弥陀仏を生かすということですね。それで善導は「南は是れ帰」というような厄介なことを言うのです。「南無阿弥陀仏」を「帰命無量寿覚」という中国の言葉でピタッと合わせてしまったのですね。だからその方法が問題なのではなくて、そういう努力を通して無量寿という中国の言葉で語られている経題を帰命無量寿覚という、いわゆる中国の宗教的実践の言葉に置き換えてしまった。これが実は善導の「古今楷定」といわれる大きな仕事だったのです。そこで善導は、

此れ乃ち梵と漢と相対して其の義此くの如し。(『全集九』八頁)

と言います。つまり梵語と中国語と相対応して、無量寿というのは中国の言葉だと押えますね。南無阿弥陀仏というのは無量寿の精神であってその現実体であるが、これはインドの言葉だ、その南無阿弥陀仏を本当に中国の言葉で無量寿というところへ返って帰命無量寿覚と押えるとき、始めて無量寿が中国の当時の民衆のなかで帰命無量寿覚という直接的な生きた言葉として日常語のなかに生き生きと働きだしたわけです。

今、無量寿と言ふは是れ法、覚とは是れ人、人法並べて彰す、故に阿弥陀仏と名く。(『全集九』八頁)

とあります。阿弥陀仏という四字をわざわざ善導は人と法というかたちに分けて、そこで領解しようとするわけです。無量寿というのは法だ、覚というのは人だ、だから南無阿弥陀仏の阿弥陀仏、無量寿仏、無量寿覚ということのなかには、すでにして法と人とが一つになっている意味があると、このように解釈をしているのです。

ここには一つ背後があるのでしょう。いわゆる浄影寺慧遠だとか、天台大師であるとか、あるいは嘉祥寺吉蔵といわれるような人々の見解を受けているのです。そうした諸師方が無量寿という言葉を解釈した時に、なぜ『観無量寿経』の経題に『観無量寿経』とこういうたのか。無量寿といういわゆる仏身だけが『観無量寿経』のなかに説いてあるのではないのでないか。依報も説いてあるではないか、という問題があるわけです。そうでしょう、十三の観法のなかには浄土の荘厳がずっと説いてありますから、依報の荘厳が説いてあるわけです。そして正報の荘厳が次に説いてある。依報・正報の二報の荘厳が説いてあるのに、題にはなぜ浄土を題にしないのだろうか、どうして無量寿を題にしたのだろうかという問題があるわけです。それに対して、諸師は実は依報を正報へおさめて無量寿というのである、と、こういいまして、その無量寿という意味は寿限りないという意味なのだと、これだけの説明で終っているのです。

ところが善導はそれに満足できなかったといいますか、一つの過ちを犯すおそれを感じたのでしょう。どういう過ちを犯すかというと、無量寿ということは寿限りないということだけなのか、ただそれだけの意味で無量寿という経題を置いているのか、問題は寿限りないということはどういうことなのかということです。無量寿ということが南無阿弥陀仏という事実として現われているということは、決してそこからは出てこない。無量寿という言葉をいくら眺めていても、その意味は出てきません。そうすると無量寿から南無阿弥陀仏が出てくるのはなぜかというたら、「人法並べて彰す」といわれるように、人とは仏陀・覚者ということですけれども、法が人として表現されているということが、どこかで明快にされなくてはなりません。それは具体的には仏陀釈尊なのでしょうけれど、仏陀釈尊の生命として無量寿ということが働いているわけですね。

そこで、われわれには阿弥陀はわかるが、阿弥陀の下に仏がつくのは感覚としてわからないのでしょう。阿弥陀は訳してみると無量だ、無限だ。そうしますと、阿弥陀とは無限で、無限は無限なる光であり無限なる寿である。だとするとその無限なる光であり無限なる寿に、有限なる人間が本当に帰依するのだというとよくわかる。ところがその無限をなぜ仏というのかということです。無限と有限、有限と無限ということだけならわれわれの頭でもよくわかるのですけれど、どうして無限が仏なのだということはわからない。無限がなぜ仏なのか、さらに無限がなぜ拝まれるものなのかということはわからないでしょう。無限だからわからないのですね。無限ということは理解できても、無限がなぜ仏といわれるのか、なぜ拝まれるのかわからない。それを端的に押えていうなら無限がわからないということと同じことなのでしょう。なぜかというなら、有限にとって無限がわかりようがないからなのです。有限の力をどんなに重ねてもどんなに精密にしていっても無限はわかりようがないのです。

では無限のわかる方法はどこにあるのかといえば、有限が頭の下がる時以外にはないのでしょう。頭が下がるという具体的事実というのは人というものを通さなければならないわけです。具体的には仏陀釈尊という人を通して、仏陀釈尊という人の背後に無量寿という生命の原動を感ずる、ということ以外に頭が下がるということはないわけです。そういうことが、無量寿という言葉に無量寿覚という言葉がついてくる意味なのです。無量寿ということによってめざめた人、もっといえばめざめたということの中味は何かというと、無量寿という寿だということです。

めざめたのは有限が有限にめざめたのです。釈尊でも無限になったのではない。無限にめざめたのでしょう。無限にめざめたということは自己が有限であるということがわかったということなのです。たとえば、釈尊自身が人間は諸行無常だと阿難に教えておられた。ところが釈尊が亡くなられようとした時に阿難が泣いた。釈尊は、自分が今まで教えてきたことは諸行無常ということの他には何も教えてこなかった。だとすると今わたしが死んでゆくということは、まさにわたしが教えてきたことをわたしが証していることであって、何ら不思議が起っているのではない。その教えを聞いてきたものがなぜ泣くのかと、何回も阿難にさとしますね。ところが阿難は未覚といわれますように、最後まで悟りが開けなかったという人だからして、なおかつ教えられながらも、諸行無常の道理はわかっていても、諸行無常の事実がわからなかったという問題があるのでしょう。

それに合わせていうならば、無限をわれわれはわかっていても、無限が私の生命のなかで確かめられない。なぜかというと、仏陀に遇わないからです。仏陀は原頭に立っていえば釈尊でしょう。近くいうならば「よき人」です。親鸞にとっては「よき人」ですね。阿弥陀仏を感ずる世界は「よきひとのおほせをかふむりて、信ずるほかに別の子細なきなり」というところにしかないのでしょう。よき人の仰せの中味は何かといえば、「弥陀に助けられまいらすべし」という事実です。「弥陀に助けられまいらすべし」という事実の他に阿弥陀はないのです。阿弥陀に助けられるということは、南無阿弥陀仏という事実ですからね。

そうすると、ここで阿弥陀・無量寿というのは法である、仏・覚というのは人である。「人法並べて彰わす、故に阿弥陀仏と名づく」と、こう言うた時には、阿弥陀仏という特定の仏のことをいうのではなくして、阿弥陀が仏として拝まれるような、そういう事実を押えているわけです。阿弥陀が仏として拝まれる、無限が本当に仏として拝まれる。無限・無量という事実が本当に有限なるわたしにとってわたしの生命として、わたし自身の救いとなる、そういう事実が事実として拝まれる。ということは「よき人の仰せをこうむりて信ずる他に別の子細なきなり」という宗教的自覚の他には何もないのです。

ところで、この人法の問題をさらに徹底したいのです。と申しますのは、わたしは、ここで、ひっかかりを覚えるのです。というのは、「人」と言われた時に、その人ということによって、キリスト教の影響を受けているわけではないのですが、西欧の思考法というものの影響を受けているものですから、ちょっと引っかかるのです。西欧の思考法の影響を受けているということは、もうすでにキリスト教的背景の思考法の影響を受けていると言うことです。そうすると、「人」というときに、すぐに人格神というものを思い出すのです。ところが、善導の教学の場合には、極めて人格神的姿が強く出ているわけです。

だから、ある人々は、善導は仏教のなかから、あのような思想を生んだのではなく、何らかの意味でキリスト教的影響を受けたのであると言うのです。たまたま、その頃、中国には景教というキリスト教の異端が入って来ています。キリスト教では異端と言いますね。その景教と言うのは何かと言うと、特殊な一派から分かれて中国へ伝道に行った人が、中国のなかへ文字通り土着化しようとして努力したあげく、遂に中国のなかで消えてしまったキリスト教の一派だそうです。だから景教というのは、中国人のなかに完全に消滅してしまったわけです。消滅したということは、中国人のなかに、何らかの意味で吸収されたということでもあるわけです。

中国において隋から唐にかけて、キリスト教の宣教ということが行なわれていて、それが景教というかたちで、極めて特異な、いわゆる人格神的なものをあまり強く出さない、今で言うならば、非神話化されたキリスト教が、すでに中国にあったわけでしょう。そういうものに触れた善導が仏教から、特にあの機の深信と言われるような罪の意識というものを見出したのであろうと言うのです。もっとも触れたか触れなかったかわかりませんが、推察していう人があるわけです。その上で、阿弥陀仏は法であると、仏は人だと、人法並べて彰わすところに、阿弥陀教というのは人格神の宗教である、自覚の宗教から救済の宗教へ、いわゆる仏陀の宗教から神の宗教への一つの転換があるのであるというわけです。これは単に説明というだけではなく、そういう誘惑に負けそうになるわけでしょう。

ところが、ここで一つ考えなくてはならないことがあるのです。考えなくてはならないと言うのは、わたし自身が、これを、どう領解したら良いか迷っていたのですが、今年の曽我先生の安居で一つ教えられたことがあるのです。それは何かと言うと、われわれの方に一つ問題があるのは、仏教は智慧の宗教であるし、キリスト教は愛の宗教であると、一応規定しているということです。これを曽我先生は非常に厳しく批判しておられたのです。あれはわたしは賛成しません、と。ああいうことを知ったかぶりして言っているが、智慧の宗教は愛の宗教と違うと言っている。その智慧は、どういう意識で言っているかが問題であると言われているのです。愛の宗教がキリスト教で、智慧の宗教は仏教であると言った時の智慧は、おそらく分別意識で言っているのであろう、分別意識ならば、それは智慧というわけにはゆかない、といわれるのです。あえて言うならば、金子大栄先生が言われているような大悲の智慧というのが正しい領解であると言っておられたのです。ここで何たつもりになることなのです。ところが、その言っている智慧は何を言っているのかという吟味が無いわけです。それを曾我先生は、この智慧というのは、唯識の学問で「転識得智」ということがある、いわゆる第七末那識というものを転じて平等性智とするということがある。識を転じて智となすということ、即ち転得ということが仏教の一つの悟りをいうことである。そうすると、われわれが智慧の宗教だと言っているときには、転じない識の意識で言っているわけであって、識の領解で言っているわけでありましょう。意識分別で、あえて愛の宗教だ、智慧の宗教だと分けているのですね。ところが、これはまちがいであり、識を転じたところに開かれてきたものが智だとすると、その智は、われわれが普通考えて言っているところの智とは全く違うというわけです。その智はあえて言うならば、純粋感情でしょう。だから、キリスト教で言う愛というものを、本当に純粋にあの人格神的影像が消えるまでつきつめて行くならば、仏教で言うところの智慧というものと一つになるところまで到達できると言うことが示唆されたわけです。智慧だ、愛だと分けてしまって、その宗教は感情の宗教であり、一方は理性の宗教だという意識、こういう意識は、宗教ではないのです。ただ感情ならばおぼれるだけであり、ただ理性ならば救いは無いわけです。智慧だ、愛だと言うが、愛をつきつめていけば、実はその神の愛という言葉で象徴されているような世界に到達するわけでしょう。智慧をつきつめて言うならば、それは識を転じたところの智慧であるから、無分別智です。いわゆる無分別智をわれわれの言葉で言うならば純粋感情である、と曾我先生は言っておられるのです。これは驚くべき領解であると思うのです。これを聞いた時始めて、「人」ということの人格神というものについての、こちらのとらわれが一つ払われたのです。

そうすると、「人」と言うのは、いったい何かと言うと宗教的な事実でしょう。人間と触れていない宗教というものは客観的に置かれたものである、とすると、この「人」というのは何かと言うと、人にふれてくる生命となっているような事実です。それは純粋な感情の世界であります。こういうことを思いながら、この阿弥陀ということについての善導を他の文で読んでみますと『往生礼讃』に、

唯念仏の衆生を摂取して捨てざるが故に阿弥陀と名づく。（『真聖全一』六五三頁）

という解釈があります。「念仏衆生摂取不捨」という言葉をとらえて、唯念仏の衆生を摂取して捨てないが故に、その摂取不捨をもって阿弥陀と名づけると、こう言ってあります。阿弥陀仏とは何かと言うと、摂取不捨の事実の他にはないということです。摂取不捨、即ちこれが阿弥陀である。阿弥陀が摂取不捨するというのが、われわれの領解でしょう。われわれの分別での領解は、阿弥陀様という人格神がどこかにいて、それが手を出して包んでくれるような感覚です。しかし、善導はそうではなく、摂取不捨が阿弥陀であると言っているのです。摂め取って捨てないという事実が阿弥陀である。摂め取って捨てない誰か、他者があるのではなく、摂め取って捨てないという事実の他に阿弥陀は無いということです。そういう具体性を「人」と言うのでしょう。人格神が包んでくれるのでなく、「人」というところに、人間の理智分別ではなく、まさに宗教的感情というか、宗

教的な純粋なところに触れているものがあるわけです。ですから、摂取不捨が阿弥陀であると言うわけです。

ところが、親鸞はもう一つ徹底しているのです。『行巻』に、

いかにいわんや、十方群生海、この行信に帰命すれば摂取して捨てたまわず。かるがゆえに阿弥陀仏と名づけたてまつると。これを他力と曰う。(『全集一』六八頁)

と、こう言っております。善導の場合には、摂取不捨、それが阿弥陀であると言っているのですが、親鸞は、この行信として働くような阿弥陀だと、もっと端的に押さえているのです。これは普通の理解でいくと重複ですね。行信というのは帰命の行い、実践であるし、また帰命の心です。信心というのは帰命の心です。南無阿弥陀仏という行は、帰命の実践です。そうすると、これは重複になります。言うならば帰命に帰命するというわけです。即ち帰命の行、帰命の信に帰命するというのですから、言葉としては成り立たないわけです。ところが、あえて親鸞が「この行信に帰命すれば摂取して捨てたまわず。かるがゆえに阿弥陀仏と名づけたてまつる」と言ったときには、この行信と成った阿弥陀仏、拝む、あるいは帰命する心、帰命する実践、いわゆる宗教的実存としてわたし自身のところに生きている阿弥陀ということでしょう。

だから、こういう意味では宗教には絶対の否定ということがあるわけです。いわゆる人間からという方向の一点の影をも止めないということがあるというわけです。ですから、この行信になった阿弥陀に帰命する、これが南無阿弥陀仏です。言うならば、「行信に帰命し」というのが南無阿弥

陀仏です。これが、親鸞の徹底の極で語った言葉なのです。その行信、つまり南無阿弥陀仏という行、そして真実信心、その行と信とになったような、その阿弥陀に帰命する。そしてそれ全体がまた、摂取不捨という言葉で押さえられて、阿弥陀とこう言っているのでしょう。こうなると、論理的な領解は捨てなくてはならなくなります。行信が帰命であるにもかかわらず、その帰命にまた帰命すると、こういうふうに言っているわけですからね。

そうなると、これを知るのにはどうすればいいのか。それは、正しく阿弥陀仏の生命に触れ、阿弥陀仏の声を聞くという事実以外に触れようがないわけです。こういうことを善導は、はっきりさせようとするわけです。「無量寿」というのは法であるし、「仏」というのは「人」であると、人・法が一つになってわれわれの観察の対象となる。また礼拝の対象となってくるのであると、こういうふうに受け止めて行こうとするわけです。そういう意味では、人・法という「人」は、いわゆるわれわれが理智的に人格神だと言って押えているような実体的な、客観的な実在と言うものではなく、もっと生命のある、生きて働いているような事実を「人」とこう言ったわけです。

このように見ていくと、「人」と言われたことによって、はじめてわれわれの観念的な宗教領解が払われるわけです。無量寿だけなら、皆わかるのですが、その意味では、ときどき危ないなと自分で思うのです。それは、清沢先生が「絶対無限の妙用に乗托して」と言われる、この言葉をわたしはよく使うのですが、使ったとたんに危ないなと感じるのです。なぜかと言うと、清沢先生は、自分がその阿弥陀に触れた実感を自分の言葉で「絶対無限の妙用に乗托して」と言われたのです。

ところが、それを聞いてわれわれが使う時に、阿弥陀ではよくわからないということで、「絶対無限の妙用」という論理的な表現をとってもらうと良くわかるというわけで、ここで一服してしまうのでしょう。やはり、人格神では困るのであって、それが法というか理論になってきてわかったと言うわけですね。これは非常に危ないことだと思うのです。これは逆なのですよ。善導は、こういうことを払うわけです。無量寿であるなら、みんな共通でわかったつもりでいるのです。ところが信仰にならない。宗教にならないのです。しかし、「無量寿」はわかるのだけれど、その後に何で「仏」がついているのかが、わかったようでわからないのではないのでしょうか。南無阿弥陀で終ってくれるといいのですが、後の「仏」はどうも邪魔になる、解釈しようとするとわからないというわけですね。そのわからないところが極めて大事なところなのです。その仏まで解釈できてしまえるのだったら、もう宗教はそこには無いので、信仰の救いもないのです。まさに無量寿、それが法、法である無量寿がまさに仏、人という働きです。人という実体ではなくて、人という働きとして触れているところに宗教があるわけです。宗教とは、無限なるものの前に有限なる者が自己を発見することであると言われますが、その事実は無量寿が人となる。つまり無量寿仏というかたちで南無されるというところにあるわけです。だから、わざわざ無量寿というのは法である、そして覚というのは人である、だから人と法とを並べてあらわして阿弥陀仏と言うのであるといわれるわけです。これが大事な領解であるのです。

南無阿弥陀仏の世界

そして、さらに人・法ということによって今度は、

又、人法と言うは是れ所観の境なり。（『全集九』八頁）

と、これだけ丁寧に押えればもうまちがいはあるまいというわけですね。そして、その人・法とは、まさにこの『観無量寿経』で言うならば、定善十三観のところに説かれている観察の対象となっている境界が、実はこの無量寿仏、いわゆる南無阿弥陀仏ということだと、こういうわけです。それから、ずっとその依正二報、つまり浄土の依正二報について善導は分析していくわけです。ここでも、一つはっきりとさせておかねばならないことは、浄土というのは何かというと南無阿弥陀仏の境界だと言うわけです。それを、ここでは端的にあらわしているのです。無量寿というのは、一つには南無阿弥陀仏である、二つには依正二報、二十九種の荘厳なのである、つまり十三観の所観の境、いわゆる観察の対象なのだと、善導は二通りに色分けしているように見えるけれども、もっと端的なのでしょう。浄土とは何か。いわゆる観法として修せられる浄土とは、端的に言うと、南無阿弥陀仏の世界であるというわけです。だから、南無阿弥陀仏の世界が浄土であって、南無阿弥陀仏を抜きにして観察される世界は浄土ではない、こういう領解です。

それが始めに南無阿弥陀仏と領解しておき、次には人・法と押え、それを所観の境であると押えてゆくわけです。これも善導独自の解釈ではありますが、すでに曇鸞が『論註』のなかで示唆していています。「我依修多羅、真実功徳相」というなかの真実功徳相の解釈のところで、次のように言っ

ています。

菩薩智慧清浄の業より起りて、仏事を荘厳す。法性に依りて清浄の相に入る。この法顚倒せず虚偽ならず。(『真聖全一』二八四頁)

そうすると、浄土をここでは語っているわけですね。そこで真実功徳相とは何かと言うと、法蔵菩薩によって建立された浄土である、だから法性に順じた世界である、故に顚倒せず虚偽でないものである、それが浄土であると、このように浄土を真実功徳相と言って、曇鸞は領解してゆくわけです。

ところが、その領解を受け止めて、親鸞は『尊号真像銘文』のなかで、

真実功徳相といふは誓願の尊号なり。(『全集三』四九頁)

と言っているのです。真実功徳相を曇鸞は阿弥陀の浄土であると解釈し、親鸞は誓願の尊号と言っているのです。結局は、これらは同じことを言っているのですよ。『浄土論』に真実功徳相と示されているものは何かと言うと、阿弥陀の本願の名号である。これは、親鸞が受け止めた領解であります。曇鸞は阿弥陀の誓願によって建立された浄土だと言うのです。だから、誓願によって建立された浄土は誓願の名号によってしかわからない世界であるということです。だから、親鸞は誓願の尊号、即ち南無阿弥陀仏と領解し、曇鸞は浄土と言ったのです。この二つの領解は決して別の領解ではなくして一つのことを言っているのです。こういうところに、われわれが浄土とは何かという問題を問う時に、その問い方が大事だということがあるのです。それが、善導のところでは明確に、

まず南無阿弥陀仏と領解しておいて、それを押えて今度は浄土の依正二報の荘厳だというわけです。これらは別々のことを言っているのではない、ということをはっきりさせておかねばならないのです。

続いて読んでいくと、まず人・法とは所観の境である。観察されるところの境地である。即ち、それには二つあって、一つには依報、二つには正報である。そこで、

依報の中に就て即ち其の三有り。一には地下の荘厳、即ち一切の宝幢光明の互ひに相い暎発等是なり。二には地上の荘厳、即ち一切の宝池・池林・宝楼・宮閣等是なり。三には虚空の荘厳、即ち一切の変化の宝宮・華網・宝雲・化鳥・風光の動発する声楽等是なり。前《さき》の如く三種の差別有りと雖も、皆是れ弥陀浄国の無漏真実の勝相なり。(『全集九』八頁)

と言っています。浄土というのは、正報と依報とがある。正報というのは阿弥陀仏、依報というのはその阿弥陀仏の世界であります。器世間、衆生世間というわけです。その依報、いわゆる阿弥陀の世界というもののなかに、だいたい三通りの荘厳の示し方がある。一つには地下の荘厳、その地下の荘厳というのは一切の宝幢光明等が互いに相い映発して、映り合っている、このように説かれている荘厳であると言うのです。これは『観無量寿経』を読まないとわからないのですが、この地下の荘厳、地上の荘厳、虚空の荘厳と三つ言っている。この三つはどこに出ているかというと、特に顕著に示されているのは『観無量寿経』の水想観の教えなのです。その水想観のところに出ている教えに順じながら、浄土というのは地下の荘厳、地上の荘厳、虚空の荘厳との三つから説き出さ

れていると示しているわけです。

たとえば、地下の荘厳というのは、一切の宝幢、つまり旗鉾です。そして光明等が映り合っているのが地下の荘厳であると説かれている。地上の荘厳というのは、宝池がある、あるいは林がある、楼閣がある、宮殿があると、こういう風に説かれてある。三つには虚空、つまり空中の荘厳である。これは、仏の働きによって顕わされた種々の変化の相、その変化の相のなかに宮殿があったり、花の羅網があったり、宝雲があったり、化鳥があったり、風光があったりというわけです。化鳥とは化け物の鳥ではなく、いわゆる「苦・空・無常・無我」を説くような鳥ですね。そういう自然の姿、あるいは鳥の姿というものに托して浄土が説かれているから、そういうものの音楽の声が聞こえてくるというように説かれているのが虚空の荘厳です。

このように三種の荘厳の差別があるが、そのことを問題にしているのではないのです。結局、浄土の建物とか、浄土の鳥とはどんな鳥ですかということを問題にしているのではなく、善導は、この三種の差別をもって説かれている浄土の荘厳を一言にしていうと、「弥陀浄国無漏真実の勝相」であると言っているのでありはます。煩悩の穢れにおいてある世界ではなく、煩悩の穢れの払われた境地であるというわけです。言うならば、煩悩の眼において見られる世界ではなく、煩悩の眼の払われたところに頷かれる世界であるということです。だから「無漏真実の勝相」であるというわけです。これは曇鸞でいうならば願心の荘厳であるわけです。

此れ即ち惣じて依報の荘厳を結成する。(『全集九』九頁)

これで依報の荘厳とは何かということが解明されたのです。即ち、『観無量寿経』を拝読すると依報の荘厳を種々に説かれてあるが、それは全部弥陀浄国の無漏真実の勝相だということを知って欲しいというわけです。

阿弥陀仏出生の大地

さらに、今度はそれを詳しく言って、

又、依報と言ふは、日観より下、華座観に至る已来は、惣じて依報を明す。（同　前）

この日想観、水想観、地想観、宝樹観、宝池観、宝楼観、華座観と、これは全部で七観です。この日想観より以後、華座観に至る間の日想、水想、地想、宝樹、宝池、宝楼、華座と、始まる観法というのは、全部依報の荘厳を説いているのですが、ここに大事なことがあります。

此の依報の中に就て、即ち通有り別有り。（同　前）

つまり、依報のなかに通の依報と別の依報があるということです。通というのは、皆が共通して受用するところの依報、別というのは阿弥陀仏に限定された世界であるというわけです。このように押えておいて、

別と言ふは華座の一観是れ其の別依なり、唯弥陀仏に属す也。余の上の六観は是れ其の通依なり。即ち法界の凡聖に属す。但生まることを得る者をして共に同じく受用せしむ。故に通と言ふ也。（同　前）

と言っているのであります。

華座観といいますが、その華座というのは正報か依報かという問題がある。これは非常に重要なことなのです。なぜかと言うと、天親の『浄土論』、そしてそれを註釈した曇鸞の『浄土論註』にも、座功徳というのがあります。『浄土論』の方は二十九種の荘厳に浄土の荘厳が説かれているが、そのなかに座功徳というのがあります。その座功徳は正報の荘厳のなかに入っているのです。依報ではなくして正報であるというのです。正報というのは阿弥陀仏そのものです。依報はその世界でありましょう。阿弥陀仏の下にある蓮華であるから座功徳というのは同じであるわけです。

そうすると、その座功徳というのはいったい、仏の生命にかかわっているものか、それとも仏の境地、仏の世界なのかという問題です。つまり、阿弥陀の生命そのものにかかわるようなものを座功徳というのか、阿弥陀の世界を座功徳として象徴するのかという問題であります。天親・曇鸞の場合は、実はその座功徳というのは阿弥陀に属する。阿弥陀に属すというよりも、阿弥陀の生命を象徴しているのであると言うわけです。そして、その時の証拠の文として『観無量寿経』の華座観が引用されているのです。ここで、この善導と、その『論』・『論註』とは同じ華座観を解釈していて違っているではないかと言うわけですね。善導は別依報、つまり依報とこう言うのですが、依報でもただの依報ではなく、特別の依報であると言っているのです。これが善導の非常に精密なところでありましょう。普通なら正報でなければ依報であろう、依報でなければ正報だろうと考えるわけですが、善導はそうは言わないのです。正報ではない、しかし依報でもない、別の依報だと言うわけです。正報であると一挙に言ってしまうのは粗雑である、なぜ粗雑かと言うと、台までが仏であると言うわけにはいかないということです。華座まで仏だと言うわけにはいかないということです。これはまちがいではないけれど粗雑であると言うのでありましょう。ところが、それでは、この台は一般の浄土の姿を語っているのと同じことかと言うと、これは混乱だと言うわけです。即ち、阿弥陀如来の足が立っていても、あの台に張りついています。張りついたものまで、浄土の荘厳と一緒である、そして依報であると言ってしまうのは粗雑である、足がついているからといって阿弥陀如来だと言ってしまうのは乱暴であるというわけです。阿弥陀では無い、しかし阿弥陀如来の足のついているところである、足がついているところまで依報だと、こう一挙に言ってしまうのは乱暴であるし、そのままが阿弥陀如来だというのは無茶であるというわけですね。それではいったいどうすればよいかというと、それは別依報である、特別の依報であるというわけです。

特別の依報ということは何を語るのかというと、華座は確かに阿弥陀仏そのものでは無い、しかし阿弥陀仏を誕生する世界であるということです。阿弥陀仏はどこから生まれるかといえば、阿弥陀仏は、その華座から生まれるというのです。蓮華座こそ阿弥陀出生の大地であるというわけです。これは大事なことです。なぜ善導がこのようなことを言われるのかというと、あの韋提希夫人が次第に観察をしていきますね。つまり、仏陀の勧めに従って日想観から観察を進めていき、あの華座観のところにきて、突然釈尊の声が消えて韋提希夫人の目の前の空中に住立する弥陀三尊があらわれるのです。いわゆる空中住立という出来事が起こります。それに対して、韋提希夫人がそれを拝見して、始めて無生法忍を悟る、その無生法忍を悟ったのをさらに釈尊が讃嘆するというかたちになって、華座観の経文だけ、特にこのような経文になっているのです。日想観から次第に説いてくる間は、お釈迦様が手を引っぱっているわけです。つまり初めの六観というものは釈尊の説法が導いてきます。ところが第七華座観のところへ来ると釈尊の声がスポッと消えるのです。消えた代わりに、象徴的な表現ではありますが、空中に弥陀三尊が現われるというのです。そして、その弥陀三尊を韋提希夫人は見るわけです。見ることにおいて得忍、いわゆる無生法忍を悟るわけです。

これは善導が諸師に対抗して、いったい韋提希夫人は何処で本当に阿弥陀に出遇ったかという問題の時に、非常に力んで華座得忍ということを力説しています。あれは何を言っているかというと、阿弥陀の座を初めて見たということは何かというと、阿弥陀出生の大地に初めて触れたという感動を語るわけです。悟りというのは何かといったら、阿弥陀様に成ることではなく、弥陀同体となるということです。それでは、阿弥陀出生の大地に遇ったというが、阿弥陀出生の大地とは何かといえば、「無有出離之縁」の自身です。「無有出離之縁」の自身が阿弥陀出生の大地です。だから阿弥陀に遇ったということは自己自身に遇ったということです。釈尊の導きにおいて、釈尊の声が消えたところに実は始めて自身に遇ったということがあるわけです。釈尊に手を引っ張ってもらっていた自分がはじめて自立したというわけです。その時、阿弥陀を出生する大地は「阿弥陀仏ここを去る事遠からず」と始めから言っていたのであるが、真に阿弥陀の大地は自分の足下であった、自己自身であったというめざめなのです。だから、それを別依報とこう押えたのです。これは、仏の鑑定どころではない、大変なことを言われているわけですね。

華座は別の依報である、いわば阿弥陀仏のみの依報であるというのです。ということは、阿弥陀仏出生の大地は、あの蓮華で象徴されている華座であるということです。蓮華はご承知のとおり卑湿の淤泥に生まれる花であって、高原の陸地に咲かない花です。美しいところに咲く花ではなくて、濁りを自己として最大の美しい花を開くのを蓮華というわけです。その濁りを自己として花開いた花のなかに誕生するのが阿弥陀、「絶対無限の妙用」だと、こういうことです。こういうことがこの別依報の領解であります。

こうして、別依報という領解を通して今まで説かれてきたあの日想観から宝楼観に至るまでの六観というものは、実はその阿弥陀の世界にわれわれが召されておる境地なのである。だから、それをここでは通依報と言う。その通依報というのは「法界の凡聖に属す」る。法界の凡聖というのは、生きとし生ける全ての凡聖のことであるが、それは、ただ浄土に生まるることを得る者が、皆共同に受用する世界であるというのです。これは阿弥陀出生の大地にめざめることによって阿弥陀の世界に生きている自己自身がわかるというわけであります。このように別依報、通依報というかたちで依報を明らかにしたわけですね。

さらにもう少し詳しく言って、

又、此の六つの中に就て、即ち真有り仮有り。仮と言ふは即ち日想・水想・冰《ひょう》想等是なり。

（『全集九』九頁）

つまり、仮の依報とは日想観と水想観と、そして水想観のなかに氷想観というのがある、その氷想観であるというのです。それから、これはなぜ仮の依報というのであるかというと、これは、

其の仮依といふは是れ此の界の中の相似可見の境相なるに由るが故に。(『全集九』九頁)

と、これは、水も太陽も氷もわれわれの見ることができるものです。われわれの見ることができるものになぞらえて浄土を語っているから仮依であると、仮にこう語ったのだというわけです。ところが、その水想観のなかに瑠璃地というものが説かれてある。その「瑠璃地従り下宝楼観」の経説に至る已来は、それは真依である、真実の依報である。なぜかというと、「彼の国の真実無漏可見の境相なるに由るが故に」と。後のところはもう人間の境涯というものではなく、人間の世界の自然の風物によって象徴することができないものを説いているというわけです。

その次は、「二つには正報」、今度は正報ですが、この正報のなかについて、また二つあると。「一は主荘厳、即ち阿弥陀仏是れなり」。これが一つ。「二には聖衆荘厳、即ち現に彼こに在ます衆及び十方法界の同生の者是なり」。その阿弥陀仏の主の荘厳と伴の荘厳ということを、ここでは語っているわけです。その時に主の荘厳というのは阿弥陀仏である。そして聖衆の荘厳という、いろんな仏とか菩薩とかと言われる方々の姿が説かれているのは何かというと、彼の浄土に在ます人々と及び十方の世界から彼の浄土に同じく生まれんとする者とが聖衆の荘厳であると言うのです。これは大事なことであります。浄土に在ます衆と浄土に生まれんとする者とが実は浄土のなかにある存在だというわけです。これは善導がいつも言われることですが、

厭へば則ち娑婆永く隔たる。忻へば則ち浄土に常に居す。（『真聖全一』七二六頁）

と、こう言われます。この娑婆を厭えば、永く娑婆を隔てることができる、そして浄土を欣えば、欣うた心はすでに浄土にある心だと、こういうふうに言うわけです。

又、此の正報の中に就て、亦通有り別有り。別と言ふは、即ち阿弥陀仏是なり。即ち此の別の中に、亦真有り仮有り。仮正報と言ふは、即ち第八の像観是なり。（『全集九』一〇頁）

第八像観ですが、

観音、勢至等も亦是の如し。（同　前）

というように、第八像観、そして第九真身観、第十観音観、第十一勢至観と進んでくるのですが、その観音菩薩を見るということにも、勢至菩薩を見るということにも、先ず最初に像を見るということが出ていますが、その像をみるということが実は仮であると言うのです。

此れ衆生障り重く染惑処深きに由て、仏乍《たちま》ちに真容を想はんに顕現するに由無きことを恐れたまふが故に、真像を仮立して、以て心想に住せしめ彼の仏に同じて以て境を証せしむ。故に仮正報と言ふなり。（同　前）

なぜ、像観というものがあるのか、なぜ、観音勢至にやはり像の観音、像の勢至というものがあるのかというと、それは衆生が煩悩に覆われているから、ただちに真実の阿弥陀の世界を見ることができない、従って、阿弥陀の方が姿を顕わして、衆生の心に従って見せしめるのだ。見せしめられることによって煩悩が払われて、真実の阿弥陀に遇うことができる故、阿弥陀の方便というわけです。これも善導独自の解釈でありましょう。

像というのは具体的には仏像でしょう。ところが善導は、仏像は阿弥陀が顕われてきた姿である仏像はこちらが作って、それを以て阿弥陀仏を見るための方便としたのではなく、阿弥陀が仏像という姿に成ったのだというわけです。だから仏像を拝むことによって阿弥陀を拝むことができるのであるという領解なのです。そうすると、真の正報とはその像観によって眼を開く、つまり像観によって心が澄むことによって見るところの阿弥陀仏の真身観である。即ち第九の真身観であるというわけです。そうすると、真身観とは何かというと、

この観を作《な》すをば、一切の仏身を観ずと名づく。仏身を観ずるをもってのゆえに、また仏心を見る。仏心というは大慈悲これなり。(『真聖全一』五七頁)

この大慈悲心が実は真の阿弥陀なのです。

此れ前《さき》の仮正に由て漸《ようや》く以て乱想を息《や》め心眼開くことを得て、粗《ほぼ》彼の方の清浄の二報種々の荘厳を見て、以て昏惑《こんわく》を除く、障を除くに由るが故に、彼の真実の境相を見ることを得るなり。

(『全集九』一〇頁)

これは像観、つまり仮の観法によって心が澄み煩悩がはらわれる、それによって初めて真実の阿弥陀仏に遇うことができるというわけでしょう。次は通の正報であります。

通正報と言ふは、即ち観音・聖衆等已下是なり。(同　前)

阿弥陀仏以外の観音であるとか、勢至だとか、その他の諸々の聖衆というのは、全部これは通の正

報であるというわけです。これは先の別通に合わせて言うわけです。

向《さき》よりこのかた言ふ所の通別、真仮といふは、正しく依正二報を明すなり。（同　前）

これで依正二報の観法というものを明らかにしたわけであります。

観・経

「観」と言ふは照なり。（同　前）

今度は「無量寿観」ですから、その観法ということについて明らかにするのです。

「観」と言ふは照なり。常に浄信心の手を以て、以て智慧の輝を持ちて、彼の弥陀正依等の事を照らすなり。（同　前）

「観」とはどういうことかというと、いわゆる見ることではなく照らすということだというのです。何で照らすのかというと「浄信心の手を以て」智慧のたいまつを持ち、それによって阿弥陀の依正等の事を照し見るのだというわけです。観ということは、こちらの目で何かを見るのではなく、信心の智慧によって照し見るのだということです。言い換えるならば信心の智慧によって見える世界、その見えるという事実を「観」というわけです。これは、やがて親鸞のところで徹底されて、観とはいったい何かというと、本願を観知するのであるという領解になってくるわけです。

「経」と言ふは経《たて》なり。（同　前）

面白い解釈ですね。「経」という、つまり、お経という経の字は縦糸のことであるというのです。

経《たて》能く緯《ぬき》を持ちて疋丈《ひちぢょう》を成ずることを得、其の丈用有り。（『全集九』一一頁）

これは喩えです。経というのはだいたい修多羅（スートラ）であります。スートラというのはインドの言葉としても縦糸のことになっている。中国に来てもやっぱり縦糸のことになっている。中国の経という字も、もともとは縦糸のことですね。またインドのスートラという字も、やはり、ものをつなぐ縦糸の意味であって、偶然の一致なのですが、経という言葉は、むしろ仏教が入るより先に中国にあった言葉ですが、それがたまたま一つになったということであれば、おもしろいことだと思います。

ともかく経というのは縦糸のことである。その経というのは何を言い表わすのかというと、横糸をいつも保っている働きをするのであるというわけです。緯度・経度という緯ですね。それによって何ができるかというと布ができる。そして、そのできた布に働きがあるのであるというわけです。これは喩えであって、糸一本一本が役に立つかどうかはわからないが、布になり着物になるには、縦糸が横糸を編むようにして始めてこれが作用するわけでしょう。そういうことになぞらえて、横糸そのものが意味を持つものではなく、縦糸そのものが意味をもつものでもなく、縦糸と横糸とによって織りなされた「疋丈」即ち一疋の布になって役立つということです。着物などの場合に二反を合せて一疋というでしょう。その疋丈に用、つまり働きがでてくるということです。着物が働く、着物となるようなものを働きというわけです。

今度は縦糸の話ではなくて、経です。

経能く法を持ちて、理事し相応し、定散機に随て義として零落せず、能く修趣せ令むるの者は、必ず教行の縁因に藉って願に乗じて往生し、彼の無為の法楽を証す。既に彼の国に生ずれば更に畏るる所無し、長時に行を起して果菩提を極む、法身常住にして、比へば虚空の若《ごと》し、能く此の益を招くが故に、曰いて「経」と為す。（同　前）

と言っています。今の喩えに順じて言うならば、経とは法を能持するものである。法を保つものである。その理、即ち法ですね。法の理と経典とは相応しているものである。『観無量寿経』に即して言うならば、定散の法が、この『観経』の経典に説かれている。それによって始めて機に従って、即ち定散の機は定散の法に従うことによって零落しない、転落することがない、退転することがないというわけです。だから「能く修趣せ令むるの者は、必ず教行の縁因に藉って願に乗じて往生し、彼の無為の法楽を証す」と言っているわけです。だから経に従って修め、経に従って歩まんとするものは必ず教えの縁、行の因、つまり教えの縁に遇い、教えらるる行を因として、自分の願いに乗じて、彼の国に往生することができると、そしてその彼国というのは無為法楽の境地である、即ちわれわれは無為法楽を証得するのであると言うわけです。

次に注意を要するところは、

既に彼の国に生れぬれば、更に畏るる所無し、長時に行を起して果菩提を極む。（同　前）

と言うていることです。この文章では、善導は浄土に生まれると、もう邪魔者がいない。だから長い時間をかけて浄土では修行ができる、その浄土で修行して、そうして菩提を極むるのだといっているわけです。だから一応、善導は浄土というのは修行の世界である、この世というのは修行の困難な世界である、従って浄土に生まれることによって修行が自由無碍にできるのであるという一応の領解をして、この浄土は、そのまま実は無漏清浄の世界であると受け止めることによって、浄土は修行の場所であると言いながら、そのまま転じて、浄土はもうすでに仏の世界であると一転してくるわけです。

一応、一般の領解に乗じて浄土は修行のできるところであると、こう言っておいて、その一般の領解に従ってそのように言ったうえで、しかし、その浄土とは何によってできたのかというと、無漏清浄の願心によってできたのである、と押えることによって一転させていくというわけです。これは言わば一つの手続きです。その手続きのところに善導の苦労があるわけです。善導がその当時における聖道の諸師との共通の広場において語りながら真実を語ろうとする苦労があるわけですね。その苦労を見抜いて親鸞は、もうその苦労がいらなくなったところに立って、浄土即ち涅槃界であると言い切ったわけです。その浄土即ち涅槃界であると言い切る前には善導の一つ大きな苦労というものがあるわけであります。

一経両会

最後に「一巻」ということであります。

一巻と言ふは、此の『観経』一部、両会の正説なりと言ふと雖も、惣《すべ》て斯の一を成ず、故に一

巻と名く、故に『仏説無量寿観経一巻』と言ふ。此れ即ち其の名義を釈すること竟ぬ。（『全集九』二二頁）

なぜ、一巻までわざわざ釈さなくてはならなかったかということですが、実は、この一巻を解釈したところに非常に大事なことがあるのです。この一巻を解釈したということは、確かに『観無量寿経』というのは『大無量寿経』のように二巻ではありません、一巻ではあるけれども、『観無量寿経』は同じ所で説かれたのではなく、二度説かれたのです。一つは王宮会、もう一つは耆闍会と経典のなかに二つの会所が示されてあるのです。耆闍崛山においでになった釈尊が、あの王舎城の悲劇に遇うて苦しんでいる韋提希夫人の所へ没しておでましになる。おでましになって韋提希夫人を相手にして説いたのが王宮会の説法であります。だから王宮で説かれた説法というのは正しく人間苦のただ中に説かれた説法ということです。ところが、王宮でその説法が説かれることによって韋提希夫人が救われ、また韋提希夫人についていた五百人の侍女まで一緒に救われるわけです。それを見届けられた釈尊は、いわば身も軽々と阿難尊者と目蓮尊者とを伴って、また耆闍崛山へ帰っていかれるわけです。

耆闍崛山から出て来る時は、没して出て来られますが、そこで人間苦を本当に救う釈尊出世の本懐が明らかになるわけですね。明らかになった喜びをもって耆闍崛山へ帰られるのです。耆闍崛山へ帰った時には、千二百五十人の長老を中心とした人々が、釈尊がどこかへ行ってしまったかというわけで待っているわけですね。その待っていた仏弟子達に向って阿難尊者が実はこういう理由で、こういう所に行っていて、こういうことをしてきたのだということを話すわけです。それを聞いて、山で待っていた人達も納得して、みんな耆闍崛山の人々も救われると、こういうわけです。だから一経だが両会の教説なのです。説いていることは、一つのことです。つまり除苦悩法を説いているのですが、除苦悩法が端的に説かれた場所は王宮です。王宮において除苦悩法が求められ、その求めに応じて釈尊一代の説法を背負って、王宮において一人の人間の救いに釈尊が生命をかけたわけです。そして除苦悩法が説かれた。説かれることによって始めて背景にあった耆闍崛山の説法の意味が明瞭になったわけですね。

たとえば、空という教えが説かれていたのかもしれないし、あるいは本願ということも本願という言葉で説かれていたのかもしれません。一代仏教というものがあるが、その一代仏教は王宮における除苦悩法となったという、証しを通して初めて、一代仏教がどう説かれていても除苦悩法なのであると、すなわち苦を除く教えなのだということが証《あかし》されるわけです。だから一経両会ということは、何でもないことのようですが、実は非常に注意をした解釈であるわけです。

闍者崛山を去って苦悩する人間世界のただ中へ下り、そして釈尊が仏陀の証しをする。その証しをしたことをもって山へ帰る。一代仏教は一人の救いのところにあって、一人の救いにおいて、実は一代仏教の意味が明瞭になるのである。逆に言うならば、一人の救いの背景には普遍の法があるというわけです。普遍の法においてしか救われないのが一人であるということです。正に一経両会であります。だから、その一巻ということに注意されたのは、その一巻が大事なのですね。一巻で始めて『観無量寿経』が単なる観法の経典ではなくて、念仏の経典だということが明らかにされてくるわけであります。

第五章　『観経』の宗致

――宗教門――

三弁《ヘン》釈《セ》宗《シュ》旨《シノ》不同・教之《ノ》大小《ヲ》者《ハ》、如《キハ》『維摩《ユイマ》経《ノ》』以《テ》不思議解脱《ヲ》為《シ》宗《ト》、如《キハ》『大品経《ノ》』以《テ》空慧《ヲ》為《ス》宗《ト》。此《ノ》例《レイ》非《ス》一《ニ》、今此《ノ》『観経《ハ》』即以《テ》観仏三昧《ヲ》為《シ》宗《ト》、亦以《テ》念仏三昧《ヲ》為《ス》宗《ト》。一心《ニ》迴願《ノ》往生《スルヲ》浄土《ニ》為《ス》躰《タイト》。言《イフ》教之《ノ》大小《ト》者《ハ》、問《テ》曰《ク》。此《ノ》経《ハ》二蔵之《ノ》中《ニハ》何《レノ》蔵《ニ》摂《セフシ》、二教之《ノ》中《ニハ》何《レノ》教《ニカ》収《オサムル》。答《ヘテ》曰《ク》、今此《ノ》『観経《ハ》』菩薩蔵《ノ》収《ニオサム》、頓《トム》教《ノ》摂《セフナリ》。（『全集九』一一頁）

一経両宗

ここは短かい一段ですが、これは宗教門とか、宗旨門とか呼ばれている一段です。いわゆる宗教とか宗教的と言われる、あの宗教ということではなくて、ここの問題は、『観無量寿経』の宗は何であるか、また大乗とか小乗とかいわれるが『観無量寿経』という経の所属は何なのかということが問題の中心なのです。ですから、その宗と教とを明らかにするという意味で宗教門というわけです。宗と教と言いますけれども突き詰めて言いますと、経の宗旨を明らかにするということです。宗は要なりと言いますように、その要とはいったい何であるかということを明らかにするということですから、宗と教とを明らかにするということではありますけれども、もっと押えて宗旨門という呼び方がされるわけでありますます。宗旨を明らかにするわけです。

ところで七門料簡ということを最初に出しまして、一番最初が序題門でしたね。その次が釈名門で『仏説無量寿観経一巻』という経の題名について、題名を中心にして『無量寿観経一巻』ということを明らかにしている。その二つがすんだのですが、この序題門と釈名門とは『観無量寿経』の本文には、まだ入っていないわけです。本文に即してものを言っているのでなくして、むしろ総体的に『観無量寿経』の位置を決定するわけです。ところが本文に即して『観無量寿経』の玄義を明らかにするというのは、この第三番目の宗教門から始まるわけです。そういう意味では、宗教門からはまさしくその本文に即してと言いますか、『観無量寿経』という経典の本文の意味に即しながら問題を押えていくということになるわけです。

この一段は宗教門とか宗旨門と言っていまして、最初に「宗旨の不同、教の大小を弁釈」すると言っていますけれども、だいたいは宗が明らかになればいいのでしょう。宗が明らかになれば、もう教は決定するわけです。これは、ある意味では善導の姿勢でもあるわけです。宗旨の不同と教の大小を分けるというのは、別に善導によって始められたことではなくて、浄影寺慧遠にしても、天台大師にしても、ほとんど大同小異で、ある意味では経典解釈の一つの通規なのです。

しかし、善導の場合は通規に従ったというのではなくて、宗旨を明らかにすることによって、教の位置を決定するのです。これが善導の決定的姿勢であるわけです。普通はこの経典は大乗経典だ、小乗経典だと分類してしまうわけでしょう。分類して、その大乗経典のなかに『華厳経』がある、あるいは大乗経典のなかに『涅槃経』がある。そしてその『涅槃経』は何を説こうとしているかというと、『涅槃経』はこれだ、『華厳経』はこれだというわけです。ところが善導の場合は逆であって、宗旨というものを明確にしておいて、宗旨が明確になることによって大乗の極意を説く経典であることを明らかにしようというわけです。だから普通なら経を分類して、経の中心思想は何か尋ねることにより、それを見つけていくのですけれど、善導は宗を明らかにすることによって経を決定する。だから宗が明らかになれば、それによって、その経が大乗であるか、あるいは菩薩蔵であるかということが明瞭になってくるということです。同じことをやっているようですけれども、そこに姿勢の違いというようなものがあるわけです。

しかし、この方法は決して善導が初めてやった方法ではなくて、当時の中国における経典解釈の通規にしたがったわけです。ですからそういう意味では、こういうやり方は浄影寺慧遠という人の『観無量寿経疏』のなかにも出ておりますし、三論の嘉祥寺吉蔵の解釈にも出ておりますし、あるいは天台大師智顗の観無量寿経解釈にもやはりそれぞれの立場でこういう方法をとっています。もう少し近いところで言いますと、このかたちは実は善導の師である道綽の『安楽集』のなかに、ほとんど文章も大同小異と言っていいほど同じかたちで語られているわけです。この語られているあり方に従いながら善導はここで一つ非常に大事なことを明らかにしようとしている。それは何かというと、ここに出ている『観無量寿経』の宗を観仏三昧と念仏三昧と、いわゆる一経両宗と言って、一経に両宗を立てるという、きわめて独自なことをやるわけです。だいたい人間に心臓が二つあるというようなことと同じで、一つの経典に宗が二つあるというのはありえないことであって、誰もこのようなことをやった人はない。ここに大事な問題があるわけです。

それに先だって善導はここに二つの経典を挙げています。一つは『維摩経』です。『維摩経』という経典は、いったい何を宗としているのかと言うと、不可思議解脱をもって宗と為している。また『大品経』は、空慧を宗としていると言っています。この『大品経』というのは『般若波羅蜜経』です。いわゆる『般若経』です。『般若経』に大品般若と小品般若とがありますが、そのうちの大品般若です。この『大品経』は、般若の空、般若の慧、つまり般若の空の智慧を説くことをもって宗と為すというふうに言うわけです。ここで宗というのは、まさしくその経の根本精神であるわけです。

ところでこの『維摩経』は、『維摩詰所説経』というと同時に、また『不可思議解脱経』とも言うのです。法によって名をつければ『不可思議解脱経』ですし、人によって名をつければ、維摩詰が説いたところの『維摩詰所説経』というわけです。そうすると経典というものは、そういう意味ではいずれの経も、その経の題がその経の宗を語っているというわけです。ついで『大品経』の題も『摩訶般若波羅蜜経』ですから、大般若波羅蜜を説く経典であるわけです。特にこの二つの経典を持ってきて、ここで善導は『観経』の宗を決定しようとするわけです。ところが実はそれに先だって善導の師匠である道綽の『安楽集』のなかに次のような文があります。

諸経の宗旨の不同を弁ずとは、もし『涅槃経』に依らば仏性を宗と為す。もし『維摩経』に依らば不可思議解脱を宗と為す。もし『般若経』に依らば空慧を宗と為す。もし『大集経』に依らば陀羅尼を宗と為す。今此の『観経』は観仏三昧を以て宗と為す。（『真聖全一』三八一頁）

そうすると善導の師匠である道綽は、『涅槃経』と『維摩経』と『般若経』と『大集経』の四つの経典を出しておるわけです。ところが善導は二経を出しています。それは善導がそのなかから勝手気ままに二経を選んだのではないのであって、これには意図があるのです。どういう意図かというと、『涅槃経』が仏性を宗となすと言ったときに、『大般涅槃経』という経題がそのまま仏性を語っているというわけにはいかないわけです。あるいは『大集経』は陀羅尼をもって宗となす、というた時に『大集経』という名がそのまま宗を語るというわけにはいかない。ところが『維摩経』は『不可思議解脱経』ですから、『不可思議解脱経』は不可思議解脱を宗となす、『摩訶般若波羅蜜経』は摩訶般若波羅蜜を宗となす、これは明瞭ですね。まさに経題が経の宗を語っています。それを受けて善導は『観経』の宗を決定しようとしたわけです。そこで、『観経』は観仏三昧をもって宗となすと、これはこれでいいわけです。ところが経題が経の宗を語っているという一点をおさえておきながら、

すなわち観仏三昧を以て宗となし、また念仏三昧を以て宗となす。（『全集九』一一頁）

と、こう語ったところに善導独自の宗の決定があるわけでしょう。

これは従来から言われていることで言うならば、「即」と「亦」ということで選んでいるといわ

れていますね。だから『観無量寿経』という経典は、即時に見るならば、経題そのものが『仏説観無量寿経』ですし、説かれている中心の正宗分は十六観法です。そして、最後の流通分に経題を「観極楽国土、無量寿仏、観世音菩薩、大勢至菩薩と名づくべし」とあります。そうしますと全部一貫して観なのです。だから即時に経題に従って宗旨を決定するならば、それは観仏三昧を宗となすというわけです。ところが観無量寿という経を説く仏陀の意に従って明らかにするならば、念仏三昧をもって宗となすというわけです。これが善導の決定なのです。

ところが、もう一つ大事なことがあると思うのです。一応、観仏三昧が宗だ、また念仏三昧が宗だ、ということはまちがいないでしょう。いわば経相に従っていえば観仏三昧であるし、経意に従って言うならば念仏三昧だと、これはまちがいのない決定に違いありません。しかし、この両三昧を宗と決定したところには二つの意味があると思うのです。その一つは、善導に先立って曇鸞と道綽があるわけでしょう。その曇鸞と道綽において明瞭になっていない一点があるのです。それは何かというと、いわゆる経に宗と体という、経の宗と経の体ということを決定して、経の本質を明らかにする方法は、実は曇鸞・道綽の時代にはまだ無かったわけです。天台大師に至ってはっきりしてきたのです。だからそういう意味では曇鸞や道綽にあっては経典の性格を宗と体ということで明らかにすることがまだ明瞭でなかったのです。

曇鸞は『論註』に、

即ち仏の名号を以て経の体と為す。（『真聖全一』二七九頁）

と言っています。経体のみ言って宗を言っていません。また道綽は、

観仏三昧を以て宗と為す。(『真聖全一』三八一頁)

と、宗のみ言って体は言うていません。つまり曇鸞と道綽の二師においては、宗と体というようなことが明瞭なかたちで語られていないわけです。つまり、教学的に言うならば不備です。しかし、二師が言おうとする精神を善導はくみとって宗と体という、当時の仏教学の学問方法に従って、曇鸞・道綽がなおかつ明瞭にしえなかった経典の根本義というものを明瞭にして、仏教の学界において『観無量寿経』というものの位置を決定するわけです。そうした一つの大きな仕事があるわけです。

もう一つは、この二つの三昧を決定するということにおいて、前の釈名門のところにも、その前の序題門のところにも出てきましたが、二尊二教という精神をもう一度宗のところで決定しようというわけです。教主は仏陀釈迦牟尼であり、救主は阿弥陀仏であるということです。その教主釈迦としての教えは観仏三昧である、そして救主阿弥陀によって開顕されるのが念仏三昧であるということです。単に教相と教意ということよりも、こういうことの方が大事なのでしょう。ということは、いわば釈尊に向かって人間が問いうる唯一の問は、観仏三昧を問う以外にないのです。ところが念仏、つまり称名念仏が人間の救いだというようなことの決定は、実は人間から生まれてくる決定ではないということです。

これはやがて後に出てきますが、聖道の諸師方が別時意の論難という問題を出しまして、称名念

仏などは行と言ってもただ願望だけあるだけで、仏教の行には入る資格はない。唯願無行であって、そのようなもので人間が救われるはずがない、という問題を投げ掛けてくるわけです。これは別に無理なことを言うているのではなくて、当然な問題です。人間から発ってきたものが念仏だとしますと、念仏が人間を救うはずがありません。何も努力がないわけですから、それこそ道元が言われるように、「もし念仏で人間が救われるなら、田圃の蛙は皆救われる」、そのとおりだと思います。称名念仏というのは、人間の努力というような名にも価しないでしょう。田圃の蛙がガアガア言っているのと同じだと道元は言っていますが、そのとおりでしょう。

それにもかかわらず『観無量寿経』は実業の凡夫、韋提希の救いを念仏三昧で決定したということは何を意味するのか。言うならば人間が願いうるもの、人間がたずねうるものは観仏しかない。ところが観仏の法を問わずにおれないところの人間が救われるのは何かといったら、念仏によってしか救われない。その念仏はもはや人間からおこってくる、人間の思いのなかから出てきたものではないということです。これが釈尊の教意をうかがいつつ、やがて阿弥陀の願意にかえって『観無量寿経』という経典を明らかにしえた善導の精神です。これがつまり善導が『散善義』で言うているところの「一心専念弥陀名号云々」という、あの言葉が、「順彼仏願故」の一語で押えられているることの意です。「彼の仏願に順ずるが故に」の「故に」は理由です。称名がなぜ人間の救いとなるのか、それは仏願に順ずる理由によるというわけです。その決定にまでこの問題は一貫するわけです。だから、

今此の『観経』は即ち観仏三昧を以て宗と為し、亦念仏三昧を以て宗と為す。(『全集九』一一頁)

ということが、実は一つには曇鸞・道綽においてなお明瞭にしえなかったことを明瞭にして、当時の仏教学界において公明正大な場所で『観無量寿経』の位置を決定しようということです。またそれは内にかえって言うならば、釈迦教・弥陀教という釈迦・弥陀二尊二教ということを明らかにして、釈迦は救主ではないということを明瞭にしたかったわけです。仏陀釈尊によってわれわれは阿弥陀の本願にめざましめられるのだというわけです。だからして仏陀釈尊が説きうること、いわば仏陀釈尊と人間という関係で顕われうるものは、観仏ということ以外にはない、しかし仏陀釈尊がやがてその教えを通してわれわれの救いを明らかにするということは、阿弥陀の本願に順ずる、この一つの決定がすでにこの宗を決定するというところで明瞭になっている。これが大事なことだと思います。

願の歩み

一経両宗ということを善導は論理として言っているのではない。一経両宗というかたちをとりますけれども、そういうかたちをとって『観無量寿経』という経典の根本精神を明らかにしようとするわけですが、この経典の体が明瞭になった時、始めてその精神が明らかになるわけです。では『観無量寿経』の体はいったい何なのかというと、善導は、

一心に廻願して浄土に往生するを体と為す。(同　前)

とこう言っています。こうすると、この経の体は「一心廻願往生浄土」ということです。「一心に廻願して浄土に往生するを体と為す」、この決定があるわけです。これが経典の生命です。経典の生命は何かということが、経にわれわれがたずねる生命は何かということですね。生命は一つしかないのです。一経両宗ですが、一経二体ではないのです。宗が二つあるから体も二つあるというわけではなく、宗が二つだということを明らかにするのが一体ということなのです。

そして、その一体とは何かというと、「一心に廻願して浄土に往生する」ことだと。これは歩みですね。歩んでいることでしょう。一心に願い、廻向発願して、浄土に往生しようとする、願生の歩みです。願生の歩みが観仏三昧を宗となし、念仏三昧を宗となすという経典を歩ますわけです。願生の願いが経典を歩ますのです。願生の願いなくして『観無量寿経』を読めば、当然「観仏三昧を以て宗となす」、これでわかってしまうわけです。そのとおりです。ところが願生の歩みが経典を一貫していくということは、経典を読む、その精神が願生の歩みである時、始めて経意つまり経のなかに、実は一経両宗という精神を汲み取ることができるわけです。

このことを従来の先輩が一文両義と言うています。つまり、この「一心廻願往生浄土」ということも、自力・他力とに分けるのです。一つには、この一心は定散の自力の心であって、廻願というのも自力の心であるならば、あの自力の廻向発願心だと言うのです。またそれを他力でいうならば一心は本願の成就の一心であって廻願は欲生心だと、こういうふうに言っているわけです。このように言われますとよくわかるようですけれども、そのように分けてしまうと一体にした意味が無くなってしまうのではないかと思います。そうではなくて「一心廻願往生浄土」ということは一つしかないのです。いわば唯一の宗教的要求です。その宗教的要求が経の当面にあるものを突き破って、経のなかに流れている生命を汲み取るわけです。そういうことが大事なことでしょう。

だから、そういう意味からして今一度宗を見返しますと、「観仏三昧を以て宗と為す」という観仏という言葉そのものを押えて言うならば、浄影寺慧遠にいたしましても天台大師にしても、あるいは嘉祥寺吉蔵にしても道綽にしても、それから善導にしても同じことです。ところがその観仏と言っていることの内容が違うのです。たとえて申しますと、浄影寺慧遠は『観無量寿経』の観法というのは、全部一応は事観だと言っています。事観というのは浄土の姿を見るというようなものです。たとえば日想観とは、日想を観ることですからまさに日想という事実を見るわけです。また水想観とは水想という事実を見るのでしょう。つまり事観だというわけです。また嘉祥寺吉蔵も事観だと一応言っています。そういう意味では皆同じように言っているわけです。

ところが事観だということの意味が善導の言うていることとは違うのです。聖道の諸師方は『観無量寿経』に説かれているのは確かに姿は事観だけれども、事観がついには理観に到達せしむべき事観だというわけです。理観とは真如の道理にめざめる、つまり真如の道理を見るということです。『観経』に説かれている観法というのは、確かに誰がみてもあれが理観、つまり真如観だというわけにはいきません。そうでしょう。日想観を真如観だというわけにはいきません。ところが諸師方は、あの事観は事観に止まるのではなくて、やがて真如の道理にめざめるというところまで行かしむるための事観だと、こういうふうに言うわけです。

しかしながら道綽、そして道綽の精神をうけた善導も徹底して事観だということを主張しますが、その事観だと言うている時には理観に到達するところの事観ではない、もっと端的なのです。もっと素朴なのです。日想観、いわゆる太陽の沈むを見よ、という言葉に従って素直であるわけです。つまり太陽の沈むのを見ることが願いなのではなくして、見ることを通して願っているものがあるわけなのでしょう。それは願生です。浄土に往生せんと願っている、その願いが、太陽の沈むのを見よという教えを聞いた時に太陽の沈むのを見、教えの如く見ることを通して願生心がそこに成就していくということが内に願われているわけでしょう。事観は、理観のための事観だというのではないのであって、見よという教えを聞いてそのとおりにやるということは、そのとおりにやらずにおれないものがあるわけでしょう。やらずにはおれないものは何かといえば、それこそ浄土に往生するという願いなのです。こういうことが、やがて定善の十三観という浄土の観法というものが、そのまま善導にとって願生心の一つの現われだという領解になってくるわけです。

このように見ていきますと当然善導の場合には、その「一心廻願往生浄土」の願い、願生の願いが経典を読ましめることを通して、やがてその教えの如くに事観を行ずるわけです。そして、その歩みはそのまま教えの精神にまで到達する、そこに阿弥陀の本願の顕現としての念仏というものに帰していくわけです。つまり人間から願った願いが、やがて阿弥陀によって成就していくというところまでゆくわけです。そういうことをここでわれわれが充分見ておかなければならないわけです。

そして、その両三昧ということは、ここのところではこれだけの言葉で終っていますが、実は一経に両三昧、両宗をたてたということが、これから善導の『観無量寿経疏』の最後まで一貫して連なっていく指標になっていくわけです。

善導の教判

次にはこの『観無量寿経』という経典は大乗の教えのなかでいったいどのような位置にあるのかという一つの問いをたてますね。これについては二蔵という考え方と二教という考え方と二つ出ております。二蔵というのは、声聞蔵と菩薩蔵ということです。二教というのは、頓教・漸教、こういう分け方でしょう。これは一つの教相判釈なのです。

どうして善導がこのような教相判釈をしたのかというと、ここには善導という方の前歴が語られているわけです。ご存知のように仏教には五時八教という代表的な教相判釈があるわけです。これは天台大師の教相判釈ですが、今日ではこれしかないようにみんな思っているほど代表的なものですね。善導はその教判に依らないで二蔵二教の教相判釈に依ったということは、いわゆる善導の前身が三論の学者だったということがあるわけです。この二蔵二教の教判は三論の学問のなかにある、言ってみれば善導はこの二蔵二教の教判を天台の五時八教に対峙するような大きな教相判釈として内実化したのです。大小乗を分かつ時に声聞蔵と菩薩蔵に分け、そしてそれをさらに頓教と漸教に分ける。これで一代仏教を統摂していこうというのです。これは、天台の五時八教に対峙するような大きな教相判釈だというのです。実はそれに従ったのは、今言いましたように善導の前歴によるわけですが、前歴によりながらあえてこのようなことをしたのは、もうすでにこの二蔵二教の教相判釈のなかに諸師の教相判釈によりながら諸師の見解を破っているということがあるわけなのです。

この二蔵二教の教相判釈は諸師によって同じことが言われていまして、善導が今さら言う必要がないように思われますが、一点大切な違いがあるわけです。それは諸師が見ておるのは『観無量寿経』も菩薩蔵だ、『観無量寿経』も頓教だと言おうとするわけでしょう。『華厳経』も頓教だ、『華厳経』も菩薩蔵だ、『涅槃経』も頓教だ、『涅槃経』も菩薩蔵だ、『観無量寿経』もその一つだと、そういうかたちで言っているわけでしょう。ところが善導の言おうとするのはそうではないのです。『観無量寿経』こそ菩薩蔵だ、『観無量寿経』こそ頓教だと、こう言うわけです。

その精神が「偏依善導一師」と言ったあの法然にいたりますと、さらに明瞭にされてきます。法然があの『漢語灯録』のなかでこんなことを言っています。

天台・真言皆頓教と名づくと雖も、惑を断ずるが故に猶是れ漸教なり。未だ惑を断ぜず、三界の長迷を出過するが故に、此の教を以て頓中の頓とするなり。(『真聖全四』二六四頁)

法然によりますと、三論も真言も、あるいは天台も、すべてそういう大乗の諸経典というものを全部頓教に収める、しかし事実は何かというと断惑証理だ、煩悩を断じて悟りをうるということが説いてあるということにおいて具体的には漸教でしかないではないか、というわけです。道理としては頓教だと言えるかもしれないけれど、具体的には漸教でしかない。しかし未断惑の凡夫がただちに悟りをうるという教えこそ、頓中の頓と言うべきであろう。それがこの『観経』だと、こういうふうに法然は押えているわけです。

この精神がやがて親鸞のところへきますと、

専中の専、頓中の頓、真中の真、乗中の一乗なり。斯れ乃ち真宗なり。（『全集一』二九〇頁）

という領解になってくるわけです。これがひいては親鸞の二雙四重の教相判釈の原型になってくるわけです。そういうことが、ここでは考えられなくてはならないことです。

この宗教門そのもののところには際立って言わなければならないことはないのですが、実はこの宗教門を通して、それが一つの原点となって、その原点から次第に『観無量寿経』の内容への道を開いていくということでは、この一点がきわめて重要な意味をもってくるわけです。というのは、その次の説人門というところへきますと、明らかに宗教門で善導が明示した問題が具体的に仏説の決定というかたちで出てくるわけです。

第六章　説 者 と 聴 者

――説人門――

四弁《ヘンセ》二説人差別《ヲ》一者《ハ》、凡諸《ソ》一経《ノ》起説《キ》不レ過《スキ》二五種《ヲ》一。一者仏説、二者聖弟子《ノ》説、三者天仙《ノ》説、四者鬼神《ノ》説、五者変化《ノ》説《ナリ》。今此《ノ》『観経《ハ》』是仏《ノ》自説《ナリ》。問曰《ク》。仏在《マシ〳〵テ》二何《レノ》一処《ニ》一説《トキ》、為《ニカ》二何《イヅレノ》人《ノ》一説《ヘル》。答曰。仏在《テ》二王宮《ニ》一為《ニ》二韋提等《ノ》一説《トキタマヘルナリ》。（『全集九』一二頁）

ここで確められている事柄も別に善導が改めて思いついた問題というわけではなく、もともとは龍樹の『大智度論』に出ている言葉です。と同時に、それが近くは道綽にあるわけでしょう。そして、浄影、天台、嘉祥といわれるような諸師方も全部同じことを言うているわけです。その意味からすれば、方法においては通途の義に従っていくわけです。ところが、その精神は全く違うのです。

先の宗教門の所で決定したように、『観無量寿経』こそ頓教であり、『観無量寿経』こそ菩薩蔵である。また『観無量寿経』の根本精神は観仏三昧を宗とするが、念仏三昧に収まるのだと、そしてそれは二尊二教の仏教として、やがて阿弥陀の本願の名号に収まるのだということになってくるわけです。そういう確認を通して見直しますと、ここで示されることも単に五つの説き方のなかに仏説というものがある、という形式としての仏説の決定ではなくなってくるわけです。文字通り如来ということを決定しなくてはならなくなるわけです。だからそれがここに改めて出てきたわけです。

経典には確かに仏説もあるでしょうし、あるいは聖弟子の説もあるわけでしょう。『維摩経』などは聖弟子の説です。あるいは天仙説、天仙説というのは、『法華経』のなかにはしばしば出てきます。鬼神説というのには、いわゆる龍神八部のなかの鬼女が教えを説くというようなのがあります。変化説というのは、いろいろに姿を変えたもの、姿を変えたものというよりも、鳥が説法するというようなことがあるわけです。このような五つの説があげられているわけですが、とくにここで善導が言おうとするのは仏説の決定です。仏説の決定というのは、先の宗教門を受けて如来如実の言葉ということの決定なのですが、それを決定する時に、ここに一つ何でもないかたちで非常に大事な問答をおいています。

問うて曰く。仏何れの処に在して説き、何れの人の為にか説へる。(『全集九』一二頁)

と、こうたずねていますね。『観無量寿経』は仏説だ、仏の自説だと言うけれども、『観無量寿経』が仏の自説だということはいったい何か、というように問わずに、仏はどこで説法されたのか、仏は誰に説法されたのかと問うわけです。つまりどこで、誰にというかたちで経典の性格を決定するわけでしょう。どこで、誰にというふうに決定しようとするところには、すでに後に出てくる諸師の考え方に対する批判があるわけです。

どこ、とこう言うたときには、王舎城の王宮で説かれたという決定があるわけです。これはどういうことかといえば、王舎城の王宮そのものはだいたい大乗の経典の説かれるような場所ではないのです。これまでの大乗経典についての考え方でいうならば、王舎城の王宮などという場所での問題は、いわば家庭裁判所であつかわれるような問題であって、経典に関わりのある問題ではないと思っていたのでしょう。王舎城の王宮での問題は、いわば宗教問題でなかったわけです。だからして聖道の諸師方は、『観無量寿経』を読んで困ったのでしょう。このような家庭悲劇などというものが、経典の発起序になるはずがないというので、あの王舎城の悲劇に登場する人物を大権の聖者というふうに決定したわけです。つまり聖道の諸師は、仏説である経典を人間の予定概念でみたわけです。本来大乗の経典は、耆闍崛山上で大比丘衆を前にして説かれるような広遠なものだというわけでしょう。しかし残念なことには、『観無量寿経』は王舎城における王宮での悲劇で始まっている。とすると、自分の予定概念で経典を変えなくてはならなくなったわけです。そこであの悲劇の登場人物は凡夫ではなく、還相利他の、いわば仏の智慧を得た聖者である、だからして凡夫の姿をとりえたのだ、その大権の聖者が、あえてドラマを演じて人々を導いて大乗の世界へ入らしめようとするのが『観無量寿経』であると諸師は見たわけです。それを善導は王宮で説いた経だと決定して、諸師の見解を批判するわけです。

このことは前の釈名門の一経両会の経と押えられたところと深い関わりをもっているわけです。それは両会ではあるが一巻だということはどういうことかというと、経典の説かれる二つの場所があったのではない。一つしかない。その一つというのは王舎城の王宮である。たとえばそれが耆闍崛山へ帰って説かれても、説かれたのは王舎城の王宮一つでしかないというわけです。そうすると、この経典は耆闍崛山上で説かれた経典ではない。耆闍崛山に帰る経典であるかは知らないけれども、説かれたのは耆闍崛山ではない。あくまで王舎城の王宮だ。王舎城の王宮とはどういう所かといえば大権の聖者のいない所だというわけです。文字通り実業の凡夫の所だというわけです。その実業の凡夫の所で、耆闍崛山にましまして大乗の経典を説く仏陀釈尊が、自らの生命を賭けなくてはならなくなったということが意味をもつわけです。「仏、耆闍崛山より没して、王宮に於て出でたもう」たのですから、耆闍崛山の一代仏教の真理というものを一凡夫の救いのところに賭けなくてはならなかったということです。だから釈尊の教えが真実であるか、あるいは空しいものであるかが、ここで試されるような経典だという意味があるわけでしょう。

だから、そこでは諸師の言う観念論が廃されて、どこで説かれたか、実業の凡夫の泥まみれのなかでこの経典は説かれた。誰に説かれたかというと、決して大権の聖者に説いたのではなく、韋提希に説いたのだというわけです。ところがそのとき、「等」という字をおいています。韋提希のために説いたのだと言います。「等」というのはいったい何か。「等」というのは、一応その場にいた五百の侍女達を言うのでありましょう。一応はそうでしょうけれども、「等」というのは、宿業をあらわすのです。韋提希という一人の心に提婆がおり、頻婆娑羅王がおり、そして阿闍世がおり、五百の侍女がおり、という意味の「等」です。だから、この「等」は業縁性をあらわすのでしょう。

ただ経典にたくさんの人の名前が出ていたという話ではないわけです。教えを請うたのは韋提希であるけれども、説いた教は韋提希等のための教えだ、と言ったときは、ただみんなのための教えだというわけではないのです。やはり韋提希という名が出ているのですからね。韋提希ということに「等」という字がつくわけです。そこに韋提希個人というものが、同時に個人でありつつ「等」というものを内に包んだ個人ということです。「等」の世界を内に包んだ個人を実業の凡夫というのです。「等」の世界から切り放した人間を大権の聖者というわけでしょう。観念の世界に遊ぶのですからね。「等」の世界から一度も足を離すことができない。私の問題を引っ張り上げたら芋づるのように断絶なしに無数のものが一緒に上がってくるような存在です。それを実業の凡夫というのです。

わずかな文章ですが、これだけの言葉で善導は仏教の通説に従って五説ということをあげて、これは仏自説だと、こう決定しておいて、仏自説だということは何かというと、どこで説いて、誰に説いたかという、この確認でそのことが決まるのだというわけです。これだけで明瞭に善導は、先の宗教門で押えた経典の宗と教との決定がそのまま説人門のところへきますと、仏説の決定になり、仏説の決定は諸師の仏説観というものを根本的に否定するかたちで明示されているわけです。

第七章　求道の確認

――定散門――

五料《レウ》二簡《スルニ》定散両門《ヲ》一、即有《チリ》二其《ノ》六一。一明《シ》(マヽ)二能‐請者《ノヒトヲ》一、即《チ》是《レ》韋提《ナリ》。二明《ス》二所《シヨ》請《ノ》者《ヲ》一、即是世尊《ナリ》。三明《ス》二能説《ノ》者《ヲ》一、即是如来《ナリ》。四明《ス》二所‐説《ヲ》一、即是定散《ノ》二善十六観門《ナリ》。五明《ス》二能為《キヲ》一、即是如来《ナリ》。六明《ス》二所‐為《ヲ》一、即韋提等是也《リ》。問曰。定散《ノ》二善因《ヨル》二誰《タレカ》致《チ》請《ニ》一。荅曰。定善《ノ》一門《ハ》韋提致《ス》二請《ヲ》一、散善《ノ》一門《ハ》是仏《ノ》自説《ナリ》。問曰。未《イツ》‐審《カシ》、定‐散《ノ》二善出三在《セル》何 文《(マヽ)イツレモンニカ》一、今既《ステニ》教備《ソナハリテ》不《ス》レ虚《ラ》、何《レノ》機《キカ》得《ル》二受《ウクルコトヲ》一。荅曰。解《ケスルニ》有《リ》二二義一。一者《ハ》謗‐法与《ト》無‐信・八‐難《ナム》及《ヒ》非人、此等不《レハス》レ受《ウケ》也。斯《コレ》乃《チ》朽林《キウリン》・碩石《セキセキ》不《ス》レ可《ラ》レ有《ル》二生《ニン反》潤《ウルヲウ反》之《ノ》期《コ》一、此等《ノ》衆生《ハ》必無《スナシ》二受化之《ノ》義一。除《ノソイテ》二斯《コレヲ》一已‐外《ホカハ》、一心信《ニ》‐楽《ノ》求《ク》三願《スルニ》往生《ヲ》、上尽《シ》二一形《ヲ》一下《モ》(マヽ)収《オサム》二十念《ヲ》一、乗《ノ》二仏願力《ニ》一莫《シ》レ不《ストコト》二皆往《ナユカ》一。此即荅《レチ》二上何《ヘニカ》機《ヤ》得受義《ノキ》一竟《ヌ》。二出《イテ》、在《ト》二何 文《レノモンニカ》一者《ハ》、即有《リ》レ通有《リ》レ別。言《フ》二通《ト》一者《ハ》、即有《リ》二三義《ノ》不‐同《ノ》一。何者《ナニモノソ》、一従《ヨリ》二「韋提白仏唯願為我広説無憂《ムウ》悩処《ナウシヨ》」《ト云》一者《ハ》、即是韋提標《ヘウ》レ心《ヲ》自《ラ》為《ニ》通請《ノス》二所求《クヲ》一。二従《リ》二「唯願仏日教我観於清浄業処」《ト云》一者《ハ》、即是韋提自《ラ》為通請《ニノス》二去‐行《ヲ》一。三従《リ》二「世尊光台《タイ》現国」《ト云》一、即是酬《コタウサヤノ》二前 通‐請《ノ》「為《キ》我広説」之言《ノコトハヲ》一。雖《トモ》レ有《リト》二三義《ノ》不‐同《ノ》一、荅《ヘ》二前通《ノヲ》一竟《ヌ》。言《フ》レ別者《トハ》、則有《チリ》二二義《ノ》一。一従《リ》二「韋提白仏我今楽《ゲフ》生極楽世界弥陀仏所」《ト云》一者《ハ》、即是韋提自《ラ》為《ニ》別選《ノエラフ》二所求《クヲ》一。二従《リ》二「唯願教我思惟教我正受」《ト云》一者《ハ》、即是韋提自為請《ニ》レ修《スシユセムト》二別行《ヲ》一。雖《トモ》レ有《リト》二二義《ノ》不同《ノ》一、荅《ヘ》二上《ミノ》別《ヲ》一竟《ヌ》。従《リ》二此《レイ》已‐下《ケハ》、次《ニ》荅《フ》二定散両門之義《ノヲ》一。問曰。云‐何《イカナルヲ》名《ケ》二定善《ト》一、云何名《カクルヤ》二散善《ト》㆒。答曰。従《リ》㆓日観㆒下《モ》至《マテ》㆓十三観《ニ》㆒已《コノ》-来《カタヲ》名《テ》為《ス》㆓定善《ト》㆒、三福九品《ヲ》名《テ》為《ス》㆓散善《ト》㆒。問曰。定善之《ノ》中《ニ》有《ル》㆓何《イツレノ》差別《シャカ》㆒、出《イテ、》在《ルヤ》㆓何《レノ》文《ニカ》㆒。答曰。出何《シュッカ》文者《トイハ》、『経《ニ》』言《ヘル》㆓「教我思惟教我正受」《ト》㆒、即是其《ノ》文《ナリ》。言《イフ》㆓差別《ト》者《ハ》、即有《リ》㆓二義㆒。一謂《イハク》思惟、二謂《ク》正-受《ナリ》。言《フ》㆓思惟《ト》㆒者《ハ》、即是観前《ノサキノ》方便、思《シ》㆓想《サウスル》彼《ノ》国《ノ》依-正二-報惣-別相《ヲ》㆒也《リ》。即地-観《ノ》文《ノ》中《ニ》説《ク》、言《ヘリ》㆓「如此《ニヨシ》想者《サウシャ》名為粗《ソ》見極楽国土」《ト》㆒。即合《カス》㆓上《ノ》「教我思惟」《ノ》一句《ニ》㆒。言《フ》㆓正受《ト》㆒者《ハ》、想-心都《スヘテ》息《ソクシ》縁-慮《エンリヨ》並《ナラヒニ》亡《マウソ》、三-昧《ト》相-応《スルヲ》名《テ》為《ス》㆓正受《ト》㆒。即《チ》地観《ノ》文《ノ》中《ニ》説《ク》、言《フ》㆓「若《ニヤク》得《トク》三昧、見彼国地了了分明」《ト》㆒。即《チ》合㆓上《ノ》「教-我正受」《ノ》一-句《ニ》㆒。定散雖《トモ》㆔有㆓二義《ノ》不同㆒、惣《ソウソ》答《ヘ》㆓上問《ノモンヲ》㆒竟《ヌ》。又向来《サキヨリコノカタ》解《ケ》者《ハ》、与《ト》㆓諸師㆒不《ス》㆓同《ラ》㆒。諸師将《シハマサニ》「思惟」《ノ》一句《ヲ》用《モテ》合《ノ》㆓三-福九-品《ニ》㆒、以《テ》為《シ》㆓散善《ト》㆒、「正受」《ノ》一句《ヲ》用《モテ》通《ツウソ》合《ノ》㆓十六観《ニ》㆒、以《テ》為《シ》㆓定善《ト》㆒。如《ノ》㆑斯《カクノ》解者《ケシャハ》、将《マサニ》謂《オモフニ》不《ス》㆑然《シカラ》。何者《イカントナレハ》如《シ》㆓『華厳経』《ニ》説《カ》㆒。「思-惟正-受者《ハ》但《タ、》是三昧之《ノ》異-名《イミヤウナリ》」、与《ト》㆓此《ノ》地観《ノ》文㆒同《シ》。以《テ》㆓斯《コノ》文《ヲ》㆒証《スルニ》、豈《アニ》得《ムヤ》㆑通《スルコトヲ》㆓於散-善㆒。又向《サキ》-来《ヨリ》韋提上《ニ》請《スルニ》、但《タ、》言《イヒ》㆓「教-我観-於清浄業処」《ト》㆒、次下《ニ》又請《シヤウスルニ》言《イフ》㆓「教-我思-惟正-受」《ト》㆒。雖《トモ》㆑有《リト》㆓二請㆒、唯《タ、》是定-善《ナリ》。又散善之《ノ》文《ハ》都《スヘテ》無《シ》㆓請《ル》処《ロ》㆒、但《タ、》是仏自開《ラカイシタマヘリ》。次下散善縁《ノ》中《ニ》説《テ》、云《イヘル》㆓「亦《ヤク》令未来世一切凡夫」《ト》㆒已下、即《チ》是其《ノ》文《ナリ》。（『全集九』一二頁）

宗教的実存

この長い一段は七門料簡と言われるなかの第五定散門といって、善導が定善と散善を料簡していく文であります。だいたい善導が『観無量寿経』という経典のなかで教えの性格を明らかにしようとしたことは、端的に申しますと、定善・散善ということをどう位置づけるか、というのが決定的な問題だったのです。定善というのは「慮りをやめて、心を凝らす」というのですから止観ということですし、散善というのは「悪を廃して善を修する」という廃悪修善の行です。善導が生命を賭けた一つの問題は、この定善と散善ということを画然と分つということにあるわけです。それがどうしてそんなに大事なのかということを善導は前もって三雙六重ということで、宗教とは何かという問題としてはっきりさせるわけです。

五に定散両門を料簡するに、即ち其の六有り。一には能請の者を明し、即ち是れ韋提なり。二には所請の者を明す、即ち是れ世尊なり。三には能説の者を明す、即ち是れ如来なり。四には所説を明す、即ち是れ定散の二善十六観門なり。五には能為を明す、即ち是れ如来なり。六には所為を明す、即ち韋提等是れなり。（同　前）

これだけが定散門というところの一つの眼目になるわけです。これから『観経疏』に一貫して出てくることですけれども、『観無量寿経』は定善と散善が説かれていて、定善は十三観で、散善は三福九品だと、こう善導は決定したのです。聖道の諸師は『観無量寿経』は定善と散善が説かれているけれども、散善がまず先に少し説かれて、それを方便として定善十六観が説かれたのだと言っています。それに対して、これを根底からくつがえしたのが『観経』の正宗分の教説をどのように読むかということを決定する玄義分のこの一段なのです。

ところで従来から三雙六重の義といわれる一段ですが、まず最初は請ということです。能請は誰かというと、言うまでもなく韋提希です。ここでは韋提等とはいわず、韋提だとこう言います。所請は誰かというと、世尊だとこう決定します。そんなことあたりまえのことのようですが、しかしそのあたりまえのことが善導にとってはあたりまえでなかったのです。何故かというと、ここにもうすでに先ほど申しました韋提希夫人の権者説、つまり韋提を大権の聖者とみようとする諸師の考え方に対する批判があるわけです。と同時に、この経典は誰が請うたかというときに、聖者ではなく韋提という実業の凡夫が請うたのだということが決定されているわけです。

- 三雙
  - 請
    - 能請 ―― 韋提
    - 請所 ―― 世尊
  - 説
    - 能説 ―― 如来
    - 所説 ―― 定散二善十六観門
  - 為
    - 能為
    - 所為
- （以上）―― 六重

しかもここには『観無量寿経』という経典の序文の展開というものがあるわけです。それはどういうことかと申しますと、韋提希夫人が我が子の阿闍世のために一室に閉じ込められ、そしてはるかに耆闍崛山の方に向かって韋提希夫人自身が語る言葉は、「我今愁憂す」です。文字通り「我今」ということです。実業の凡夫の問いというものには「私達みんなが」というような問いは無いのです。「私の」という問いしかないのです。「私の」ということを問わずにおれないのが実業の凡夫です。わたしら皆というような問いは凡夫の問いでなく、智者の問いです。しかも「我」とこう名のって、「我今」とこう言うわけです。

そして、「我今」と言うている問いの内容は何かというと、釈尊を目の前にして韋提は、

我、宿《むかし》何の罪ありてか、この悪子を生ずる。（『真聖全一』五〇頁）

と言うわけでしょう。「我今」ということによって問われている内容は、「我宿」という問いなのです。これが宗教的問いです。宗教的実存の問いというのはこういうものなのです。問うているのは、今、ここ、わたくしという絶対の限定を持って生きている、この存在です。しかし、この存在が仏陀に問わなくてはならない内容は何かといえば、今のわたしの問題をなんとかしてくださいというのではなくて、こうしてかくあるわたし自身を問うているわけです。もうにっちもさっちもいかない、もうどうにもならないこの身を問うているわけです。この身を、「我今」と言うているのであって、わたしにおけるある状況を問うのではないわけです。わたしという存在を問うわけです。

その存在は何かというと、我において知ることのできないわたしの深みを問うわけです。「我宿」と。「宿」というのは何も昔々その昔という昔ではないのであって、今の中身です。わたし流の表現でいうならば年輪はその大樹の歴史でしょう。松なら松という樹の年輪は、その大樹が歩いて生きてきた歴史の軌跡です。足跡なのです。しかしその足跡というのは、昔の足跡ではなく今の生命の中身になっていることなのでしょう。それでなかったら枯れていますよ。百年昔から生きていたということが今の生命の中身なのであって、それを「宿」と言うのです。だから過去といっても時計の時間の針の過去ではない、今の中味となっている過去です。換言すれば存在の歴史性です。歴史的存在として生きている現在、文字通り歴史的現実です。その歴史的現実を「我今」とこう問う

たときに、その問いは今の問題だから今解決するというわけにはいかない問いなのです。今の問題には違いないけれども、今の問題の根は深いのです。いわば久遠劫来といわれるような問題です。久遠劫来の問題であって無始以来の問題を今のなかに包んで問うわけです。それを問うのは韋提希であって、決して韋提等ではない。韋提希一人が問うわけです。だから、能請は誰か、韋提希だというこの決定は経典を読んでいくうえで、善導にとっては絶対的な押えかたであるわけです。

ここで一つ大切なことは、問うている相手は世尊です。その世尊というのは、漠然とした言い方でしょう。仏の十号の一つですから世尊というのは漠然としております。世尊というのは、ややもすると人間における最高の宗教的偉人にもなるのです。如来にもなるかもしれないが偉人にもなるという非常に危ない表現なのです。だいたい問うている方は、自分が誰に問うているのか本当はわかっていないのです。誰が答えてくれるかわからないのです。答が予想されたら宗教的問いはないわけです。虚空に問うようなものを宗教的問いというのです。人間の世界のうちで問う問いならば、答がある意味では予想されるのですが、宗教的問いというのは虚無に向かって問う問いです。ですからどのような答えがかえってくるのかは、全く予測がつかないわけです。だから宗教とは賭けだと言われるのでしょう。決断だと言われるのは、そういう意味なのです。問うたら答えがあるという予想のもとに問うている問いではないのであって、問わずにいられないという事実があるだけなのです。しかも問わずにおれない中味は、実は無尽の深さを思わせるような事実をもっているわけです。だからその世尊という言葉は、ここでは漠然としていると言わざるをえないわけです。この請というのは、そういう問題をもつているわけです。

そこで、その請問をうけて説かれる仏説の始まるところへ行きますと、こういうことがはっきりしてきます。能説、説くのは誰か、単に世尊ではなくて如来です。そして説かれた経説は何かと言うと、定散二善十六観だと、こういう言い方をするわけです。普通なら定善十六観です。諸師は定善十六観というわけです。ところが読んでみると、先の十三観と後の三観とはどうも性格が違います。だからそこで、聖道の諸師方も頭をひねっているわけです。たとえば先の十三観は自証観であって、自分自身についての観法だ、後の三観は他証観といって他の人の往生の相についての観法だと、こういうような分類をしています。しかし、ともかく自分についてでも他人についてでも、どちらにしてもこの十六観は全部定善の十六観である、と、こういうふうに決定していくのが聖道の諸師方に一貫していることです。ところが十六観は十六観と説かれているけれども、これは定善と散善とを説いたのだと決定しているのが善導です。これが実は非常に大事なことになってくるわけです。

ところで、その時の「能」ということは、どういう意味かというと、能動性の「能」ですから宗教的な事柄としてのみなしうる唯一の答えを「能」という一字で押えるのでしょう。つまり、実業の凡夫が「我今」という現実をふまえて「我宿」と問うた、その問いに答えうるのは人間ではない、いわゆる人間的関心のなかからの答えは答えにならないということです。そうすると、その問いに答えうるのは如来だけであると決定したわけです。ですからここでは先に世尊と言ったのが、如来という表現に変ったわけです。これは善導がただ漠然と、こういうふうに考えていったのではないのであって、ここには『観無量寿経』の教説のうらづけがあるのです。

『観無量寿経』の教説で、韋提希夫人が釈尊に向かって問いを発す、その問いのなかで、釈尊に対する呼びかけがあるわけですが、そのなかに一つだけ「如来世尊」という呼びかたをしているところがあるのです。それはどこかというと韋提希が一室へ閉じ込められて、はるか耆闍崛山に向かって語り掛けていくときに「如来世尊」と、こういうふうに言っています。これを善導の精神からうけとめるならば、世尊であるか如来であるか明瞭でないということなのです。世尊という漠然とした呼び方と如来という言葉が一つになっているということは、問うている問いが虚空に問うているという事実を語るわけでしょう。だからここには秘密があるわけです。

問う相手は釈迦牟尼仏、つまり釈迦牟尼という仏陀なのですが、問うている事実は韋提の現実に起こってきたところの我が子阿闍世にいじめられたという事実です。それ以外のなにものでもないわけです。しかし、その子供にいじめられているという事実が、釈尊に向かっての問いとなるときには、「我宿」という現実の内面を問うわけですね、その答えをいったい誰が答えてくれるかは、韋提希にはわからないわけです。そのわからないという事実が「如来世尊」という呼び方として経典には示されているわけです。如来世尊という呼び方はあそこだけで、あとは世尊でありまス。

もっとも、もう一つだけ違うところがあります。それは釈迦が没して王宮へ出てくるところでは、はっきり釈迦牟尼仏といわれています。あそこでは、釈迦牟尼仏という名がはっきり出ています。なぜかというと、あそこでは釈尊出世の本懐を語るところですから釈迦牟尼仏というわけです。いわば釈迦牟尼仏の誕生であり、人として生まれた如来の誕生であるわけです。そこ以外は、世尊という一般的表現で一貫しています。

このように能請・所請の問題が、やがて能説を決定してくる。仏説とは何かという問題がここから決定されてきて、この問いに答えうるのは如来如実の言葉だけだということが決定されてくるのです。そういう意味では三雙六重という展開は、『観無量寿経』に対する善導の命がけの決定だと言ってもいいわけです。

そうすると、仏説の「説」ということも明瞭にされてくることになります。そこで最後は宗教的救いの事実というものが押えられるわけです。それが、「為」という一字で語られるのです。「為」という言葉は曇鸞が、

如来は是れ実相の身なり、是れ物の為の身なりと知らざるなり。（『真聖全一』三一四頁）

といいますが、あの為物の意味です。信心が淳・一・相続しないのはなぜかというと、如来を実相身なり、これ物の為の身なりと知らないからだというわけです。実相身なりと知っていて、為物身なりと知らないということは、観念的だ、為物身なりと知って実相身だと知らないことは、固執だというわけです。為物という「物」は衆生です。だから如来とは何か、一切衆生の為なる存在である。如来とは如来の為に如来であるのではなくて、一切衆生の為に如来である。一切衆生を自己と

することにおいて如来である、という意味で「為」ということが出てくるわけでしょう。

そうすると能為は何か、為にするのは誰かというと、如来だという。これはその能説を受けて、能為が出てくるわけです。仏説とは決して仏の為に説くのではない。仏の自説、いわば仏の自内証を説くとは何かというと、仏陀をして仏陀たらしめた世界の為に説くのだというわけです。そういう意味では如来のみが説くのだけれども、如来のみが説くということはいったいどういうことか、如来が説く教えの一点、一画も衆生の為ならざるものはない、ということです。そこに間隙がないわけです。そういう意味では、如来においてのみ成就するような救い、逆に言うならば如来でなくては成就しえないような人間の救いとはいったい何かというと、先に「我今」と言いつつ「我宿」と言った「宿」の問題と関わってくるわけです。宿業の問題ですね。宿業の問題が「等」という一字のところへくるわけです。問うたのは韋提一人です。韋提一人が、韋提一人の除苦悩法を問うたのです。しかし、如来によって答えられるのは、韋提一人の救いは韋提等の救いでなければならないということです。そういうことが始めには韋提、一番最後には韋提等と、こう押えられている意味です。

そういう意味では、請・説・為という三つの字で宗教的問題の全部を網羅しているわけです。宗教的な答えは深い。深いから問いも深いか、確かに問いは深いのです。しかし深い問いというのは深いという相をもって出てくるかというと、そうではないのです。日常茶飯事という相をもって出てくるのです。日常茶飯事の他に宗教的問いがあると考えるところから大権の聖者説が出てくるのでしょう。従って日常茶飯事の一点一画も宗教的な答え以外に答えはないというわけです。だからどんな問題も本当につきつめて問うてゆくならば、宗教を問わずにはおれないような問いなのです。それを、これは倫理的な問い、これは日常的な問い、これは宗教的な問い、そういうふうに考えるのは自分自身が問われていないからです。このような観念論というものを、善導は完膚なきまでに批判していくわけです。

だからどんなにつまらないという問いでも、どんな、なんでもない問いでも、実は「我宿」の問いです。「宿」の問いなのです。ですからその答えはあなただけに、という答えだけではだめなのです。一切衆生のためにでなくては答えは出ないのです。ところがわれわれは日常的な問いは軽視してサッサと解決していくと言いますけれども、あれはうそなのです。決して解決していない。ごまかしているだけです。ごまかせるからいいようなものの、ごまかしの蓄積が実は自分自身を暗くしているわけです。ごまかせない問題を解決せずにごまかしてきたという、そのわたしの歴史が重い影を背負うことになるのです。それが運命といわれることでしょう。運命と宿業とは、指し示している事柄は同じことです。ところが問題は、その運命が転ずるか転じないかです。わたし流の表現をとるならば、運命が転じて使命になるかどうかです。一切の歴史を背負って立つか立たないかという一点です。

ところが、その「宿」が本当の解決を宗教の世界に問わない限りにおいて、全部未解決のまま蔵の中へ放り込んでおくようなものですから、それはあたかも足に鎖をつけて歩いているようなことです。やったことが全部重くなります。韋提希のこの問いは、その重くなった運命を仏に問うたというところに意味があるわけです。つまり韋提希ははるかにましますと思っている耆闍崛山の仏陀に問うわけです。しかし、そのかなたの仏陀に問うたその問いは仏陀から言うならば、まさしく宗教的めざめへの第一歩だということが、仏陀においては答えられてくるわけでしょう。

そういう意味では三雙六重という展開のなかに善導自身の姿勢と、そして善導自身が内に見開いてきた宗教的なめざめ、いわば実在のめざめが整理されたかたちで示されているのです。このことが、やがて聖道の諸師に対するあの激しい批判となって出てくるわけです。

現実的宗教観

問うて曰く。定散の二善誰か致請に因る。答えて曰く。定善の一門は韋提請を致す、散善の一門は是れ仏の自説なり。(『全集九』一二頁)

定善、散善という二善が『観無量寿経』に説かれているけれども、定散の二善は誰が請い求めたのかと問いを出して、定善の一門は韋提が請い求めたのだ、散善の一門は仏の自説だと言います。「是」という字をおいて、はっきり押えるわけです。仏自説という意味は、この前の説人門のところで、

今此の『観経』は是れ仏の自説なり。(同　前)

と押えた、あれをうけてくるわけです。ここには言葉はこれだけですけれども、ずいぶんいろいろ

なことがあるのでしょう。言うならば、これだけの言葉で人間における宗教観の全てが尽くされているといってもいいのではないでしょうか。

まず最初にこういうことがあるのでしょう。人間を教えを聞く機としてみるときに、人間というのは定機と散機とがある、とこういうふうに言ったのが善導です。

一切衆生の機に二種有ることを明かす。一には定、二には散。もし定行に依れば即ち生を摂するに尽きず。是を以て如来方便して、三福を顕開して以て散動の根機に応ず。（『全集九』九一頁）

と、このように『序分義』の中で言っています。ここで「一切衆生の機に二種有り」と言っていますが、注意しなくてはならないことは、一切衆生に二種類あるというのではなく、「一切衆生の機に二種あり」というわけです。一つには定の機である、一つには散の機である、とこう言っておいて、もし仏陀が定善だけを説いたのであるならば、一切衆生を尽くすということはできないだろう、だから仏はあえて散乱の機、散乱麤動する機のために実は散善を説いたのだというわけです。一見これは奇妙な発想です。常識からいえば、散善よりは定善の方が上に決まっているのでしょう。廃悪修善ということよりも、息慮凝心というのは高尚です。

この主人公である韋提希は、散乱麤動の機であって、どう考えても定善が修せられるような機ではないわけです。それならば当然、自分の機に応じた散善を求めればいいはずなのでしょう。常識的に言えば、韋提希は凡夫であるならば散善を求める、ところが散善ではとても救えないから定善を仏が説いたのだと、こう考えるのが普通ではないでしょうか。ところが善導は逆をいいますね。

韋提希は実業の凡夫だ、それは散乱麤動で息むことのない存在だ、その散乱麤動することの息むことのない存在が、その散乱麤動する世界に苦しみ抜いたあげくに求めたのは散善ではなく定善だと善導は言うわけです。

これは常識ではわからないことかもしれませんが、実際はそうなのでしょう。廃悪修善は人間がなしうる最善の努力です。その最善の努力のところで困った人間が、再び最善の努力を求めるということはありえないわけです。とすると宗教的要求というのはそこには成り立たないわけです。だから善導が言おうとするのは、定善の機だから定善を求めたのではないのであって、散善の機だからして定善を求めたのだというわけです。わたしたちの身近なところでも散乱麁動するからして座禅などをして心を静めるということがあるわけでしょう。散動しない人は定を求めるというようなことはしません。善導が見ているのは、その具体性であって散乱麁動する散善の機なればこそ、実は定善を求めざるをえなかったのだというわけです。

しかし、散乱麁動の機が求めた定善は、散乱麁動を救うわけにはいかない、ここに問題があるわけです。散乱麁動の人間の心が求めた定善によって、散乱麁動の人間が救われるというわけにはいかない、散乱麁動の機の救いは散乱麁動のところに本当に帰れるということでなくてはならないわけです。それは決して散乱麁動する人間からは、そういう救いは生まれてこないという、それが仏自説ということを言わせる、いわば一つの基本的な善導の人間観なのです。いわゆる理想主義というのがありますが、人間は一般に自分ができる自信のあるものは、生命を賭けて求めないものです。

できないことを求めるのです。できないことを求めているのは、実は心の深いところでできると思っているからです。できるという思いが隠れていて、しかもできないことを求め、できないのは自分が悪いのではなくて、向うが悪いのだと考えるのが人間なのでしょう。

宗教の場合でも同じことです。救ってくれないのは仏の方が悪いのだというわけです。そういう発想に対する善導の人間観の決定があるわけです。散機なればこそ定善を求める。しかし定善を求めなくてはならないような散善の機の救いは、実は散善の大地へ帰る道が与えられなくてはならないというわけです。つまり善導は定散二善というものをはっきり分けて、定善というのは韋提が請うたのであると押えるのです。韋提は定善を請うたのであって、散善はむしろ韋提がいたたまれずに逃げだそうとしたところである。その逃げだそうとしたところこそ、実は唯一無二の生きる場所だったのだということを「是仏自説」と押えるわけです。これが一つ非常に大事なことなのです。

これも聖道の諸師に対する徹底した批判であるわけですが、更に押えて言うならば、仏道を人間道の理想主義の上にのせたところに聖道の仏教の根本的過ちがあるというわけです。その過ちを撤回させたのが、実は善導が見い出した『観無量寿経』だったわけです。そして、その視点となったのが序分の見解なのです。この序分こそ実は人間にとっては倫理の破綻から起こってきた事件だという着眼です。ご存知のように頻婆娑羅王は韋提希夫人と共に釈尊の外護者であり、そして当時善政を敷いた大王であったわけでしょう。その人々を統治している王や王妃が倫理がわからないはずはありません。ところがその統治している人々のなかに、倫理が破綻していくというわけです。善悪の規準が明瞭に判断できる人々でありながら、しかも現実には善悪が破れていくという事実、そこに実は善導は実業ということを見い出したわけです。善導は実業の凡夫と押えますが、これはいわば事実の業縁に生きる存在ということでしょう。実業の凡夫とは、善がわかれば善ができる、悪がわかれば悪はしないというように、自分の思いで自分の身が動かないというわけです。思いを破って身が動いていってしまう存在です。

だからそういう意味では『観無量寿経』の序分は、善悪という言葉で尽くされているわけです。特に「悪」という言葉で尽くされています。大王に対して阿闍世は「悪王」と言いますし、その王を救おうとした母親である韋提希夫人に対しては「我が母はこれ賊なり、賊と伴たり」と言っています。母親を敵だと言うでしょう。そう言われたら母親の方は母親の方で今まで一生懸命になって子供のことを思っていたにもかかわらず「我、宿何《むかし》の罪ありてか、この悪子を生ずる」と言うでしょう。親と子が両方で悪い悪いと言いあいをしているような世界ですね。それ等の人々は皆、善を知っていたわけです。善を知っていたからこそ悪と言うのでしょう。こういうところに実業という事実を善導は見つめたわけです。

言うならば善悪を知りつつも、善悪を知っているが如くに生きれないというわけです。

さるべき業縁のもよおせばいかなるふるまいもすべし。(『全集四』二三頁)

という生き方のなかに生きている、それが人間の現実性だ、とすると救いとは何か、それに光が与えられることでしょう。このように見た時、実は日常的世界から倫理的世界へ、倫理的世界から宗教的世界へという、その常識論は一挙に払い去られるわけです。実は倫理の世界に破綻した人間が求めるものは定善だと、しかし救いとは何かと言ったら、その倫理の世界からどこかへ逃げて行くのではなくて、倫理の世界へ帰ってこれるということがなくてはならない。安んじて善悪浄穢のなかに生きうるような自分になることでなくてはならない。ところがそれは人間から出てくるものではない。これが善導の着眼点でしょう。まあ、こういうことが一つここで考えられていかなくてはならないことです。

以上申してきたような意味では、先に申しましたように、実は最初の第一問答つまり「定散二善は誰の致請に因るや」と問うて「定善の一門は韋提の致請にして、散善の一門は是れ仏の自説なり」と答える。これがいわば玄義分の全体の一つの眼目なのです。そしてこの定散門でいうならば、この第一の問答が後の三つの問答によって証されていくのであって、別のことが次々に言われてくるのでないわけです。

人間性への信頼

そこで、その次の問答ですが、解釈をしながら読んでいきます。

未審《いぶかし》、定散の二善何《いづ》れの文《もん》にか出在せる。(『全集九』一二頁)

『観経』全文のなかではどこに定散二善は出ているのか。

今既に教備わりて虚しからず。(同　前)

教えは今すでにここに具備している、虚説ではないはずだ、とすると、

何れの機か受くることを得る。（『全集九』一三頁）

のか。その虚説でない教えを受けることのできる機は何か、とこのように問いが出てきます。そして、その「何れの機か受くることを得る」という二番目の問い方から先に答えていくわけです。

解するに、二義有り、一には謗法と無信・八難及び非人、此れ等は受けず。斯れ乃ち朽林・碩石生潤の期有るべからず、此等の衆生は必ず受化の義無し。斯れを除いて已外《ほか》は、一心に信楽して往生を求願するに上一形を尽し下十念を収む、仏願力に乗じて皆往かずと言うことなし。此れ即ち上に何が機得受の義答え竟んぬ。（同　前）

こういうふうに言っています。これは当り前のことを言うていると言えば当り前のことのようですけれども、これがなかなか重要なことでしょう。

ここには問いが二つあるわけでしょう。一つはいったい『観無量寿経』という経典のなかで、定善散善とはどこに説かれているか、という問いが一つあるわけです。もう一つは経典というのに虚説のものはない、具備している、とすると『観無量寿経』という経典を受ける機はいったい何か、こう問うわけです。どこに説かれているか、いかなる存在がその経を受けるのかという二つの問いがあるわけです。

そこで、まず、いかなる機がその教えを受けるのかという問いの方に答えるわけです。そうすると、そこには答えが二つに分かれて出てくるわけです。一つは受化の義のない存在、いわゆるその

教えを受けることのできない存在ということと、教えを受けることのできる存在ということとの二面で答えているわけです。その教えを受けることができない存在とは何かというと、謗法と無信と八難及び非人である。これらは教えを受けることができない。それはあたかも枯れた木や固い大きな石のようなものであって、それらはいくら雨が降ったとしても潤うということがないのと同じである。だから受化の道理がない、化を受けるという道理がそこには無いのであるからしてそれは教えを受けることができない、と言っています。

ここでいう謗法とは、仏法を誇るものですし、無信というのは断善根といわれる闡提です。八難とは八難処ともいわれます。八難については『勧衆偈』のところでも少し触れましたが地獄・餓鬼・畜生の三悪道と長寿天・辺地・聾盲瘖瘂・世智弁聡と仏前仏後です。長寿天は寿量五百大劫といわれますように、いわば死ぬことの無い世界です。辺地の中には北拘盧洲も摂すとありますが、その北拘盧洲というのは須弥山説に由来するわけです。その須弥山の東西南北に国があり、今われわれの住んでいる国は南閻浮洲だというわけです。その反対側の北にあるのが北拘盧洲であって、この国の人々は教えを聞くことができないというのです。その国は暑からず寒からず、食べるものには困らず、実に気楽な国なのだそうです。

また、聾盲瘖瘂とはいわゆる根欠です。世智弁聡とは世才に秀でた人で、利口な人間は仏法が聞けないというのです。最後の仏前仏後とは、仏の生まれる前に生まれた者、また仏のいなくなった後に生まれた者も仏法が聞けないというわけです。ここで言われていることは、地獄・餓鬼・畜生というような、あまりにも苦しい世界では仏法は聞けないが、そうかといって楽すぎてもだめだ、死ぬ時が無いと仏法は聞けない、根欠であっても聞けないが、世の中がわかりすぎるほど賢こくても仏法は聞けない、そして仏前仏後であっても仏法は聞けない、と言うわけです。これが八難です。次に「及び非人」と言います。この「非人」というのは、天人であるとか、あるいは龍神八部であるとか、いろいろに解釈されていますけれども、ともかく人間でない存在です。人間でないものです。こういうものは仏法が聞き難い、特に『観無量寿経』の教えを受けることができない、とこう言っています。

善導は何かわかったようなわからないようなことをここで言っておられるようですけれど、最初にこのように言いだしたということは、ずいぶん大事なことを言っているに違いないと思うのです。一言でいうならば、宗教というのは人間でないと求められないということでしょう。さらに押えて言うならば、宗教は人間性の根源においてしか求められない、ですから人間性喪失の時には宗教というのはないということでしょう。本当に人間性喪失ということがあり、人間が人間以外のものになったならば、宗教は無くなるのです。楽過ぎるというようなことも、あるいは苦し過ぎるというようなことも人間にはないことです。あるいは盲だとか聾だとか、瘂だとか、そういうのも決して身体障害ということではないのです。仏法に目が開かれず、仏法を聞き難い存在であります。あるいは仏前、仏後というのも何かといえば、仏の世界にあっても仏前仏後なのだし、世智弁聡というのは何ごとにあってもその道理がわかってしまうというのですから、人間の問題が人間で解決できる人です。もう仏法のところへ来なくても家庭相談所へ行けば、全部の問題が解決できるというようなものですね。あんがいこれはやっかいなものです。仏法というのもそんなものだと思っている人がたくさんあるし、あるいは仏法者もそのように思っている場合が多いわけです。

そうすると、善導が言おうとすることは何かというと、あの王舎城の悲劇を見つめているわけです。いったいあの王舎城の悲劇といわれる倫理の破綻から惹起される人間性の苦悩というものは、はたして人間性というものを失なったところから出てくるだろうかということです。文字通りあれは人間なるが故の苦しみであり、人間なるが故の悩みだというわけでしょう。そして、だから教えは人間でないものには受け入れられないと押えるわけです。つまり今日的な表現をとるならば、人間性が真に喪失されたならば、もはや宗教はないということです。これは大事なことだと思います。だから善導のそういう言い方のなかにあるものは何かというと、逆に言うならば人間性が喪失されるということは決してないという人間への深い信頼であるわけです。従って『観無量寿経』という教えが聞けない人間は一人もいないというわけです。しかし聞けない人間が無いというのは、一般論として言うのではなくて、人間性がないならば仏法は聞けないという絶対の否定をくぐって言われた肯定です。だからその始めに「受化の義無し」という方向を出してくるわけです。それでは「受化の義無し」というのに相対して、「斯れを除いて已外」としていわれるのは「一心に信楽して往生を求願するに上一形を尽し下十念を収む、仏願力に乗じて皆往かずと言うことなし」と言うことです。これは本願の文でしょう。特に第十八願の文の中で三心十念です。つまり「一心に信楽して往生を求願する」というのは、「至心・信楽・欲生我国」です。「上一形を尽し、下十念を収む」は「乃至十念」です。「仏願力に乗じて」というのは、そのまま阿弥陀の本願でしょう。「若不生者、不取正覚」です。そうしますと本願をここに出してくるわけです。

本願というのは、換言すれば人間の至奥より出ずる至盛の要求の極限的表現だということでしょう。阿弥陀の本願として表現されているものが、善導の場合にはここではそのまま人間至奥の願いとして表現されているわけでしょう。阿弥陀の本願が、そのまま人間の内なる深い根源的な願いとして、「一心に信楽して往生を求願するに上一形を尽し下十念を収む、仏願力に乗じて」と、こう書かれているわけです。

そうすると、この『観経』を受けえないものは何かというと、非人間だ、人間性を喪失する存在だ。この『観経』の教えが受け得られる受化の義とは何かと言えば、それは人間だ、人間の至奥より出ずる要求の前にこの『観無量寿経』は公開されているのだと、こういう説き方です。だからこれは二種類の者を説いているわけではないのです。教えを受けられるグループと受けられぬグループがあるということではないのです。受けられないということを通して、受けられるということの決定をしているわけです。

そういう意味では、非人間か人間かということは、非人間という人間がいるのではなくて、非人間か人間かという問いの前に人間が立っているというわけです。だから善導は『観経』こそは人間を問う経典であり、人間を救う経典だということを徹底していくわけであります。

宗教的要求

そして、その人間の前に開かれてきたのが定散二善である。ではいったいその経文はどこに出ているのかと問いをおこすわけです。どこに出ているのかということは、どこにそういうことが説いてあるかということではなくて、その教えを請い、その教えに答えられるような人間という存在のあり方は、どのような姿で経典に説かれているかという意味です。

つまり善導は、「二には何れの文にか出在せる」と問うてそれに「通有り別有り」と言っています。何かというと「通と言うは、即ち三の義の不同有り」という。つまり、通に三つの義がある。三つの道理があるというわけです。それは一つには「韋提白仏唯願、為我広説、無憂悩処」というふうに経典に説いてある。つまり「唯《やや》、願わくは世尊、我がために広く憂悩なき処を説きたまえ」と、韋提が仏に願っている。この願った言葉は何を意味するのかというと、韋提が自分の心根を表白して、自ら為に通じて求むるところを申し上げたのだ、というわけです。いわゆる第一は通請所求ということがあるわけです。ここでいう「通じて」というのは、韋提希自身のなかに、何が自分の救いの世界であるか、何が自分の求むべきものであるかがはっきりしていないということです。だから何が自分の救いであるかということはわからないわけですが、救いがなくては生きてはいけないという事実はわかっている、というわけです。あの苦難のなかから、通じて、

我がために広く憂悩なき処を説きたまえ。（『真聖全一』五〇頁）

と請うわけです。韋提希は、

閻浮提《えんぶだい》・濁悪世《じょくあくせ》をば楽《ねが》わず。この濁悪処は地獄・餓鬼・畜生盈満《ようまん》して、不善の聚《ともがら》多し。願わくは我、未来に悪声を聞かじ、悪人を見じ。(『真聖全一』五〇頁)

と言うでしょう。つまり憂悩無き処を願う、これが宗教でしょう。宗教的な救いというと、何か高尚なことを説くように思いますけれども、実は憂悩無き処を求めているのです。憂悩のただ中にある人間が、憂悩無き処を求める、いわば苦悩のただ中にある人間が、除苦悩法を求める。その除苦悩法でないかぎりにおいて宗教ではないわけです。

こういうことで、まず憂悩無き処を説きたまえと、こう言ってますが、その時に一貫して言っていることは、「為我」ということです。「我がために」ということです。その「為我」という一事において、苦悩というものが一般化された苦悩でないことがわかるわけです。人間一般の苦悩というものでなくて、わたくしの苦悩です。わたくしの苦悩を救う教えを説いてくださいというわけです。

第二は何かというと、そのことを通して「唯願仏日、教我観於清浄業処」と言っています。ここに一つ出てくる問題は何かと言うと、先には「憂悩なき処を説きたまえ」と言っていますが、今度はその苦しみのないところを清浄業処というふうに押えられてきます。苦しみのない世界というのは、人間のいわゆる業障の延長上にある世界ではない。「閻浮提・濁悪世をば楽わず。この濁悪処は地獄・餓鬼・畜生盈満《ようまん》して、不善の聚《ともがら》多し」と言うのですから、憂悩なき世界はこの世のどこにもないというわけです。とすると救いのない現実のなかにあって、願われる救いは何かと言ったら、清浄業の世界だとここまでわかった。だがしかし、清浄業の世界が何であるかがまだわからないということです。ここに求道の苦闘というものがあるわけです。
その韋提希の苦闘を善導は、
即ち是れ韋提自ら為に通じて去行を請す。(『全集九』一三頁)
と言います。ここでも「自ら為に通じて去行を請う」と言い、自らがため、即ち「為我」という二字で押えています。
第三番目に、これに対する釈尊の答えが出てきます。つまり、
三には『世尊光台現国』より、即ち是れ前《さき》の通請の『為我広説』の言《ことば》を酬《こた》う。三義の不同有りと雖も、前の通を答え竟んぬ。(同　前)
と言います。そうしますと「光台現国」というのは、善導の領解で言うならば「我が為に広く説きたまえ」という言葉に対する答えだというわけです。そうするといったい光台現国というのは何を語っているのかというと、釈尊が沈黙をもって答えた答えです。沈黙をもって答えた答えというのは、沈黙のなかに韋提希自身が観見した答えでしょう。仏の沈黙のなかに韋提希自身が自らの問いを通して聞いたわけです。それはあたかも問うた問いがこだまして返ってくるように、その沈黙した壁にぶつかって返ってきた時、それはその問いを黙って聞いている仏陀釈尊の大悲がすでに諸仏の世界を見せるものとなってきたわけです。それは心眼でみるわけです。だから光台現国というのは、何かこうピカピカしたものをみせたのではなくて、大悲の沈黙のなかに答えられた答えです。いわば徹底して言うならば、仏陀自身も答え得ないような問いを韋提希は出しているわけです。

仏陀自身が韋提希の苦悩と一つになって、苦悩せざるをえないような問いです。正に同体の大悲のなかに開かれてきた事実、韋提希の心のなかに開かれてきた事実、それが光台現国です。そうしますと通の問いに対して、光台現国という沈黙の答えが与えられたわけです。いわば問うていくその問いがこだまして返ってくるとき、じっと聞いておられる仏陀、その仏陀のなかにもうすでに救いの世界が瞭々として見えてくる、こういうわけです。つまり、この通の一段でもって、宗教的要求とは何かということが明瞭になっているわけです。

ところがそれから別ということが出てきます。

別と言うは、則ち二の義有り。(『全集九』一三頁)

として、

韋提白仏、我今楽生、極楽世界、弥陀仏所。(同　前)

と言います。韋提希は仏に対して「我今極楽世界の阿弥陀仏の所《みもと》に生まれんと楽《ねが》う」と言ったというわけです。「即ち是れ韋提自ら為に別して所求を選ぶ」、つまり一つの義は別選所求です。光台現国を通して「憂悩無き処を説きたまえ」と願った、その問いに対して、光台現国という沈黙の答えが与えられた。その沈黙の答えのなかで韋提希自身は、自らの心をもってその憂悩無き処とはいったい何かを選んだわけです。そこで選んだのが、極楽国土の阿弥陀仏所である。阿弥陀の世界、つまり無量寿の世界こそ、真に救いの世界だということを韋提希自身が選んだわけです。だから『観無量寿経』による親鸞の『和讃』を読みますと、ここから始まるわけです。

恩徳広大釈迦如来　韋提夫人に勅してぞ
光台現国のそのなかに　安楽世界をえらばしむ。（『全集二』四六頁）

これが最初の『和讃』です。とすると『観経』は親鸞の気持ちから言うと、光台現国から始まったというわけです。

この別選ということを『愚禿鈔』のなかでは、韋提の選択だと言っています。まさに韋提選択であって、韋提自身がわたし自身の行くべき道はこれだと自身で選んだわけです。しかし選んだのは韋提だけれども、選んだ根源には選ばしめた仏の大悲があるわけです。だから韋提の選択は、そのまま阿弥陀の選択の自己表現なのです。阿弥陀の選択の廻向表現が韋提の選択なのです。それはあたかも法然が廃立と言ったことが、そのまま選択本願の事実の表現であるが如くです。廃立は、好き勝手気ままに行なったのではなくて、廃立せずにはおれないような苦悩のなかで廃立したわけであって、廃立した事実の背後には実は阿弥陀の選択があるわけです。選択が廃立を決めたのであり、廃立はわたくしの上に起こっているのだけれども、廃立はそのままわたしの廃立と言うことを許されずして選択へかえる。こういうようなものです。そこに韋提別選ということがあるわけでしょう。だから韋提別選の正意によって弥陀の大悲の本願というものが開顕されたと、このように親鸞は言うわけです。これは韋提の別選が阿弥陀の本願を開いているのだということであり、端的に言うならば韋提が阿弥陀を開いたのです。そこに選択本願ということがあるのです。第二番目には韋提希が、

唯《やや》、願わくは世尊、我に思惟を教えたまえ、我に正受を教えたまえ。（『真聖全一』五〇頁）

こういうふうに言った。これは、

即ち是れ韋提自らが為に別行を修せんと請す。（『全集九』一四頁）

と善導は押えるわけです。いわゆる「請修別行」と言われることです。詳しく言うならば、「別して去くべき行を修することを請う」、つまり請修別去行です。ここへきますと韋提希は「我に思惟を教えたまえ、我に正受を教えたまえ」と言います。言うならば、韋提希が定善を願ったということは、これだけの求道の苦悩があるわけです。韋提希自身の苦悩そのものが求道の歩みになっているということと同時に、その苦悩の背後には阿弥陀の本願の選択の意志が動いているということが、このように一つになって出てくるわけでしょう。

だから、通請所求が別選所求となり、通請去行が請修別行となってくる、そしてそういう願いに答えられたものが定散の教えなのだという決定があるわけです。この決定は、これは諸師では想像もつかない決定だったわけでしょう。このように言って、

二義の不同有りと雖も、上の別を答え竟んぬ。（同　前）

と言い切るわけです。

思惟と正受

そして、

此れ依り已下は、次に定散両門の義を答う。（『全集九』一四頁）

と、今度は定散両門というのはどんな意味をもっているかということを明らかにしようと思うのだということで、第三番目の問答が起こってくるわけです。その問答は、

云何なるを定善と名づけ、云何が散善と名づくるや。（同　前）

と問うておいて、答えは、

日観より下十三観に至るまで已来《このかた》を名づけて定善となす、三福九品を名づけて散善となす。（同　前）

である。ここまできて明確に定善と散善というものは位置づけられたわけです。そして、最後の問いが今度は出るわけです。

問うて曰く。定善の中に何れの差別か有る、出でて何れの文にか在るや。（同　前）

定善のなかにはどんな差別があるのか、そしてその差別を説いている経文はどういう経文か、こういうふうに問うて、

出でて何れの文にか在るや。（同　前）

ということを通してその差別を明らかにするのです。

差別とは何かというと、思惟と正受という差別です。思惟と正受の両方ともが、定善における差別だというわけです。止観という行において思惟と正受という二つの差別があるわけなのです。そのことについて、ここでは経文を引いているわけです。まず思惟というのは何かというと、思惟と

は「即ち是れ観の前の方便」である。つまり観が成就するために、その観に先立って、観を成就するための方便としてあるものを実は思惟と言うのだ、とこういうわけです。だからそれは彼の国の観の先の方便で、「彼の国の依正二報惣別の相を思想する」ことが実は思惟ということである。心に浄土の相を思う、阿弥陀を思う、それが思惟ということなのだというのです。これには一つの例を引いて言うならば、すなわち地想観の経文のなかにこういうふうに説いてあると言って、「如此想者名為粗見極楽国土」の文を出してくるのです。この経文は、地想観、つまり浄土の大地というものを観るということを教えられて、このように観るものは、ほぼ極楽国土を見ると続いてくる文ですが、ここでは粗見ということを出してくる。その粗見ということが、すなわち教我思惟というその一句に合している意味なのだというわけです。

正受とは何かというと、

想心都《すべ》て息《そく》し縁慮並びに亡じて、三昧と相応するを名づけて正受となす。(『全集九』一四頁)

という。正受とは、見られる対境と見るということが一つになる、つまり所観と能観とが一つになるということです。想心というのは、やはり浄土の依正二報を思うのですから、思うものと思われるものとが分かれているのでしょう。その分かれているものが徹底していって、やがて思うものが思われるものと一つになってしまう。だからその慮りの心がやみ、そして考えるという心がやんで、三昧と相応して一如の世界に入るという観の成就、それが正受です。それが今の地想観の文で言うならば、「粗見極楽国土」と出てくる経文は思惟であり、正受は「若得三昧、見彼国地、了了分明」

という経文で押えるわけです。先にはほぼ極楽国土を見る、粗見と言いましたが、ここでは了了分明、明らかに見るというのです。正受には先立って思惟ということがある。つまり浄土を見るということがある、浄土を見るということによって、見るという心が払われて浄土が現われるという世界がある。だから思惟を方便として、正受によって成就するものを観というのである、だから思惟も正受も共にこれは定善に属さなくてはならない。こういうふうに善導は決定していくわけです。

そこで、

定散二義の不同有りと雖も、惣じて上の問を答え竟んぬ。(『全集九』一五頁)

と言っています。「答え竟んぬ」といっているが、答えていないではないかと言いたいですね。思惟も正受も共に定善だと言っただけでは、定善については答えたけれど、散善については答えたというわけにはいかないではないかということですけれども、善導の気持ちのなかでは答えてしまったわけです。なぜ答えたことになるのかというと、その次に一つこういうことが出てきます。

又向《さき》より来《このか》た解は、諸師と同じからず。(同　前)

今までの解は聖道の諸師の考え方とは全く違うというわけです。そこで、

諸師は将に「思惟」の一句を用《も》て三福九品に合して、以て散善となし、「正受」の一句を用《も》て通じて十六観に合して、以て定善となす。かくの如きの解者は、将に謂《おも》うに然らず。(同　前)

と言っています。ここでもうすでに善導は答えているのです。「教我思惟、教我正受」と韋提希が請修別行したその思惟も正受も共に定善であって、思惟というのは定善を成就するところの前方便

であり、正受というのはまさしく定善の成就であると、こう言ったのですけれども、聖道の諸師はそうではなくて、思惟というのは定善に入る前の方便という意味で、その意味は散善のことをいうのだ、そして正受というのが定善だと、こういうふうに領解する。だから定善は十六観だと言った、これはまちがいだと善導は言うわけです。

そういう意味では答えているわけです。散善などは言う必要がないのです。なぜかというと、散善の世界が破れて、そして定善を求めたのが韋提なのですから、その散善の世界はやがて仏によって説かれてくることであって、説明のしようがないわけです。ところが聖道の諸師は、教我思惟と言ったのは韋提希が散善を求めたのであり、教我正受と言ったのは、定善を求めたのだと見るわけです。そのような散善と定善を韋提希が求めたのだという常識論、それはまちがいだというわけです。そのまちがいということを正すために、善導はいろいろな説明をしないで、

いかんとなれば『華厳経』に説くが如し、思惟正受は但是れ三昧の異名なり。(『全集九』一五頁)

と言うのです。『華厳経』によると思惟と正受はともに三昧行であって、止観の行の異名であると、こういうふうに経典に説かれている、そういうことは地想観に説かれているのと同じ意味ではないか、だから思惟をもって散善だとするのはまちがいであると、こういうわけです。

斯の文を以て証するに、豈《あに》散善に通ずることを得んや。(同　前)

斯の文を以って証するとこれが散善に通ずるというのはもってのほかではないかと言って、さらに、

又向来《さきより》韋提上に請するに、但《ただ》「教我観於清浄業処」と言い、次下に又請するに「教我思惟正受」と言う。二請有りと雖も唯是れ定善なり。又散善の文は都《すべ》て請する処無し、但是れ仏自ら開したまえり。次下の散善縁の中に説いて、「亦令未来世一切凡夫」と言える已下、即ち是れ其の文なり。（同　前）

こういうふうにして押えてきますが、結局それではっきりさせ切ったことは何かというと、ここで定善・散善というものを『観経』全体の領解の一点に立って押えてきて、特に韋提希が問うた問いを通・別にわけて、通において宗教的な問いとはいったい何であるかを押えて、別においてそれがいかなる選びにおいてなされたかを押えておいて、それから思惟と正受ということを、地想観の文一つを例に出して、思惟、正受ともに定善であって決して散善ではない、ということで諸師の過ちというものを批判したわけです。この批判から始まって、あとは怒濤の如く全部批判です。

そういう意味では定散門というこの一門を、われわれが十分領解していないと、善導の『観経疏』というものは、よくわからなくなってくるのではないかと思うのです。と同時にそのことは宗教とは何かという問題がわからなくなることではないかということを思うのであります。

本書は、昭和五六（一九八一）年刊行の『観経疏に学ぶ　玄義分一』第二刷をオンデマンド印刷で再刊したものである。

著者略歴

廣瀬　杲（ヒロセ　タカシ）

1924年京都市生まれ。大谷大学文学部卒業。大谷大学元学長。大谷大学名誉教授。文学博士。私塾聞光学舎主幹。2011年12月逝去。

著書　『宿業と大悲』『真宗救済論—宿業と大悲—』『歎異抄の諸問題』『歎異抄講話 高倉会館法話集　全４巻』『観経疏に学ぶ』『廣瀬杲講義集』『観経四帖疏講義　玄義分・序分義Ⅰ Ⅱ』『観経四帖疏講義 定善義Ⅰ Ⅱ Ⅲ』『観経四帖疏講義 散善義Ⅰ Ⅱ Ⅲ』など多数。

新装版　観経疏に学ぶ　玄義分１

一九七九年　六月　一日　初　版第一刷発行
二〇二二年　一二月二〇日　新装版第一刷発行

著　者　廣瀬　杲
発行者　西村明高
発行所　株式会社　法藏館
京都市下京区正面通烏丸東入
郵便番号　六〇〇－八一五三
電話　〇七五－三四三－〇〇三〇（編集）
〇七五－三四三－五六五六（営業）

装幀　山崎　登
印刷・製本　亜細亜印刷株式会社

ISBN 978-4-8318-6590-8 C3015

新装版　親鸞の宿業観　歎異抄十三条を読む　廣瀬　杲著　一、八〇〇円

新装版　歎異抄講話　全4巻　廣瀬　杲著　一、八〇〇円

観経四帖疏講義　全3巻　玄義分・序分義Ⅰ Ⅱ　廣瀬　杲著　二八、〇〇〇円

観経四帖疏講義　全3巻　定善義Ⅰ Ⅱ Ⅲ　廣瀬　杲著　二八、一八二円

観経四帖疏講義　全3巻　散善義Ⅰ Ⅱ Ⅲ　廣瀬　杲著　二八、〇〇〇円

新装版　正信偈の講話　暁烏　敏著　二、四〇〇円

新装版　親鸞の人生観　教行信証真仏弟子章　金子大榮著　一、八〇〇円

新装版　口語訳　教行信証　附領解　金子大榮著　二、七〇〇円